Timo Airaksinen's Lehre vom Glück

ACCEDO

Accedo Verlagsgesellschaft, München

Timo Airaksinen ist Professor der Moralphilosophie der Universität Helsinki und aus den finnischen Medien sehr bekannt. Vor ein paar Jahren gab es in Finnland eine große Diskussion über Euthanasie. Natürlich wurde Professor Airaksinen von den Tageszeitungen und zahlreichen Wochenzeitschriften, dem Fernsehen und von Internetpublikationen dazu befragt. Er hatte gerade seine Trilogie über das Glücklichsein abgeschlossen und darin gezeigt, wie man glücklich wird, wie man sein Leben gestalten und mit der Verrücktheit der Welt und den überall lauernden Gefahren umgehen soll. Er war sehr deutlich in seiner Feststellung, dass ältere Menschen das Recht haben sollten, selbst über ihr Lebensende zu bestimmen. Dafür erntete er viel Beifall, aber natürlich auch heftigen Tadel. Hier stießen sehr unterschiedliche Wertesysteme aufeinander. Das gilt auch für die Beurteilung des vorliegenden Buches, des ersten Teils seiner Trilogie.

TIMO AIRAKSINEN

Timo Airaksinen's Lehre vom Glück

Aus dem Finnischen übersetzt

von Katri Annika Wessel

Accedo

Originaltitel “Onnellisuuden opas”,
Erstveröffentlichung in finnischer Sprache in 2006
durch Johnny Kniga Publishing, ein Imprint von
Werner Söderström Ltd. (WSOY), Helsinki, Finnland.

Die Übersetzung wurde von FILI, Helsinki, gefördert.

Für die deutsche Ausgabe

Erster Druck: September 2014
Zweiter Druck: Dezember 2014

www.accedoverlag.de, info@accedoverlag.de
Fax: +49 89 929 4109

Einbandgestaltung: Katharina Kohl
Herstellung: BoD - Books on Demand, Norderstedt

ISBN 978-3-89265-157-4

INHALTSVERZEICHNIS

Vorwort

Schon immer hat mich das Glück der Menschen fasziniert. Jeder sagt, er sei glücklich. In diesem Buch habe ich versucht, die Hintergründe dieses Phänomens zu ergründen. Ich hoffe, damit das Glücklichsein der Menschen noch zu steigern. Das ist ziemlich idealistisch. Dennoch habe ich mich um Realismus bemüht, ein hässliches Wort wird so gesagt, wie es ist. Obwohl „Glücklichsein" und „das Glücklichmachen der Menschen" die Themen sind, gibt es Probleme. Taugt der Genuss als Thema des Glücks oder ist er gerade dies selbst - also Glück? Oder ist das Glück eine ethische Frage, so dass die Guten und Tugendhaften glücklich sind? Und die Gesellschaft? Leben wir im Eldorado? Ist Finnland das Paradies auf Erden, die beste aller möglichen Welten?

Je mehr ich über die Sache nachdachte, desto rätselhafter wurde alles. Man sollte nicht nachdenken, man sollte nur Gefühle wahrnehmen. Aber ist Glück ein Gefühl oder ein gesellschaftlicher Zustand, in dem der Mensch sein möchte? Wenn man Sex, Gesellschaft, Familie, Geld und eine gute Arbeit hat, traut man sich nicht, nicht zu sagen, dass man glücklich ist. In einer solchen Situation bedeutet Unglück eine Störung des seelischen Gleichgewichts, die Therapie und Medikation gegen Depressionen erfordert. Und deprimiert sind die Menschen, zumindest sagen das die Ärzte. Bald ist die Hälfte aller Finnen auf Medikamente gegen Depressionen angewiesen. Wenn in den Apotheken einige Zeit kein Lorazepam mehr zu bekommen ist, bricht fast eine Panik aus. Diazepam und Cipramil werden konsumiert. Auch Alkohol fließt in besorgniserregenden Mengen, jedenfalls aus der Sicht des Gesundheitsministeriums. Aber Alkohol ist das Getränk der Weisen und die Quelle der Freude. In diesem Buch wird ergründet, worum es bei der Suche nach dem Glück geht. Als Motto könnte man zum Beispiel die alte Volksweisheit wählen: „Der Zweck von allem ist stets, das Unliebsame zu verscheuchen“. Das Thema ist wichtig und interessant. Der Mensch ist ein für die Suche nach dem Glück gemachter Automat, etwas anderes kann er eigentlich nicht. Alle seine Handlungen und Entscheidungen kann man als Suche nach dem Glück verstehen. Wenn ich zur Arbeit gehe, hoffe ich, dass sie mir Spaß macht. Wenn ich mich an den Tisch setze, freue ich mich über gutes Essen. Wenn ich ins Kino gehe und sehe, wie die Nazis Gefangene foltern, gibt mir das einen Kick. Wenn ich mich über meine Freunde lustig mache, fühle ich mich wohl. Was können wir dafür, dass jeder auf der Suche nach dem Glück ist. Ich hoffe, der Leser hat Spaß mit diesem Buch. Bücher sind ein Teil des glücklichen Lebens.

- *Cambridge, am 9.2.2006*

****
****

1. Einleitung: Einige Worte über glückliche Wörter

Warum gerade Wörter? Bevor wir zur eigentlichen Sache kommen, brauchen wir Wörter. Der Mensch lebt und erlebt durch die Vermittlung der Wörter. Und wenn die Wörter geordnet worden sind, folgt darauf das gute Leben. Ohne Wörter ist der Mensch nichts. Die heutigen Wörter sind positiv, weil sie ein Teil des Strebens nach dem Glück sind. Die negativen Wörter sind böse, weil sie eine erbärmliche Atmosphäre des Unglücks schaffen. Wer über Böses spricht, beschwört auch Böses herauf - dies ist ein altes Prinzip der Magie. Den Teufel sollst du nicht rufen. Auch den Namen des Herrn, deines Gottes, sollst du nicht missbrauchen. Die Wörter sind Teil einer magischen Welt. Vertiefen wir uns also in die guten Wörter, vertiefen ihre großartige Botschaft an die glücklichen Menschen.

Optimismus. Der Mensch hat ein Optimist zu sein. Der Optimist betrachtet Dinge positiv, weshalb er immer erwartet, dass die beste Möglichkeit Wirklichkeit wird. Wenn nicht sofort, wenigstens bald. Dann ist dieses jetzige Unglück ein Zeichen für eine nahende Besserung. Wenn ich gerade von meiner Arbeitsstelle gefeuert worden bin, bedeutet das nur, dass eine neue, bessere Arbeit wartet. Und diese alte war doch auch ein ziemlich mörderischer Job. Eigentlich wollte ich ja niemals wirklich dort sein. Der Schriftsteller Henry Miller arbeitete in einer Firma namens „Cosmococcic Cock Sucking Corporation", wenn ich mich recht erinnere. Von dort floh er nach Paris, um zu vögeln, zu trinken und seine hervorragenden Romane zu schreiben. So gut kann es für einen Menschen laufen.

Das Gegenteil des Optimisten ist der Pessimist. Er ist dieses unerträgliche Wesen, das immer das Schlimmste erwartet, Angst vor der Zukunft hat und über unangenehme Dinge spricht. Er kann nicht die richtige Haltung zum Leben entwickeln. Er bekommt ein

Magengeschwür und Krebs und stirbt jung. Sein Herz hält den ganzen selbst verursachten Stress nicht aus. Pessimismus ist ein für alle Mal keine empfehlenswerte und nicht einmal eine akzeptable Einstellung. In der Schule müsste es Unterricht in Optimismus geben, dann liefe alles gut.

Ein Optimist ist ein glücklicher Mensch. Wir alle wollen glücklich sein. Also wollen wir alle Optimisten sein. Der Pessimist ist kein Optimist, woraus wir folgern, dass er ein im Leben gescheiterter Mensch ist. Vielleicht würde irgendeine Therapie helfen. Zumindest sollte ein Optimist nett zum Pessimisten sein.

Positive Einstellung. Eine positive Einstellung ist eine Unterart des Optimismus. Ein positiv eingestellter Mensch betrachtet die Welt durch eine rosarote Brille. Alles lässt sich positiv betrachten. Ein glücklicher Mensch ist positiv eingestellt, der Unglückliche ist gerade deshalb unglücklich, weil er nicht positiv eingestellt ist. Wenn der Lohn niedrig ist, sagt die positive Einstellung, dass der Mensch kein Geld braucht, wenn er Liebe und Gesundheit hat. Wenn Amerika im Nahen Osten Krieg führt, bedeutet das den Sieg der Demokratie und das Vernichten eines bösen Tyrannen. Wenn das eigene Kind bei einem Autounfall stirbt, erinnert man sich an die guten gemeinsamen Augenblicke. Die Beerdigung wird als Fest der Freude und des Lichts gestaltet, bei dem alle die Macht des Lebens spüren. Eine Krebsdiagnose bedeutet die Möglichkeit zu einer neuen Erleuchtung und intensiven Erfahrung.

Das größte Problem ist, wenn es zu gut läuft. Wie kann man ein positiv eingestellter Lottogewinner sein? Wenn es gut läuft, bleibt für die positive Einstellung kein Raum. Es entsteht nur eine trübe und seltsam unzufriedene Stimmung. Die positive Einstellung ist eine Haltung für schwierige Zeiten. Alle suchen vor allem deshalb die Gesellschaft eines positiv eingestellten Menschen, weil er die Kraft hat, obwohl es für ihn schlecht läuft, andere nicht damit zu belasten. Ein Erfolgsmensch ist unerträglich, aber ein positiv eingestellter Mensch ist sympathisch. Mit ihm ist man gerne zusammen. Wie kann jemand, bei dem die Dinge richtig schlecht stehen, so fröhlich sein? Das ist wunderbar.

Heiterkeit. Heiterkeit strahlt aus dem Gesicht. Wir alle wissen, was ein strahlend heiterer Tag ist, und deswegen wissen wir auch, wie ein strahlender Mensch aussieht. Ein strahlender Mensch ist sonnig. Er leuchtet und erhellt seine Umwelt mit seinem Glanz. Heiterkeit ist das Teilen des Glückes mit der eigenen Umwelt. Marco Bjurström ist ein strahlender Mensch und alle wollen ihn im Fernsehen sehen. (Er war Moderator und Nachrichtensprecher beim Fernsehen und ist für sein sonniges Gemüt bekannt.) Das Gegenteil von Heiterkeit ist Griesgram. Das ist ein trauriges Laster, ein Gift, das sich bei uns einschleicht und die Atmosphäre verpestet. Es gibt Menschen, die an allem und jedem herumnörgeln und nichts genießen können: Bei der wunderbaren Opernaufführung bekritteln sie die Sänger; der Winter in Spanien gefällt ihnen nicht. Das ist Griesgram, und davon muss man sich befreien.

Alles ist gut. Wenn man seinen Nächsten fragt, wie es geht, muss er antworten, dass alles gut ist. Das ist ein Zeichen für die richtige Haltung. Wenn man antwortet, dass die Hemden noch nicht gebügelt sind und das Essen schlecht ist, hat man nicht die richtige soziale Einstellung. Durch die Amerikanisierung unserer Ausdrucksweise haben wir gelernt, dass man nicht hergehen und die Wahrheit sagen soll. Nichts ist so unzivilisiert, wie über die eigenen Probleme zu berichten. Wenn man Hämorrhoiden hat, soll man auf keinen Fall darüber reden. Man muss daran denken, dass der andere, auch wenn er fragt, die Wahrheit nicht hören will. Eine Unterhaltung ist keine Beichte oder eidesstattliche Zeugenaussage. Die einzige richtige Antwort ist, dass alles gut ist. Alles muss gut sein, und wenn die Sache nicht gut wird, ist es das Beste, den Mund zu halten. Der schweigsame Finne kann nicht an der richtigen Stelle schweigen, obwohl er sonst auch beharrlich schweigt. In Momenten, in denen man nichts sagen dürfte, verkündet er mit einem kurzen Einwurf die Wahrheit. Was geht es andere an, wie bescheiden es bei dir läuft? Das interessiert keinen Menschen. Darum läuft es bei dir gut - wenn Du gefragt wirst.

Der Spin. In Finnland sollte man anfangen, den Ausdruck „spin doctoring“ für Imageberatung zu verwenden. Wenn wir auch sonst die amerikanische Kultur annehmen - wir sind ja in den Augen der restlichen Welt schon „Klein-Amerika" - warum dann nicht diesen sonderbaren sinnbildlichen und wichtigen Ausdruck? Darin verdichten sich der Zeitgeist und die Zukunft des Landes. Es ist der Schlüssel zum Glück. Spin bedeutet den Einfluss eines professionellen Lobhudlers auf einen Sachverhalt, ursprünglich in der Politik. Das ist die Stamm-Mutter des Lobbyismus, die die Lobhudelei auf die Politiker besorgt. Das Bedeutungsspektrum des Wortes sollte aber erweitert werden. Spin ist jedes unbegründete Loben, vor allem Werbung. In der Sprache der Werbung ist alles wunderbar, schön und begehrenswert, von Tampons und Klobürsten, die einen „wissenschaftlich geformten Griff" haben, bis hin zu Reisen in den Süden. Das Glück der heutigen Zeit liegt im Spin, dagegen können wir nichts mehr tun. Uns umgibt ein gewaltiger Druck zur guten Laune und zum Glück. Alles wird dem Verbraucher als Fantasie des guten Befindens und des Glücks dargeboten. Die Schönen sind gut und die Guten glücklich. Bald bist auch du schön und glücklich. Wenn du kein Geld hast, dann schaue dir wenigstens die Werbung an. Spin ist die Zukunft der visuellen Kultur. Es ist absolut genial, dass das Glück mit Händen zu greifen ist, wenn das Bild das Wort verdrängt. Das Glück leuchtet überall in Zeitungen, im Fernsehen und an den Wänden der Häuser. Genau das ist Spin.

Neusprech. George Orwell schreibt in seinem Buch *1984* über einen Staat, in dem der Große Bruder die Sprache neu schreibt. Es entsteht Neusprech, mit dessen Hilfe man nicht in der Lage ist, schlechte Sachverhalte auszudrücken. Sklaverei ist Freiheit und Krieg ist Frieden, Verschwendung ist Sparen. Eine Verneinung darf man gar nicht benutzen. Komplizierte Verallgemeinerungen, wie beispielsweise die allgemeine Formulierung der theoretischen Wirtschaftsethik, sind unmöglich. Die Sprache konzentriert sich auf Eigennamen und auf die Beschreibung besonderer Situationen. Es gibt keine Mobiltelefonfirmen, es gibt nur Nokia und Sonera. Es gibt nicht einmal Männer und Frauen, es gibt nur Mattis und Liisas. Warum eine Sprache benutzen, die das Verständnis der Dinge erschwert und die schlechte Laune steigert? Wenn man die Dinge auf einfache Weise und positiv darstellen kann, warum tut man es dann nicht? Die Sprache wird eingespannt, um dem gemeinsamen Glück zu dienen und das ist richtig. Dieses betrifft besonders die Sprache der Politik, aber ich empfehle Neusprech auch für die Kommunikation unter den Individuen. Es hat keinen Sinn zu kritisieren und zu schimpfen, und weil man nicht immer daran denkt, muss die Sprache erneuert werden. Es wird eine Sprache, in der man niemanden beschimpfen und anmachen kann. Der Hund ist kein räudiger Köter, sondern nur ein etwas angeschmuddeltes greises Wesen.

Eine andere Bezeichnung für Neusprech ist politische Korrektheit, ein Terminus, den man auch in Finnland einzupflanzen versucht hat. Es gibt keine hässlichen, dicken, dummen und unsympathischen Menschen. Dicke haben keine Gewichtsprobleme, denn „Problem“ ist ein negativer Begriff. Diese Menschen haben mit der Gewichtskontrolle noch zu tun. „Kontrolle" ist ein sehr positiver Begriff. Er hat Kraft und kann mitreißen. Dumme sind nicht dumm sondern anders begabt. Alle sind irgendwie begabt. Hässliche haben ein interessantes und faszinierendes Gesicht wie auf einem Gemälde von Picasso. Schreckliche Menschen sind von besonderer Persönlichkeit. Auf diese Weise steigert der richtige Sprachgebrauch das gemeinsame Glück.

Lächeln. Denk daran zu lächeln. Früher wurde gelächelt wie auf dem Logo der Keksfabrik von Hanko (siehe Seite 27). Danach kam das Zahnpasta-Lächeln vom Pepsodent. Jetzt wird nur noch gelächelt. Wenn man schlechte Laune hat, muss man sein Gesicht nur zum Lächeln zwingen und die Freude kehrt zurück. Glück und Freude sind nur Gesichtsausdrücke und wenn man seinem Gesicht ein Lächeln gibt, ist man fröhlich. Es funktioniert tatsächlich, ich habe es ausprobiert. Versuche es auch du, es lohnt sich. Es ist wunderbar, zu lächeln und fröhlich zu sein. Alle Türen öffnen sich bei einem Lächeln. Früher wurden manche Kinder in der Schule mit sogenannten Hymypoika-Figuren – Figuren lächelnder Jungen – ausgezeichnet. Einmal wurde ich bei der Wahl Zweiter, was mich sehr verletzte. Ich verstehe doch auch nicht, warum man mich überhaupt zum Kandidaten für eine derartige Auszeichnung machte.

Der Amerikaner lächelt immer. In der Werbung wird so stark gelächelt, dass die Zähne zu sehen sind. Fotomodels können so natürlich lächeln, dass die untere Zahnreihe zu sehen ist. Das ist schwierig, denn Lächeln ist nicht das Gleiche, wie eine Grimasse zu schneiden. Lächeln ist der Versuch, einem anderen zu gefallen. Es bedeutet schmeichelnde Unterordnung unter den Blick des anderen. Der Finne sehnt sich sehr nach einem freundlichen Lächeln, weil er Angst vor Menschen hat. Lächeln ist ungefährlich. Wenn man in ein Restaurant geht, möchte man, dass der Kellner lächelt. In Pariser Nobelrestaurants lächelt der Kellner niemals, in einer billigen Kaschemme dagegen ununterbrochen.

Entwicklung. Entwicklung findet die ganze Zeit statt und sie endet auch nicht. Die Gesellschaft entwickelt sich. Die Individuen entwickeln sich: Der Mensch entwickelt sich weiter, indem er sich bildet und sich an erbaulichen Freizeitbeschäftigungen beteiligt. In jedem stecken das Potenzial und die Möglichkeiten zu einem neuen und besseren Leben. Man muss nur die Situation nutzen und etwas tun. Es ist egal, was man tut, Entwicklung ist es ohnehin.

Entwicklung ist Glück, denn dabei geht man vom Ist-Zustand in einen besseren Zustand über. Das Alte bleibt zurück und das Neue ist immer besser als das Alte. Der Pessimist ist eine Bremse der Entwicklung, weil er sich nach der vergangenen Zeit sehnt, in der alles angeblich besser war. Im Jahre 2006 sehnt sich der Arbeitnehmer nach den Arbeitsumständen des Jahres 1970, denn damals hatte die Arbeit noch einen Inhalt. Das ist lächerlich. Die Welt verändert sich die ganze Zeit zum Besseren und daher waren die Arbeitsumstände im Jahr 1970 schlechter als heute. Wie könnte es möglich sein, dass man sich zurückentwickelt hätte? Das große Rad der Entwicklung dreht sich nicht rückwärts. Auch die Religion hat sich entwickelt. Die Christen verbrennen niemanden mehr bei lebendigem Leibe und foltern nicht im Namen der Religion. Wenn das kein Fortschritt ist, was ist dann Fortschritt? Frauen dürfen Pastoren werden und die Kirchen sind leer. Darwin formulierte eine Evolutionslehre, die besagt, dass alles sich entwickelt. Einstein erfand die Relativitätstheorie, die besagt, dass alles relativ ist. War Einstein ein Pessimist und ein schlechter Mensch? Es ist nicht richtig zu denken, dass Entwicklung relativ wäre. Die Welt ist wirklich auf dem Weg in eine gute Richtung.

Fortschritt. Fortschritt ist ein schlechtes Wort und wird aus Neusprech getilgt. Dies liegt am Ballast des Fortschritts. Es ist ein Schlüsselwort des leninistischen Sozialismus. Nach dem Modell der Sowjetunion ist ein fortschrittlicher Mensch das gleiche wie ein Kommunist. Die anderen sind reaktionäre Menschen. Wenn der Kommunismus endgültig vergessen ist, kann man wieder vom Fortschritt sprechen. Das Wort kann man gleichwohl benutzen, wenn man über die schulische Karriere der Kinder oder über ein anderes auf reine Weise liebenswürdiges Thema spricht. Der kleine Anton macht Fortschritte beim Lesenlernen und das macht Mutter und Vater glücklich.

Geselligkeit. Geselligkeit ist wichtig für ein glückliches Leben. Der Mensch ist ein Verwandter des Hundes und kommt nur im Rudel und zu den Bedingungen des Rudels voran. Das Rudel hat einen Anführer, dessen Name „Präsident" ist. Der Anführer wechselt immer je nach Konjunktur, aber das ist nicht wichtig. Nur die Existenz des Anführers ist wichtig. Der Mensch ist ein soziales Tier.

Das Wort Geselligkeit muss aus Neusprech getilgt werden, denn es riecht nach Wissenschaft, und dahinter verbirgt sich viel unangenehme Theorie; auch das Wort Theorie wird aus der Sprache entfernt. Stattdessen schlage ich den Terminus „Rudelgeist" vor, der das kulturelle Klima (auch dieser Ausdruck wird getilgt) auf schöne Weise beschreibt. Der Mensch ist dann glücklich, wenn er wie alle anderen ist und auch so lebt. Er unterscheidet sich nur in kleinen Details. Die Kleidung darf nicht zu farbenfroh sein, aber trotzdem sollte man etwas Teures tragen. Wenn nun ein leuchtend gelbes Hemd nicht gesellig ist, sondern abweichend? Abzuweichen ist eine extreme Quälerei und ein Hindernis beim Streben nach wirklichem Glück. Ein Mensch, der nach dem Glücklichsein strebt, tut alles, um nicht von anderen abzuweichen. Dieser Sachverhalt muss betont werden. Das Abweichen schließt den Menschen aus der Gruppe aus. Am Ende bleibt keine andere Möglichkeit als das Irrenhaus oder das Gefängnis. Das sind Orte, an dem das Glücklichsein nur eine Täuschung ist. Der Mensch muss normal sein. Das bedeutet, dass er genauso ist wie die anderen.

Individualität. Obwohl der Mensch gezwungen ist, normal zu sein, ist er immer auch ein Individuum. Gerade das Individuum ist glücklich. Es hat ein Recht auf Glück und Wohlergehen. Die ganze Gesellschaft ist eingespannt, um dem Glück des Individuums zu dienen. Individualität ist eine tolle Sache. Die Missverständnisse müssen jedoch gleich beseitigt werden.

Individualität besteht zum Beispiel darin, einen Volvo zu kaufen, weil alle einen Volvo oder zumindest die Möglichkeit haben, sich einen anzuschaffen. Mit der Individualität ist also die ganz eigene Möglichkeit gemeint, genauso zu sein wie die anderen. Alle haben die gleichen individuellen Gegenstände. Alle leben das gleiche individuelle Leben. Individualität ist kein Abweichen. Hier kommt es zu Missverständnissen und so mancher glaubt, dass Individualität vom Wort "Individuum" abgeleitet sei. So ist es nicht. Individuen existieren nicht. Es gibt nur das Rudel und seinen Anführer. Individualität bedeutet, dass jeder auf die gleiche Weise leben kann wie die anderen. Wenn er dies tut, ist er ein Individuum, das das Glück des Hundes erreicht. Wenn Individualität Einsamkeit bedeutet, handelt es sich um die Hölle. Denkt an einen Menschen, der ganz anders ist als alle anderen. Kann er glücklich sein? Die Antwort ist negativ. Darin liegt die Tragödie des Individuums.

Unterhaltung. Das vom Rudelgeist geprägte Individuum der Massengesellschaft konsumiert Unterhaltung. Sie wird in Fabriken produziert und auf den Märkten ge- und verkauft. Unterhaltung macht den Menschen glücklich, und deswegen arbeitet und müht er sich für seine tägliche Unterhaltung. „Herr, unsere tägliche Unterhaltung gib uns heute". Auch ein wenig Brot bräuchten wir, damit wir wieder die Kraft haben, fernzusehen.

Die Unterhaltung hat viele Namen. Aus fast allem kann man Unterhaltung machen, besonders aus Kunst. Aus der Wissenschaft gewinnt man schon seit dem 17. Jahrhundert Unterhaltung. Am Anfang des 19. Jahrhunderts machte es Spaß, den Finger eines Freundes an eine Leitung zu halten, die durch eine Batterie oder einen Dynamo unter Strom gesetzt wurde. Durch eine unsichtbare Kraft Schläge zu bekommen, war spannend. Es ist völlig richtig erkannt, dass der Mensch Spaß haben muss. Dann hat man wieder die Kraft zu arbeiten. Krankheiten und Leiden erträgt man vor dem Fernseher leichter. Im Krankenhaus läuft immer der Fernseher. Sport ist eine hervorragende Unterhaltung, in England ist Fußball die neue Religion. Daraus kann geschlossen werden, dass Religion Unterhaltung ist. Weihnachten und Ostern sind gute Beispiele für den Unterhaltungswert von Religion. Viele Geschichten des Alten Testaments sind sehr unterhaltsam, beispielsweise Samsons Abenteuer bei den Philistern. Er tötete sie reihenweise mit dem Kieferknochen eines Esels. Heute ist alles Unterhaltung, weil der Mensch das

Recht hat, sich in dieser Welt wohl zu fühlen. Die erste Bedingung für das Glück ist, dass man sich wohl fühlt.

Fürsorge. In der Menge der Unterhaltung mögen auch einige Schwierigkeiten Platz finden. Dann bietet die Gesellschaft Fürsorge. Wenn man richtig Glück hat, kümmert sich die eigene Familie, und man erfährt deren Fürsorge. Das ist wirklich selten. Aber die Sozialdemokratie lehnt die Fürsorge nicht ab, sondern bietet sie. Der Mensch hat also ein Recht auf Fürsorge. Das bedeutet Sicherheit, ohne die man schwerlich glücklich sein kann. Allerdings versteckt sich im Wort „Sicherheit" eine negative Nuance. Deswegen wird auch dieses Wort aus Neusprech getilgt. Von Sicherheit zu sprechen, setzt den Gedanken an Gefahr voraus und Gefahr ist etwas Schlechtes und Negatives. In unserer Welt gibt es nichts Schlechtes, denn sie ist das Reich der Glücklichen.

Wir erfahren Fürsorge von der Wiege bis zum Grab. Jede unserer Bewegungen ist im Voraus festgelegt und vorhersagbar. Dann passiert nichts Schlechtes. Gleichzeitig wird die Fürsorge zur Bevormundung und Kontrolle. Jemand anderes weiß besser als ich selbst, was ich brauche und will. Man muss nur fragen, dann wird es einem gesagt. Unverhältnismäßiges darf man nicht wollen. Es reicht aus, dass man glücklich sein will, und das wird einem dann schon zuteil. Man geht arbeiten und genießt die alltägliche Unterhaltung – damit hat es sich. Kaffee und Alkohol darf man in Maßen genießen und Sex mit dem eigenen Partner. Die Kontrolle erfolgt, damit wir uns nicht selber schaden. Der Mensch kann jederzeit verrückt werden und etwas Abweichendes tun. Deswegen wird über uns Buch geführt und wir werden mit der Überwachungskamera beobachtet. Alles, was du tust, hinterlässt eine Spur in irgendeiner Datei, die sich irgendjemand irgendwann ansieht. Das ist Sicherheit, Ordnung und Planbarkeit. Die Risiken sind eliminiert, was eine ganz hervorragende Sache ist.

Gesundheit. Niemand ist glücklich, wenn er nicht gesund ist. Gesundheit hat nichts mit der Abwesenheit von Krankheit zu tun, denn Gesundheit ist ein ganz und gar positiver Begriff. Gesundheit beinhaltet umfassendes Wohlsein von Körper, Geist und sozialen Beziehungen. Gesundheit bedeutet Aktivität, Kompetenz, Lebhaftigkeit und Effizienz. Mit anderen Worten: Gesundheit ist ein anderer Name für Glück. Niemand ist glücklich, wenn er nicht gesund ist, und der Gesunde ist immer auch glücklich. Ein unglücklicher Gesunder ist eine Unmöglichkeit.

Gesundheit ist heute das wichtigste Ziel des Menschen. Das Leben muss der Gesundheit dienen. Der Glückliche ist schlank, jung, schön und kraftvoll. Er geht ins Fitnessstudio, turnt, achtet auf sein Essen und seine Verdauung. An den Ausscheidungen lassen sich viele wichtige Dinge erkennen. Er nimmt im Winter am offenen Fenster abhärtende Luftbäder (diese stammen aus dem Lehrbuch für die Hitler-Jugend aus den 1930er Jahren). Auch ein alter Mensch kann gesund und glücklich sein, aber dann muss er jung sein. In der heutigen Zeit ist auch ein Alter in der Lage, jung oder zumindest angeblich so etwas wie jung zu sein. Er muss sich kleiden und benehmen wie ein junger Mensch. Dann ist er glücklich. Aber wenn man richtig alt ist, hat man keine Kraft mehr. Dann ist man alt, krank und unglücklich.

Liebe. Jeder braucht und sehnt sich nach Liebe. Dabei ist es essenziell, sich daran zu erinnern, dass Liebe das Gleiche ist wie Sex. Der Mensch liebt den anderen dann, wenn er mit ihm schlafen will und den anderen für einen Partner für die Zukunft hält. Die Liebe ist also ein als dauerhaft empfundenes auf den anderen gerichtetes sexuelles Begehren. So wird die Sache in der Unterhaltung definiert, in Filmen und in Romanen. In ihnen wird viel von der Liebe gesprochen.

Die Liebe ist eine ärgerliche Komponente des Glücks, weil es zu viele Arten der Liebe gibt. Wenn ich kinderlieb bin, bin ich nicht unbedingt pädophil. Alte Menschen darf man auch ohne sexuelle

Gedanken lieben. Daraus entsteht ein unschöner Widerspruch. Liebe als Sex ist unbestritten interessant, auf eine ähnliche Weise wie Gewalt und das Töten. Aus ihnen lässt sich gut Unterhaltung produzieren, denn sie erwecken immer und überall Gefühle. Diese andere Liebe ist anspruchsvoll, kompliziert und trist und daraus lässt sich auf keine Weise Unterhaltung produzieren. Diese Liebe führt leicht ins Unglück. Die Liebenden erkranken und sterben. Die Angebetete weist mich ab und ich bleibe sehnsuchtsvoll zurück. Sex ist einfacher. Wenn einen einer verlässt, nimmt einen ein anderer. Und man kann ja immer einen Filmstar lieben und von Fußballspielern träumen. Liebe ist auf jeden Fall immer ein großes Geschäft. Jemand macht viel Geld mit der Liebe, und ich meine hier nicht die langbeinigen Estinnen, die in Kallio, einem ehemaligen Arbeiterviertel von Helsinki, Sexgeschäften nachgehen.

Erfolg. Jeder von uns hat auf seine eigene Art Erfolg, sagt der optimistische, positiv eingestellte Mensch. Andererseits ist Erfolg in einer bevormundenden Gesellschaft eine Abweichung und deshalb eigentlich nicht zulässig. Der Erfolgsmensch gleicht uns anderen nicht und das ist ein Unglück. Deshalb muss jeder ein Erfolgsmensch sein oder keiner ist es.

Erfolg wirkt wie die Quelle des Glücks, aber ein Wort der Warnung ist angebracht. Erfolg muss man verbergen, wenn er einem widerfährt. Eigentlich darf man nur im Sport Erfolg haben, und deswegen ist Sport gerade jetzt so wichtig. Die Gesellschaft braucht Erfolgsmenschen und man braucht ein Vorbild für den Erfolg. Der Skispringer Matti Nykänen war ein Erfolgsmensch genauso wie der Rennfahrer Mika Häkkinen. Jetzt heißt der Erfolgsmensch Kimi Räikkönen, dieser Matti Nykänen des Motorsports. Ich möchte den Glückssucher vor den Risiken des Erfolges warnen.

Ich. Mein „Ich“ ist der Mittelpunkt der Welt und mein Glücklichsein ist für mich die wichtigste Sache auf der Welt. Dies ist ein guter Ausgangspunkt.

Abbildung 1: *Das Logo der Keksfabrik von Hanko* (s. Seite 19).

2. Das Glück des Individuums

2.1. Der Körper und seine Genüsse

2.1.1. Über den Hedonismus und seine Mittel

Der Hedonismus ist die Lehre vom Genuss: Der Mensch wird glücklich, indem er sich die größtmögliche Menge an Genuss verschafft. Der Gedanke fühlt sich richtig an. Wenn der Mensch genießt, ist er glücklich. Und wenn der Genuss endet, ist er unglücklich. Er will zu den Genüssen zurück. Je mehr Genuss verfügbar ist, desto glücklicher ist er. Der Mensch möchte die ganze Zeit genießen und so viel wie nur möglich. Die Natur des Menschen ist in dieser Beziehung wie die eines Tieres. Auch der Hund liegt auf dem Rücken, lässt sich kraulen, bis er Hunger bekommt und gehen muss, um sich seinen Genuss am Fressnapf zu holen.

In früheren Zeiten befasste man sich im Psychologiestudium mit Beschreibungen von Tierversuchen mit Ratten. Bei diesen waren den Ratten Elektroden ins Gehirn eingepflanzt worden, mit denen man ihr Genusszentrum im Gehirn reizen konnte. Wenn die Ratte auf eine Taste schlug, bekam sie in dieses Zentrum einen kleinen Stromschlag, der sich extrem gut anfühlte. Bald begann die Ratte, ständig auf die Taste zu schlagen, so dass sie nicht mal mehr Zeit hatte, zu fressen oder zu trinken, sondern starb. Ich habe nie verstanden, warum dieses berühmte Rattenexperiment so interpretiert wurde, dass es sich für die Ratte wahnsinnig gut angefühlt habe. Bestimmt auch deshalb, weil man den Studenten und Lesern etwas über die Gefahren des Genusses erzählen wollte. Wenn man etwas richtig Unsinniges macht und sich um nichts anderes mehr schert, stirbt man. Woher wissen wir eigentlich, wie es sich für die Ratte anfühlte? Wohl niemand hat je als Ratte gelebt, nicht mal einen Tag lang. Es gibt auch andere Gründe als den Genuss, um immer wieder Dummheiten anzustellen.

Die Philosophen haben sich Lehren ausgedacht, um den Menschen ihre Wünsche nach Genuss zu verderben. Deshalb sollte jeder Genießer sich vor der Philosophie hüten wie vor der Pest. Die Psychologen und die Gläubigen haben auch das ihrige dazu beigetragen, aber weil sie nicht so einfallsreich sind wie die Philosophen, ist es einfacher, über ihre Geschichten zu lachen. Gefährlich sind die Philosophen. Hingegen lohnt es sich, die Geschichte zu studieren. Dort findet man die besten Ideen zur Förderung des Genusses.

Eine der teuflischsten Erfindungen der Philosophie ist die Genussmaschine, eine komplette chemische und eine visuelle virtuelle Welt, die dem Menschen extremen Genuss kostenlos beschert. Zieh dir einen Ganzkörperoverall und Handschuhe an. Setze einen Helm auf den Kopf und eine Brille auf die Nase. In die Ader kommt eine Kanüle zur chemischen Behandlung des Körpers. Dann nur noch die Auswahl des Genuss-Programms, und die Sache läuft. Der Overall ist so konstruiert, dass er echte Empfindungen an den richtigen Körperstellen auslöst. Die Handschuhe vermitteln das Gefühl von Berührungen. Durch die Brille sind richtige Bilder zu sehen und über die Kopfhörer verlockende Geräusche zu hören. Über die Kanüle werden dem Körper die richtigen Mittel gespritzt, die das Vergnügen steigern. Das Programm läuft und der Mensch darf unterdessen genießen. Was geschieht?

Ich bin sicher, dass der Nutzer der Genussmaschine versucht, verschiedene Möglichkeiten auszuprobieren, weil er sich nicht mit nur einer einzigen Erfahrung zufriedengeben will, mag sie auch noch so genussvoll gewesen sein. Die Situation ist mit einem primitiven Experiment vergleichbar, bei dem ein Mensch in einem isolierten Raum eingeschlossen und ihm ein extremes Vergnügen auslösendes Mittel gespritzt wird, irgendeine Droge. Heroin könnte ein gutes Beispiel sein. Der Genuss ist jedoch immer gleich. Er wechselt nicht und verändert sich nicht, ist aber äußerst angenehm. Säße der Mensch die ganze Zeit in jener Maschine? Manche behaupten ja, andere wiederum glauben, dass er dort nicht bliebe. Es fehlt die Abwechslung und damit die Verlockung. Der Mensch will immer etwas Neues.

Das Grauen der virtuellen Maschine ist ihre Vielfalt und das Problem der altmodischen Genussmaschine ihre Eintönigkeit. Beides sind gute Gründe, die Maschinen zu zensieren. Ist es verwunderlich, dass der Genuss verurteilt wird, ob er nun vielfältig bunt oder langweilig monoton ist. Genuss muss immer verurteilt werden. Es ist gut, sich das zu merken. Die Verurteilung der altmodischen chemischen Genussmaschine ist einfach, genauso wie die des Heroins. Das Leben des Menschen ist nicht lebenswert, wenn es nicht mit vielfältigen neuen und kreativen Erfahrungen verbunden ist. Es reicht nicht aus, bloß in der Gewalt des Genusses gefangen zu sein. Eine Drogenhöhle oder eine schicke Genussmaschine ist nicht der Sinn des Lebens. Man muss sie loswerden. Schwierig ist die Loslösung, wenn man einmal die extreme Form des chemischen Genusses kennt.

König Alkohol eignet sich als Beispiel. Das Wesen des Alkohols wird oft falsch verstanden. Wer niemals Alkohol getrunken hat, weiß über den chemischen, den reinsten Genuss, gar nichts. Das Gehirn ist so konstruiert, dass jeder Art von Genuss eine Tür entspricht. Wenn man den Genuss erlebt, springt die entsprechende Tür auf und schließt sich niemals mehr. Sie ist und bleibt offen. Wenn man sich bei einem Juckreiz richtig leidenschaftlich kratzt, kann man das Kratzen niemals mehr lassen. So gut hat es sich angefühlt. Diese Tür ist und bleibt offen. Das Gleiche passiert, wenn man zum ersten Mal Sex hat. Wenn er genussvoll ist, bleibt die Tür offen und man muss wieder und wieder hindurchgehen. Wenn der Verlust der Jungfräulichkeit wehtut und das Vollziehen jämmerlich misslingt, bleibt die Tür nur angelehnt und es ist schwierig, in der Zukunft hindurchzugehen. Man kann wohl die Tür später aufschieben, aber das ist schwierig, und die Tür bleibt kaum von alleine sperrangelweit offen stehen.

Alkohol ist darum ein probates Mittel, weil er mit einem Mal alle Türen des Genusses aufspringen lässt. Wenn man sich einmal kräftig mit Wodka, also mit reinem mit Wasser verdünntem Alkohol, die Kante gegeben hat, braucht man keine weiteren Informationen mehr über den Genuss. Alle Türen sind offen und bleiben auch offen. Keine Macht der Welt schließt sie mehr. Und wenn sie geöffnet sind, ist es einfach und verlockend, immer wieder und wieder hindurchzugehen. Der Genuss wird vertraut: Obwohl er nur reine Chemie ist, schmälert dies den Reiz der Erfahrung nicht. Ein schlechter erster Rausch samt Übergeben hinterlässt die Türen angelehnt, nicht sperrangelweit offen.

Natürlich kann man die Güte des Rausches veredeln, indem man teure und seltene Getränke trinkt und ihn mit gutem Essen oder Sex verbindet. Der Rausch wird mit Cognac und Weißburgunder erreicht. Es wird Gänseleber verspeist und miteinander gepoppt. Danach werden lange, intelligente Gespräche geführt, beflügelt durch gute Getränke. Aber dennoch geht es nur um Chemie. Ein Glas russischen Wodkas in der dämmrigen und nasskalten Hütte mitten im Winter dient dem gleichen Zweck. Die Chemie funktioniert dort ganz genauso gut wie im Saal des traditionsreichen Restaurants Kosmos oder im Schoß des neuen Liebhabers. Ein richtiger Säufer weiß dies und versucht nicht, überflüssige Reize in den chemischen Genuss zu mischen.

Man möge sich daran erinnern, dass der Rausch das Öffnen aller Türen des Genusses bedeutet, so dass es keiner anderen Öffner bedarf. Wenn man sich schrecklich geistreich unterhält, mit einem neuen Partner vögelt, Rebhuhn isst oder sich zwischen den Beinen rumfummelt, tritt man durch eine Tür des Genusses ein. Diese Tür ist mehr oder weniger offen, immer abhängig von der ersten Erfahrung und dem folgenden Versuch mit dem entsprechenden Genuss. Wenn auf das Herumfummeln im Schritt beim ersten Mal Spott, Verachtung und Bestrafung durch die Freunde oder die Mutter folgte, ist es später schwierig, es selbst allein in vollen Zügen zu genießen. Eine schlechte Erfahrung hindert die Tür daran, sich ganz zu öffnen. Aber auch wenn die Tür ganz auf wäre, ist es nur eine Tür. Die Tür daneben, zum Beispiel die Verheißungen des Vögelns, lockt. Diese Tür muss man als nächstes durchschreiten.

Aber wenn man Alkohol trinkt, sind alle Türen offen und der Trinker tritt durch alle gleichzeitig ein. Deshalb besteht kein Bedürfnis, etwas anderes zu tun, als Alkohol zu trinken. Das reicht aus, denn alle Genüsse sind mit einem Mal verfügbar. Warum neben dem Alkohol nach den Genüssen von Essen und Sex streben, wenn der Alkohol alleine schon die gleiche Sache besorgt? Die Chemie beherrscht den Menschen und alles andere ist eine Täuschung.

Der Alkohol hat den Vorteil, dass man davon einen Kater bekommt. Das zügelt den Konsum ein wenig. Die Morgen sind nicht besonders angenehm. Von einer richtig guten Droge bekommt man keinen Kater. Kaffee ist genau deshalb eine vortreffliche legalisierte leichte Droge, weil man davon keinen Kater bekommt, obwohl die Wirkungen des Stoffes ziemlich ähnlich sind. Ich empfehle, dieses auszuprobieren, indem man einige Monate auf Kaffee verzichtet und dann einen Becher voll der schwarzen Brühe trinkt. Davon hebt man ab. Die Milde des Kaffees gründet sich nur auf die Gewöhnung des erfahrenen Kaffeetrinkers - genauso geht es Junkies. Von einer Zigarette bekommt man keinen Kater, aber die Wirkung ist unnötig mild. Es lohnt sich, vernünftige kubanische Zigarren zu rauchen. Von ihnen bekommt man immerhin einen kleinen Kick, obwohl jemand, der unerfahren ist, sich zunächst übergeben muss. Ich empfehle Bolívar-Zigarren, keine Cohiba-Zigarren, denn mit seinem Gefasel über sie zeigt der Betreffende nur, dass er von Zigarren nichts versteht. Er hat einmal eine von einem Freund angebotene gefälschte Zigarre geraucht und die ist ihm in Erinnerung geblieben. Das Hochstapeln sollte man üben, damit man sich nicht gleich blamiert. Aber wie gesagt, eine Zigarette gibt nicht viel Wirkung her. Sie gehört in die gleiche Kategorie wie

Cannabis, dessen Wirkung auf die gleiche Weise unwesentlich ist. Diese Drogen, Zigaretten und Cannabis, gehören nicht zu einem auf das Streben nach Genuss ausgerichteten Leben, wenn man die Mission ernst nimmt. Sie mögen wohl empfehlenswert sein, aber nicht unter dem Gesichtspunkt ihrer genussbringenden Wirkung.

Über harte Drogen kann ich nichts sagen. Ich selbst bekam als Zwölfjähriger vor einer Handoperation Morphium, und an diese Erfahrung erinnere ich mich ewig. Ich hob ab. Aber das war, bevor es in den Operationssaal ging, und ich lege keinen Wert darauf, ähnliche Erfahrungen zu machen und empfehle sie auch anderen nicht. Wenn ich über diese Sache mehr sagen würde, würde mir die Polizei die Tür eintreten und mich zu einem Folterverhör in ihren geheimen Höhlen irgendwo in Lappland abholen. Ich möchte kein Risiko eingehen, daher weiß ich über diese Sache gar nichts. Auch über Cannabis weiß ich nichts anderes, als das, was ich auf Auslandsreisen gehört habe. Wenn ich genauer darüber nachdenke, weiß ich auch über Alkohol nichts, obwohl ich ihn wohl einmal probiert habe. Kaffee kann ich nicht mehr trinken, weil ich vom Koffein Herzprobleme bekomme. Zigarren zu qualmen, macht Spaß, aber nur deshalb, weil die anderen einen anstarren. Ich empfehle Diät-, also Cola-light-Getränke. Eine Flasche davon am Tag schützt vor Depressionen. Gleichzeitig unterstützt man den amerikanischen Imperialismus, was keine gute Sache ist. Man kann nichts tun als klagen.

Warum ist Alkohol eine zu verurteilende Quelle des Genusses? Es gibt eine Antwort und die ist einfach. Alkohol ist Alkohol und die Aufgabe des Trinkers ist es, den Stoff dem Blutkreislauf zuzuführen. Die von Gott geschaffene Körperchemie besorgt den Rest. Dann sitzt man nur da und genießt − und gießt mehr Stoff in sich hinein. Je reiner der Stoff ist und je weniger Nebenbeschäftigungen mit dem Trinken verbunden sind, desto besser. Alle Nichtigkeiten müssen ausgesondert werden. Ich spreche hier nicht über Kater, Geld oder Leberprobleme. Sie gehören nicht zu diesem Thema, es ist das Beste, das gleich zu glauben. Es geht um den reinen Genuss und sein Gipfeln mit der Kraft des Alkohols. Das einzige Problem ist, dass die Kultivierung der Körperchemie als Lebenszweck nicht richtig ausreicht. Das Beugen des Arms und das chemische Reizen des Lustzentrums ist eine eingeschränkte Aktivität, wenn auch eine sehr genussvolle.

Da die Gesellschaft komplett auf einem Bluff beruht, werden die Vorstufen des Alkoholismus glorifiziert. Alkohol als Freizeitbeschäftigung ist einer der lustigsten Bluffs, die ich kenne. Nur ein paar ermunternde Worte und man bringt auch die Damen dazu, sich einen kleinen Schwips anzutrinken. Man veranstaltet eine Weinprobe, auf der die Teilnehmer Kleinigkeiten knabbern und vom Preis-Leistungs-Verhältnis her günstige Weißweine der Preisklasse von sieben bis acht Euro probieren. Man tauscht Meinungen aus und lernt neue Geschmacksrichtungen kennen. Zu Hause probiert man ein bisschen mehr, bekommt aber keinen Rausch. Eine kleine Weinsammlung ist absolut notwendig, und sie wird im Weinkühlschrank aufbewahrt. Wenn das Hobby sich weiter entwickelt, besorgt man sich günstige Weinangebote aus den Läden im Hafen von Tallinn in Estland. Auf diese Weise haben wir wieder einen Schritt in Richtung des Europäertums getan. Es hätte sich gelohnt, die Trinkerkarriere mit einer halben Flasche Koskenkorva, dem berühmten finnischen Wodka, zu beginnen, dann wüsste man, was Genuss ist. Man müsste nicht trinken. Aber die ganze westliche Kultur gründet sich auf das Trinken von Alkohol. Ohne Alkohol gibt es nichts. Er wird einem allerorten aufgedrängt. Ohne Alkohol gibt es kein gesellschaftliches Leben. Alkohol bekommt man auch beim Abendmahl in der Kirche, das ansonsten sehr karg ist. Drogen sind böse, denn sie könnten den Alkohol verdrängen, und dann gerät unsere Kultur durcheinander.

Der chemische Genuss reicht dem kreativen und neugierigen Menschen nicht. Der Gedanke geht weit darüber hinaus. In der modernen virtuellen Maschine werden für den Genießer keine Hindernisse oder Blockaden errichtet. Er kann ganz gleich welche Erfahrung ohne Konsequenzen genießen. Was auch immer er tut, es erwächst daraus für keinen etwas Schlechtes. Wenn er sein Spiel beendet, ist alles wie vorher auch. Nichts ist in der Wirklichkeit passiert. Niemand bemerkt etwas. Alles ist nur ein großes und schickes Videospiel. Und genau deswegen muss die ganze Sache verboten werden. Genau deshalb probiert der Spieler und Erlebende die dümmsten Möglichkeiten aus. Erst trinkt er guten Wein, beispielsweise einen 1982er Château Margaux Bordeaux. Der Preis einer Flasche liegt auf dem freien Markt bei rund 600 Euro. Es lohnt sich also, ihn zu probieren. In diesem Stadium sind wir noch im gedanklichen Umfeld des chemischen Genusses. Aber es muss vorangehen. Wohin sind wir unterwegs?

2.1.2. Sadismus und Masochismus

Den Menschen interessieren nur zwei Dinge: Sex und Tod. Eigentlich sind diese beiden zwei Seiten ein und derselben Sache, aber vergessen wir das. In der virtuellen Maschine muss es ein umfassendes Programm für Sex und Tod geben. Dazu gibt es schon Erfahrungen. Das Internet ist ein großer Sex-Kanal, dessen Angebot gewaltig, vielseitig, umfassend und vom Bildmaterial her reichhaltig ist. Die Sexseiten sind auch voll von Viren, die uns auf die gleiche Weise an die Gefahren von Sex erinnern wie HIV bei den echten Bettgeschichten. Sex ist auch virtuell gefährlich. Das Angebot reicht von Kindern und Pferden zum Strumpfhosensex, wird aber im Allgemeinen Männern angeboten und ist für Männer gedacht. Es ist schwer zu sagen, welches der schrecklichere Gedanke ist, Strumpfhosensex oder Sodomie. Sex mit Kindern wiederum ist verboten, so dass ich dazu nichts sage. Ich stelle nur fest, dass der große Philosoph Sokrates zufällig ein homosexueller pädophiler Voyeur war, was in ungeschönter einfacher Sprache bedeutet, dass er es erotisch fand, sich junge männliche Kinder anzusehen, aber nur anzusehen. Man spricht auch von der platonischen Liebe, wenn es nicht darum geht, sich zu berühren. Heutzutage assoziiert man Pädophilie mit Sex mit Kindern auf die belgische Art, bei der Kinder gequält und getötet werden. Das ist falsch. Sokrates war kein Belgier.

Wenn das Internet Sex und Computerviren bedeutet, so bedeuten die Computerspiele Gewalt und Tod. Genauso ist die Popkultur von Gewalt durchsetzt. Die Kinder spielen Tag und Nacht Spiele, in denen das virtuelle Töten die Quelle der Freude ist. Gewalt ist lustig und sie begeistert, und als virtuelle Gewalt ist sie ganz und gar sicher. Keiner bekommt Blutergüsse, es werden keine Knochen gebrochen, es gibt keine Augenverletzungen und auch um Verletzungen des Gehirns braucht man sich nicht zu scheren. Die Toten erstehen auf wie Jesus, so dass auch der Christ ein Motiv für das Spielen findet.

Bei diesen Vergnügungen gibt es nichts zu missbilligen. Sie verdeutlichen ganz im Gegenteil unser eigenes Menschsein sehr gut. Und sie bringen dem Heranwachsenden Genuss, ihm, dem so viele andere Genüsse noch verboten sind. Das eifrige Spielen ist Genuss, und deshalb ist es eine gute und zu unterstützende Aktivität. Das einzige Problem ist allerdings, dass gleichzeitig der amerikanische Imperialismus unterstützt wird.

Kehren wir zurück zu unserem großartigen und überzeugenden Apparat, der entwickelten Genussmaschine. Ich habe schon gesagt, dass ihr Benutzer zu immer eigenwilligeren Genüssen auf dem Gebiet von Sex und Gewalt übergeht. Etwas anderes auszuprobieren, hat er nicht lange Lust. Alles andere ist langweilig, und Langeweile kann man keineswegs genießen. Es wäre wahrlich interessant zu wissen, wie weit die Menschen beim Ausprobieren gehen würden, wenn die Programme der Maschine ausreichend vielseitig wären und auf die Schweinereien keine Konsequenzen folgten. Auf den Pornoseiten des Internets machen den Benutzern die Viren zu schaffen, aber vor allem die Überwachung. Die Maschine speichert in ihren Tiefen die Spuren der Seiten, die besucht wurden. Dort fischt sie der Arbeitgeber heraus und feuert den arglosen Netzlüstling. Oder aber die Polizei kontrolliert, ob Seiten besucht wurden, die gesetzlich absolut verboten sind. Die Gerichtsverhandlung wartet. Dann bekommt man eine Haftstrafe ohne Bewährung. Das Oberste Gericht schlägt noch ein paar Jahre drauf, nur um der Scheußlichkeit willen. Und am Ende steht man in der Rangordnung der Bösewichte ganz oben. Vergewaltigungen und schreckliche Prügelorgien sind das tägliche Brot so mancher Netz-Konsumenten. Es lohnt sich darauf zu achten, was man sich ansieht, oder man muss Sexforscher werden. Der Forscher darf sich nämlich ansehen, was er will, wenn er die entsprechenden Genehmigungen einholt und nicht zu sehr erregt wird. Die Ethikkommission der Sozialwissenschaften liest das Forschungsvorhaben und genehmigt es sicherlich, wenn der Forscher verspricht, sich bei der Materialsammlung nicht selbst zu berühren. Um dieses sicherzustellen, wird ihm vermutlich eine persönliche Aufsichtsperson zugeordnet oder er muss zumindest die ganze Zeit im Blickfeld einer Überwachungskamera bleiben.

Gewalt ist deswegen eine besondere Art von Genuss, weil der Sadist, der Gewalt genießt, selbst keinen körperlichen Genuss dabei erfährt. Wenn man den anderen mit der Faust ins Gesicht schlägt, schmerzt die eigene Hand. Wenn man den anderen peitscht, fühlt man selber nichts. Um jemandem die Hand auszurenken, muss man sich sehr anstrengen. Zudem tun die Schreie des anderen in den Ohren weh und das Blut und der Schleim verschmutzen die eigene Kleidung. Deshalb passt Gewalt gut zu Filmen, Comics und Büchern. Gewalt ist immer auf ihre eigene Art erdacht und virtuell. In Wirklichkeit passiert der Genuss der Gewalt im Kopf des Sadisten und ist damit von seiner Natur her psychisch. Deshalb sind das römische Foltergerät, das Kreuz und der daran hängende erniedrigte Prophet als Symbol für das Christentum gewählt worden. Alles geschieht im Kopf, ist reiner Gedanke und Gefühl. Nichts ist passiert und nichts ist als wirklich erfahren worden. Alles ist nur Spiel und doch gleichzeitig so wahr, wie es nur sein kann.

Der Sadismus gehört nicht zu den richtigen Genüssen, der Masochismus gehört dazu. Ein Masochist ist ein Mensch, der seine eigene Qual und seine Scham genießt. Wenn Sex und Gewalt die einzigen den Menschen interessierenden Dinge sind und Gewalt sadistisch ist, dann ist Sex masochistisch. Eigentlich ist jeder Genuss masochistisch. Der Körper genießt sein Leiden. Dies ist das bemerkenswerteste Merkmal jeden Genusses. Oft ist Sex natürlich Gewalt. Eine Vergewaltigung ist Sex und Gewalt. Niemand sollte behaupten, eine Vergewaltigung sei nur Gewalt und eigentlich gar kein Sex. Natürlich ist eine Vergewaltigung Sex. Dabei wird das männliche Geschlechtsorgan durch Öffnungen in den Körper des Opfers eingeführt, so dass man den Vorgang für Sex halten muss. Wenn das Geschlechtsorgan mit Gewalt in den Anus eines anderen Mannes eingeführt wird, handelt es sich um gewalttätigen Sex. Das ist so, auch wenn der Vergewaltiger keinen sexuellen Genuss empfindet. Wenn der Mann in flagranti überrascht wird, ist es vergebens, der Ehefrau zu sagen, dass man während des Aktes nicht an Sex gedacht oder nicht einmal irgendeinen entsprechenden Genuss empfunden habe. Die Frau hält die Sache in jedem Fall für Sex und hat damit Recht. Der Mann wird verurteilt und die Ehefrau bekommt das Geld und die Kinder.

Vielleicht sollte man auch daran erinnern, dass einvernehmlicher Sex oft roh und gewalttätig ist. Der Mann gibt der Frau harte Schläge auf den Hintern, und die Frau hinterlässt Knutschflecken auf den Schultern des Mannes (peinlich, wenn man anderweitig verheiratet ist). Freud hatte Recht, als er behauptete, dass Kinder verrückt würden, wenn sie Vater und Mutter beim Vögeln sähen. Sie glauben, dass es sich um Folter und Totschlag handele. Genuss und Gewalt verbinden sich gerade im Sex. Zwei Menschen vertrauen einander und vereinbaren ein angenehm heftiges Miteinander, es gibt also keinen Grund zur Sorge. Bei der Vergewaltigung fehlen sowohl die Vereinbarung als auch das Vertrauen, auch wenn der Akt echt wäre. Mike Tyson bekam in Amerika eine höhere Gefängnisstrafe, weil er während der Vergewaltigung die Finger in die Muschi eingeführt hat. Das darf man wirklich nicht tun, wenn die Frau nicht einverstanden ist.

Ich versuche jetzt, einfach und klar zu erklären, warum der Sadismus nicht zur Gruppe der Genüsse gehört. Der Grund ist der Folgende. Wenn ich jemand anderen quäle, empfindet mein Körper nichts. Wenn man sein Opfer peitscht, kribbelt der Körper. Der Peitschende spürt lediglich, dass seine Hand ermüdet. Die durch den Sadismus ausgelöste Lust, zum Beispiel Kribbeln im Körper, sitzt also zwischen den eigenen Ohren und hängt von der eigenen Vorstellungskraft ab. Da die Genüsse jedoch körperlich sind, ist Sadismus kein Genuss, auch wenn er noch so schön und erregend ist. Diese These setzt natürlich voraus, dass Genüsse wirklich körperlicher Natur sind, und das sind sie. Nur der Körper genießt. Der Geist und das Denken werden entzückt, motiviert, erregt, wild und genießen natürlich auch. Aber die Gedanken sind auf ganz andere Weise genussbringend als die körperlichen Empfindungen. Du kannst das ausprobieren. Denke an Geschlechtsverkehr mit einem wunderbaren Partner und probiere den Trick dann auch körperlich aus. Der Gedanke daran ist schön, aber das Tun ist genussbringend. Wenn du nie Sex bekommen hast, kannst du es dir vorstellen. Auch das kann schön sein. Aber nur das Fleisch weiß, was Leidenschaft ist.

Sadismus ist also kein richtiger Genuss. Es ist Hass, der sich auch manchmal gut anfühlt. Sex wiederum ist Genuss, zumindest manchmal, und deswegen ist er masochistisch. Beim Sex lässt der Mensch Dinge mit sich machen, in die er sonst unter keinen Umständen einwilligen würde. Sein Körper wird erobert, der Mensch wird dem Willen eines anderen unterworfen und Körperöffnungen werden schamlos benutzt. Die Scham wird dem animalischen Genuss untergeordnet. Die Situation ist vollkommen masochistisch und gleichzeitig unbedingt genussvoll. Der Mensch verliert sein Ich, seine Moral, seine Scham und seine Schuldigkeit, während er sich dem anderen hingibt. Es ist kein Wunder, dass sowohl die Christen als auch viele Feministinnen es für unmöglich gehalten haben, die Situation zu akzeptieren. Sie haben Recht. Die Situation ist schrecklich abstoßend. Warum geben wir uns nicht damit zufrieden, Kinder zu zeugen?

2.1.3. Der Orgasmus

In diesem Zusammenhang ist es wichtig zu berücksichtigen, welcher der Sexpartner oben liegt und welcher unten. Wer unten liegt, genießt, weil er in einer masochistischen Situation ist. Wer oben liegt, genießt nicht, weil er in einer sadistischen Situation ist. Unten nimmt man, oben gibt man. Volkstümlich wird diese Sache umgekehrt ausgedrückt, aber das Volk irrt sich ja in den meisten Dingen. Wissenschaftlich betrachtet man es so, dass der unten Liegende, also derjenige, der penetriert wird, Finger, Zunge, Geschlechtsorgan, Dildo oder zum Beispiel Zehen in sich aufnimmt. Dies führt zu einem starken körperlichen Genuss. Der Partner empfängt also und nimmt an. Er ist passiv und profitiert gleichzeitig von der Situation. Der Genuss gehört ihm, und es gibt nichts anderes zu teilen als den Genuss.

Der oben liegende Partner wiederum gibt. Er macht die Arbeit, leckt, bohrt, kratzt, beißt und stößt. Er schuftet wie ein Sklave der Antike ohne Menschenwürde, Lohn oder Freiheit. Gerade wegen dieser Hoffnungslosigkeit verdreht die volkstümliche Sprache die Sache ins Gegenteil und behauptet, dass der, der oben liegt, irgendwie profitiere und auf der Empfängerseite sei. Er bekommt Macht und ist in der Lage, etwas zu tun, aber das ist auch alles. In diesem Sinne empfängt er etwas. Der Genuss gehört jedoch vollständig dem unten liegenden Partner. Der oben genießt wie jemand, der einen anderen misshandelt, also nur in seiner eigenen Phantasie. Sein Handeln richtet der Akteur auf den anderen. Ihm selbst bleiben Genuss und Befriedigung über die gut bewältigte Aufgabe. Auf diese Weise gerät der oben Liegende in die Rolle des Masturbierenden. An sich ist es seltsam, dass der Akteur im Bereich von Sex gering geschätzt wird, während in der westlichen Kultur der Akteur im Allgemeinen bewundert und das Objekt des Tuns gering geachtet wird.

Der Sachverhalt wird mit gleichberechtigtem Sex korrigiert. Hier gibt es zwei verschiedene Möglichkeiten. Beide sind gleichzeitig oben. Beide vögeln einander. Die Situation erinnert mehr an einen Kampf als an Sex und keiner von beiden genießt. Die Vorstellung ist erbärmlich.

Offensichtlich muss man sich unten und oben abwechseln. Immer wieder werden die Plätze getauscht, bis alle beide ihren Teil der sadistischen Arbeit getan und ihren Anteil des masochistischen Genusses erfahren haben. Der Gedanke ist vortrefflich und empfehlenswert. Die Sexpartner müssen jedoch die richtigen Stellungen üben, was nicht ganz einfach ist. Einigen fällt die Rolle des gierigen Masochisten leichter zu als die des emsigen Sadisten, bei anderen verhält es sich umgekehrt. Vermutlich sind auch die Geschlechterrollen ein Hindernis. Die Frauen haben vielleicht gar keine Lust, im Bett sehr fleißig zu sein, zumindest nicht in einer Heterobeziehung. In einer homosexuellen Beziehung lässt sich die Sache leichter einrichten. Beide dürfen emsig sein. Aber auch eine Heterofrau sollte sich daran erinnern, dass man einen Mann lustvoll vögeln kann. Es ist traurig, wenn der Mann nur deshalb dazu verdammt ist, Sadist zu sein, weil die Frau Masochistin sein will.

Oben war nur vom Vorspiel die Rede. Wirklicher Sex bedeutet Geschlechtsverkehr, um wieder die unsterbliche Weisheit des Volkes zu zitieren. Der Geschlechtsverkehr ist, wie er ist, gleichberechtigtes Handeln, nicht wahr? Beide Partner erfahren Genuss, wenn die empfindlichen Gewebe der Geschlechtsorgane aneinander gerieben werden. Am Ende folgt der gemeinsame Höhepunkt der Wollust, wissenschaftlich betrachtet bekommt die Frau also einen Orgasmus und der Mann einen Samenerguss. Was bedeutet das? Erlebt der Mann dennoch etwas anderes als die Frau? Die wissenschaftliche Theorie offenbart, was die Weisheit des Volkes verschleiert. Letztere sagt, dass beide den Höhepunkt der Wollust erreichen. Wissenschaftlich gesehen ergießt der Mann seinen Samen und die Frau erfährt Befriedigung. Ejakulation und Orgasmus sind zwei verschiedene Dinge. Ganz entsprechend verliert der Mann nicht seine Jungfräulichkeit, sondern man sagt über ihn, dass er erfahren sei. Hier erlangt der Mann Erfahrung und die Frau verliert ihre Unschuld. Der Sex von Mann und Frau ist asymmetrisch und nicht gleichberechtigt.

Die finnische Sprache offenbart die Wahrheit, zumindest den Finnen. Wir sagen, dass das Ziel von Sex das Kommen bzw. Feuern sei. Es handelt sich natürlich um einen Vergleich. Der Mensch kann auf keine Weise im konkreten Wortsinn feuern. Eine Feuerwaffe feuert, wenn man auf den Abzug drückt und dann aus dem Lauf mit großer Wucht ein Geschoss oder etwas anderes mit Fernwirkung fliegt. Die andere Bedeutung des finnischen Wortes für Feuern bzw. Kommen ist das Nachlassen bzw. Lösen von Anspannung entweder im Nervensystem oder in der Muskulatur. Wenn man nach ungeschütztem Sex zum Arzt geht, verursacht der Gedanke an eine mögliche Ansteckung mit einer Geschlechtskrankheit Anspannung. Und wenn der Arzt einem dann mitteilt, dass alle Proben sauber sind und nichts gefunden wurde, löst sich die Anspannung. Der nächste Fall ist die Muskelverspannung, die sich beim Masseur löst. Man bemerke, dass der Druck auf einer Sektflasche sich nicht löst, sondern sich entlädt. Ich kann nicht sagen, welcher der Standardfall ist. Das muss man einen Experten für finnische Sprache fragen. In jedem Falle geht es um einen mechanischen Vergleich der Sex-Welt, bei dem sich Geist und Muskeln des Menschen von einer Anspannung befreien.

Wie hängt das Ganze mit Sex zusammen? Man versteht das sexuelle Bedürfnis als Druck oder Anspannung im Körper, die man dazu bringt, sich zu entladen oder zu lösen, indem man die Haut und die darunter liegenden Gewebe aneinander reibt. Bei dieser Denkweise gibt es nichts, was auf die Seele oder den Geist hinweist - alles ist bloße mechanische Körperlichkeit. Druck und Anspannung sind quälende Zustände, von denen man sich befreien muss. Sonst peinigen sie einen weiterhin ohne Hoffnung auf Besserung. Deshalb muss man anfangen, Sex zu haben. Das Motiv ist so stark, dass es der Schicklichkeit, dem Anstand, der Verhältnismäßigkeit, der Ethik und sogar dem Gesetz trotzt. Die unheimliche Anspannung treibt den Menschen in den Schoß eines anderen Menschen, dazu, sich mit der Hand im eigenen Schritt Pornos anzusehen oder dazu, sich mit glänzenden Augen in Restaurants einen Partner zu suchen. Druck und Anspannung sind starke Motive für das Handeln.

Eine solche Denkweise, in der das Ziel der sexuellen Handlung die mechanische Entladung oder das Lösen von Spannung ist, wirkt sehr männlich. Der Mann arbeitet und der Mann baut körperlichen Druck auf. Dieser wird gerade mit dem Lohn der Arbeit, dem Kommen und damit dem Lösen von Spannung, abgebaut. Auch die Frau hat gelernt, die Spannung zu lösen, aber das Entladen ist schwieriger. Es ist viel über die Fähigkeit der Frau gerätselt worden, beim Kommen Flüssigkeit aus der Vagina zu spritzen und viele Sexbücher scheinen daran zu glauben. Im Internet gibt es ganze Seiten über diese spritzenden Frauen, aber diese Ergüsse sind getrickst. Die Mengen an Flüssigkeit, die auf diesen Bildern aus dem Geschlechtsorgan der Frauen spritzen, hat man zuvor noch nicht gesehen. Der Leser mag die Sache selber auf Pornoseiten nachprüfen. Die Fähigkeit der Frauen, in diesem Sinne zu kommen, ist dennoch eine wichtige Sache, wenn man über die Unterschiede und Gemeinsamkeiten von männlichem und weiblichem Sex spricht. Traditionell ist der Mann gekommen wie ein Gewehr und die Frau wie ein krampfender Muskel. Der Mann ist voll und entleert sich. Die Frau ist angespannt und verkrampft und der Zustand löst sich. Beide Arten zu denken sind seltsam, aber so denken wir einfach, von unserer geliebten finnischen Sprache geleitet. Auch der Genuss des Mannes und der Frau ist unterschiedlich.

Der Orgasmus ist eine ganz andere Sache als das sexuelle Kommen. Im Orgasmus sind eine psychische Seite und der Genuss auf der Ebene von Gefühlen und Gedanken verbunden. Der Orgasmus ist eine Verzückung von Gefühl und Gedanken, in der Zeit, Ort und Anstand verschwinden, wenn der Mensch mit dem Universum verschmilzt. Dieser Genuss ist seinem Wesen nach psychisch. Den

Unterschied zwischen dem Kommen und einem Orgasmus wird in der Tatsache gut deutlich, dass die Frau unzählige Orgasmen hintereinander haben kann, dass der Mann aber nur einmal in der Lage ist zu kommen, und dann muss wieder neu geladen werden. Der Mann ist eine altmodische einschüssige Büchse, die Zeit braucht, um wieder zu feuern. Die Frau ist zum multiplen Orgasmus fähig, zumindest ist das eine erstrebenswerte und reale Möglichkeit. Abwechslung hat man im indischen Tantrasex und Kamasutra sowie in anderen fremden Quellen gesucht. Das Leben verlangt nach Abwechslung und es schadet nie, sich von mechanischer Denkweise zu befreien. Im Tantra braucht es Tage bis zum Orgasmus. Eine langsame Angelegenheit. Im Kamasutra sehen die Stellungen sehr schwierig aus. Es eignet sich nicht für Alte.

2.1.4. Die Chemie von Sex

Über Sex kann man nicht sprechen, ohne die künstliche Chemie des Genusses zu erwähnen. Viagra und die neuen ihm verwandten Medikamente haben die geistige Landschaft des Sex stärker verändert, als die öffentliche Diskussion und die allgemeine Schamhaftigkeit jemals zugeben. Das Fantastische an Viagra ist vor allem, dass es nur den Männern gehört, denjenigen, die sadistisch Leistung erbringen, die immer unvollständig sind. Zweitens ist Viagra ein Medikament und ein Produkt der chemischen Industrie. Drittens steht es auf der Wunschliste aller Männer.

Diese Drei-Punkte-Liste ist seltsam und beängstigend. Jeder Mann wünscht sich Verstärkung seiner sexuellen Potenz, sei er noch so normal und noch so potent. Immer kann er noch größer und härter sein, immer kann man öfter können und mit Situationen zurechtkommen, die schwieriger sind als vorige. Jeder hat einen Grund, Viagra zu nehmen. Ich meine nicht, dass man die Pille jedes Mal nehmen sollte, wenn man mit dem eigenen Schatz ins Bett geht, aber es ist gut, Viagra in der Geldbörse zu haben, genau wie ein Kondom. Man weiß nie, wann man es braucht. Eine fremde

Frau ist manchmal verlockend, aber gleichzeitig vielleicht kastrierend. Dann nur die Pille in den Mund und den Gummi an, und alles ist in Ordnung.

Viagra gehört nur den Männern. Deshalb stellt es für Frauen ein Problem dar ähnlich wie die Sexarbeiterinnen. Der Mann kann seinen Genuss für Geld auf dem freien Markt kaufen und sich chemisch für das Match fit machen. Die Frau weiß nicht, was los ist; das muss verdrießlich sein. Das eigene Standardangebot, ins Bett zu gehen, verlockt den Mann nicht mehr, wenn er den Dienst von Sexarbeiterinnen bereits in Anspruch genommen hat. Die Frau muss sich fragen, wie sich das eigene Angebot auf dem Genussmarkt positioniert. Wie viel ist es wert? Was ist der Mann bereit zu zahlen, um es zu bekommen? Oder sollte man das Angebot ganz und gar zurückziehen? Genauso geht es mit Viagra. Die Frau weiß nicht, ob sie so anziehend ist, dass der Mann bereit und potent ist. Die Frau weiß nicht einmal, ob sie überhaupt anziehend ist. Der Mann funktioniert möglicherweise chemisch ohne die Hilfe der Frau und ist genauso fabelhaft, wie er selber will. Die normalen Gesetze des Geschäfts mit der Erregung gelten nicht mehr.

Viagra ist ein Medikament, aber welche Krankheit behandelt und heilt es? Die Frage ist nicht so einfach, wie man sich erst vorstellen könnte. Natürlich existieren vom Arzt diagnostizierte körperliche Fehlfunktionen, die verhindern, dass der Penis zum Teil oder ganz und gar steif wird. Da aber alle von Viagra profitieren, müsste man eine Grenze zwischen der medizinischen und der sonstigen Verwendung ziehen. Das Problem ist nicht einfach zu lösen. Wenn keine körperlichen Fehlfunktionen festgestellt wurden, wann bekommt man dann ein Rezept zur Behandlung der Krankheit? Warum wäre Potenzschwäche überhaupt eine Krankheit? Ist es nicht nur ein Manko körperlicher Funktionen? Wenn zum Beispiel jemand auf Schlittschuhen ungeschickt ist und einfach nicht lernt, rückwärts zu gleiten? Ist derjenige dann krank? Müsste er ein Medikament bekommen? Ganz genauso kann man fragen, wenn es im Bett sehr ungeschickt läuft und dort das Schlittschuhlaufen rückwärts um keinen Preis gelingen will. Die Frau schimpft wie ein Eishockeytrainer, aber der Spieler kriegt die Sache nicht hin. Die chemische Industrie kommt zu Hilfe - aber in welchem Stadium?

Hier ein Beispiel, dass die böse Natur des Problems aufzeigt. Die Potenz des Mannes schwankt innerhalb bestimmter Grenzen. Wenn man richtig stark und viril ist, ist man in der Lage, alle Körperöffnungen der Partnerin zu penetrieren, sogar Analverkehr zu haben. In vielen sexuellen Beziehungen wird gerade diese Potenz sehr geschätzt, ist sehr erwünscht und wird reichlich belohnt. Mit ein bisschen weniger Eifer ist man in der Lage, auf die gewöhnliche Art und Weise, die auch die katholische Kirche akzeptiert (sofern kein Verlangen dabei ist), in die Frau einzudringen. Die Vagina der Frau ist ein für alle Mal so geschaffen, dass sie feucht, gleitend und unkompliziert den Partner in sich aufnimmt, wenn die Frau nur will. Der Schöpfer hat die Sache so einfach wie nur möglich gemacht. Die Vagina saugt den Mann in sich hinein. Sie nimmt alles auf, sie hält alles aus. Das ist der Zweck des Lebens. Aber wenn das nicht gelingt, gibt es noch die Möglichkeit, sich in die Hand oder den Mund der Partnerin zu ergießen. Dabei braucht es nicht mehr viel Geschick.

An welcher Stelle wird der Mangel an Geschick zur Krankheit? Auf diese Frage müsste jeder Arzt eine kompetente und begründete Antwort geben können, sonst ist Viagra kein Medikament, sondern etwas ganz anderes. Es ist einleuchtend zu sagen, dass man medizinische Hilfe braucht, wenn man nicht zur vaginalen Penetration in der Lage ist. Aber warum sollte man es so sagen? Vermutlich aus zwei moralischen Gründen, nicht also aufgrund medizinischer Tatsachen. Diese beiden Gründe sind: der Akt ist natürlich und die Frau genießt. Es entspricht der großen Ordnung der Natur, Sex so zu wollen und zu haben, dass er an das Kindermachen erinnert. Alles andere ist ausgedacht, künstlich und seltsam. Was ausgedacht ist, das kann man vergessen, aber was natürlich ist, muss gepflegt und kultiviert werden. Das hört sich schön an und entspricht der Tradition, aber die Sache hat weder Hand noch Fuß. Warum sollte die Situation, in der man aus reinem Vergnügen und auf der Suche nach Genuss Sex hat, das Kindermachen nachahmen? Das Menschenweibchen ist auch während der Schwangerschaft und der Regelblutung geil. Es existiert keine Antwort auf eine derartige Frage.

Aus diesem allen folgt, dass eine Unfähigkeit zur vollständigen Erektion genauso als Krankheit klassifiziert werden muss wie eine aussichtlose erektile Dysfunktion. Der Viagra-Bedarf eines jeden Mannes unterliegt seiner eigenen Einschätzung. Krankheit ist ein völlig subjektiver, also von jedem selbst abhängiger Begriff. Verwundert frage ich, ob es andere entsprechende Krankheiten gibt. Zudem ist mit diesem Maßstab gemessen jeder Mann krank, was eine vergleichsweise deprimierende Schlussfolgerung ist.

So wie ich es sehe, ist Viagra als Medikament zu betrachten, wenn ein körperliches Leiden und eine Fehlfunktion bei einer medizinischen Untersuchung festgestellt werden. Sonst ist es ein chemisches Spaßmittel zur Herbeiführung von Genuss, das die Ärzte aufgrund seiner Nebenwirkungen kontrollieren. Viagra hat Nebenwirkungen, beispielsweise das Risiko des Erblindens, und es verträgt sich mit einigen anderen Medikamenten nicht. Die Nebenwirkungen erfordern Kontrolle, das ist klar, aber ansonsten dienen die Ärzte den grenzenlosen Gelüsten und Begierden der Männer. Es ist sicherlich gut, dass Viagra wie Psychopharmaka auch rezeptpflichtig ist, denn sonst würden alle diese Pille die ganze Zeit benutzen. Es ist die Aufgabe der Ärzte, die vergebliche und maßlose Suche nach Genuss und Befriedigung einzuschränken. Der Arzt verordnet genau die passende Menge an sexuellem Genuss. Die passende Menge ist möglichst wenig und das von der gewöhnlichen Art. Daher ist der Arzt besonders deshalb eine moralische Autorität, die die Gelüste des Menschen beherrscht. Es ist rein, dies im Kittel eines wissenschaftlichen Experten zu tun. Den Pastoren glaubt keiner mehr, lasst uns also dem wissenschaftlichen Experten glauben. Er sorgt dafür, dass die Männer ihre Finger von Genussautomaten lassen.

2.1.5. Die Arten von Genuss und Leiden

Genuss gibt es in vielen Arten, so dass es für den Menschen, der sein Glück in den Genüssen sucht, am besten ist, sich rasch mit ihnen vertraut zu machen. Auf diese Weise kann er dort nach dem Genuss suchen, wo dieser zu haben ist, und er vermeidet schlechte und falsche Genüsse. Die Genüsse werden in zwei Hauptgruppen eingeteilt, darüber war man sich schon in der Antike einig. Körperliche Genüsse und psychische Befriedigung werden voneinander unterschieden. Dann muss man eine Einteilung in direkten und indirekten Genuss vornehmen. Ein Beispiel für ersteren ist ein guter Orgasmus und für letzteren die Wirkung eines Schmerzmittels, wenn der Schmerz nachlässt. Um der Klarheit willen muss jede Art von Genuss getrennt behandelt werden. Die Hauptsache darf jedoch nicht vergessen werden: Die wichtigste Art des Genusses ist der direkte körperliche Genuss. Alles andere ist zweitrangig. Ein wirklicher Genießer strebt nach dem körperlichen Genuss und nimmt, wenn dieser nicht möglich ist, Zuflucht zum Ersatz. Besser ein wenig als gar nichts.

Außerdem existiert noch eine bemerkenswerte und reale Möglichkeit, dass der Mensch Genuss aus Schmerz, Leiden und Demütigung zieht. Diese merkwürdige Lust kann man gut als Perversion bezeichnen. Darüber lohnt es sich nachzudenken.

Alle körperlichen Genüsse sind im Grunde erotisch und sexuell, darin hatte Freud Recht. Wenn man die Haut des Menschen streichelt und verwöhnt, ist das Ergebnis im Bereich der Erektion oder des Feuchtwerdens angesiedelt, ich meine, dass es der Moment für eine Erektion ist. Es ist natürlich nicht so, dass der Mensch nur durch eine Berührung heiß wird, aber das Berühren ist ein Schritt in diese Richtung. Alles, was sich gut anfühlt, ist erotisch und deshalb auch schwierig, skandalös, zensiert und verboten. Wir leben in einer seltsamen Zeit. Einerseits wird behauptet, dass die Sexualität frei sei, andererseits ist Sex so spannend, wie verbotene Dinge nur sein können. Genau aus diesem Grund hat der Genuss einen schlechten Ruf.

Das große Problem des Genießers sind die auf die Genüsse folgenden Qualen, Schmerzen, Ekel und die verschiedenen Formen von Niedergeschlagenheit. Es wäre am einfachsten, wenn man ohne Folgen genießen könnte, aber leider ist die Welt nicht für Genüsse gemacht. Ich spreche jetzt nicht von den moralischen Problemen, solchen wie die Selbstvorwürfe, die auf den ersten Gang hinter die Färse im Kuhstall folgen. Sodomie ist in der Dunkelheit der ländlichen Provinz immer verbreitet gewesen. Ich spreche auch nicht von Problemen mit dem Gesetz und der sozialen Verachtung, die dem fröhlichen Lüstling entgegen schlagen.

Schon zu Zeiten der griechischen Antike war man sich der Gefahren des Genusses bewusst und warnte zumindest vor dem moralischen Verfall des Römischen Reiches mit klaren Worten davor. Ein gefräßiger Mensch beziehungsweise der Feinschmecker der Frauenzeitschriften muss vor dem Essen hungern, damit das Essen wirklich gut schmeckt. Zwischen den Mahlzeiten muss gefastet werden, damit man nicht unglaublich zunimmt. Ich habe es ausprobiert. Das Essen schmeckt dem Hungrigen göttlich, besonders wenn die Portionen klein sind und er jeden Bissen genießt. Etwas ganz anderes ist derjenige, dessen Hunger beim Essen wächst. Ein richtiger Vielfraß isst nur aus Freude am Essen, aber sein Genuss ist gar nicht mehr die gleiche körperliche Wollust, die der Hungrige empfindet. Einer, der weiter schlemmt, auch wenn er schon lange satt ist, hat sich aus dem Kreis der körperlichen Genüsse in den Bereich einer anderen Befriedigung begeben. Er erlebt das Essen gedanklich und die Erfahrung gehört nicht in diesen Kontext. Auf jeden Fall muss er sein Essen einschränken; sonst stehen ihm alle mit dem Zunehmen verbundenen Qualen ins Haus. Zuerst das Leiden, dann der Genuss oder umgekehrt. Es ist wunderbar, wenn man wählen darf.

Der Trinker kann immer trinken. Man muss nicht durstig sein, damit der preisgünstige spanische Wein die Kehle hinunter fließt.

Die Rechnung wird im Nachhinein in Form eines Katers beglichen. Ein furchtbarer Brummschädel ist wirklich kein willkommener Gast. Erst der Genuss, dann das Leiden. Aber den Brummschädel kann man loswerden, indem man mehr trinkt. Ein Kater ist ein Mangel an Alkohol.

Es gibt auch Fälle, in denen sich Leiden und Genuss ineinander verzahnen, wie bei einigen sportlichen Leistungen. Man hat gehört, dass Marathonläufer sich damit gebrüstet haben, wie schmerzhaft und wie schön das Laufen ist. Im häuslichen Umfeld erlebt man das gleiche Phänomen, wenn man ein bisschen mehr Tabasco ins Risotto gibt als gewöhnlich. Qual und Genuss verzahnen sich hervorragend. Auf der psychischen Ebene funktioniert das gleiche perverse Muster. Gewaltfilme sind abstoßend, genauso das Ansehen von Sexszenen, Horrorfilme schwelgen im Zerstückeln und im Blut, und all das zieht unwiderstehlich an. Der Mensch ist ein für alle Mal so geschaffen, dass es nicht möglich ist, Genuss und Leiden zu trennen. Der Mensch ist ein perverses Geschöpf.

Was scheint klarer als die Trennung von Genuss und Leiden? Wahrscheinlich nichts, und dennoch gibt es zwischen ihnen keine konstante Grenze. Genau darin besteht eines der größten Trauerspiele der menschlichen Seele. Wie einfach und angenehm wäre es, wenn der Mensch Genuss suchen könnte wie der antike Epikur. Auf dem Programm stünden leichtes Spazieren in kühlen Wäldchen beim Plätschern des Baches, Diskussionen mit guten Freunden, zu denen man Vertrauen hat, das Lesen guter Bücher und der Genuss der Kunst. Das Essen wäre leicht und einfach, dazu gäbe es Weinschorle. Alles ist harmonisch, friedlich und gefällig. Epikur will die Unvollkommenheit der menschlichen Natur nicht eingestehen. Er will nicht zugeben, dass der Wunsch nach Genuss den Menschen immer in Qual und Leiden und darüber zu neuem perversen Genuss treibt. Der Mensch sucht Genuss jenseits des Genusses. Den größten Genuss gibt es dort, wo es keinen Genuss geben kann. Deswegen ist die Welt des Menschen so roh und schrecklich. Die Ursache liegt nicht im Genuss an sich, wie man oft denkt. Die Ursache liegt im Leid und der Qual, die sich zum Genuss wandeln.

Der Marathonläufer ist als Beispiel unschlagbar, ein wahres Sinnbild für die Probleme der Menschheit. Als Krönung besitzt der Mensch die besondere Fähigkeit, das Leiden anderer zu genießen. Das muss einen nicht verwundern, denn der Mensch verfügt über die Fähigkeit, auch das eigene Leiden zu genießen, und der Mensch ist ein Herdentier. Wenn man das eigene Leiden genießt, warum dann nicht das der anderen?

Es ist erschütternd festzustellen, dass Genüsse niemandem zu empfehlen sind. Das Schicksal des Lüstlings ist gerade deshalb nicht beneidenswert, da er viel zu oft und zu intim mit Qual zu tun hat. Der Kopf schmerzt, der Bauch tut weh, Selbstvorwürfe quälen ihn, Fettleibigkeit schränkt die Beweglichkeit ein und Prostatitis macht ihm zu schaffen. Möglicherweise auch ein Tripper. Den Lüstling aus legalen, sozialen oder moralischen Gründen zu verurteilen, lohnt sich nicht. Sie beruhen ausschließlich auf Neid und Vorurteil oder auf vermeintlichem Gemeinwohl und Gemeinnutzen. Die einzige rechtmäßig ausgesprochene Warnung betrifft die Qual. Und auch wenn der Lüstling noch so lernen würde, die Qual zu genießen, ist es immer noch Qual. Qual es schlecht, weil sie eine Art des Leidens ist. Jeder, der sagt, dass Leiden dem Menschen gut tue, weil man daraus etwas lerne und dadurch ein besserer, klügerer und edlerer Mensch werde, ist scheinheilig, verrückt oder pervers. Es scheint, als ob die Christen dieser Sünde öfter verfielen als andere. Es ist das Beste, sich einzugestehen, dass Qual für niemanden hilfreich oder von Vorteil ist, und genau diese Wahrheit schadet der Philosophie des Genusses. Es wäre wunderbar, wenn man in der Lage wäre, nur zu genießen. Im Paradies gibt es Genuss ohne Folgen. Aber vor allem gibt es dort Genüsse, die nicht qualvoll sind. "Für Marathonläufer betreten verboten" steht schon an der Tür. Dann gibt es wohl im Paradies keine richtige Wollust? Es heißt, dass Muslime an die paradiesische Wollust glauben, aber ich glaube nicht, dass das wahr ist. Vögeln gehört bestimmt nicht zu den Freuden des Paradieses.

Offensichtlich eignen sich die Genüsse, besonders die körperlichen, nur für zwischendurch, um den düsteren Alltag aufzuhellen. Und um die Genüsse muss man sich im Geheimen kümmern. Wer Genuss hat, verstecke den Genuss. Ganz und gar ohne Genüsse zu leben, ist schwer, wenn man kein Asket ist. Askese bedeutet Übung und der Gegenstand der Übung ist ein genussfreies Leben. Man muss sich nur vorsehen, dass man nicht anfängt, die Genussfreiheit zu genießen.

2.2. Wahlmöglichkeiten und Lüste

2.2.1. Der Widerspruch zwischen Liberalismus und Buddhismus

Oben habe ich das erste und größte Tabu unserer Kultur, den Genuss, analysiert. Jeder weiß, was Genuss ist, aber darüber zu sprechen ist unschicklich und in seinen Details verletzend. Genüsse gehören in die Privatsphäre des Menschen, so dass das Herumwühlen darin ekelhaft ist. Die Genüsse sind ein schwarzes Loch, dessen Grund man nicht sehen kann. Wenn der Leser seine Abscheu überwunden und dieses zweite Kapitel erreicht hat, nehmen die Erschütterungen langsam ab. Komplett wird man sie leider noch nicht los. Der Diener der Wahrheit muss unerschütterlich sein.

Finnland ist ein Land der freien Marktwirtschaft, in dem man nach der als Liberalismus bekannten Lehre und deren Prinzipien lebt. Die These mag sich für jeden Sozialisten quälend anhören, aber so ist die Sache nun einmal. Warum sollte man eine augenscheinliche Wahrheit abstreiten. Das sozialistische Eldorado ist etwas ganz anderes als das Reich des Kapitalismus. Hier ist alles käuflich und alles kann verkauft werden. Mit Geld bekommt man alles, wonach es den Menschen nur gelüstet. Aber es geht jetzt nicht darum, in die Wirtschaft und ihre Funktionsweise einzutauchen. Das Thema ist vielmehr des Menschen Glück und seine Grundlagen in der liberalistischen Gesellschaft. Wie wird man in der Marktwirtschaft glücklich - aber wird man es überhaupt?

Der Liberalismus hat einen alten Gedanken neu erfunden. Die Buddhisten sprechen schon seit Jahrhunderten von den Lüsten und deren Einfluss auf das Glück des Menschen. Schopenhauer sprach am Anfang des 19. Jahrhunderts vom grenzenlosen Willen des Menschen. Im 20. Jahrhundert wurde daraus die Glorifizierung von Menge, Wahlmöglichkeiten und Qualität der Wahlhandlung. Es heißt nun, der Mensch sei glücklich, wenn er bekomme, was er wolle. Und die Lüste zeigen sich in der Auswahl. Wenn du ein neues Auto haben möchtest und eins kaufst, hast du bekommen, was du wolltest, und du müsstest glücklich sein. Dein Wunsch nach einem neuen Auto zeigte sich in deiner Wahl. Erst hast du ein neues Auto gewählt und dann eine bestimmte Marke, vermutlich einen Toyota. Der ist robust, stilvoll und außerdem das meistverkaufte Auto. Auf diese Weise bekommt deine Begeisterung, einen Toyota zu kaufen, eine sinnvolle Begründung. Er ist schön anzusehen, er kommt günstig, und da alle einen solchen haben, entsteht nicht der gefährliche Eindruck des Abweichens. Es gibt nichts zu klagen. Die Stimmung ist glücklich.

Dem Liberalismus zufolge ist der Mensch glücklich, wenn er bekommt, was er will. Die Auffassung der Buddhisten ist umgekehrt: Lüste machen den Menschen unglücklich, weil der Mensch niemals bekommt, was er will. Wie kann es sein, dass zwei große ideologische Strömungen ein ganz und gar unterschiedliches Bild von den Mitteln und Möglichkeiten geben, das Glück zu erlangen?

In der Philosophie gibt es nicht viele andere entsprechende Widersprüche. Die reiche Welt lebt nach ihren Glaubensvorstellungen und ein Teil der asiatischen Entwicklungsländer nach einer komplett gegenteiligen Auffassung. Wie ist das möglich? Ist es wirklich so, dass der Mensch wegen seiner Lüste zum Unglück verdammt ist? Wenn dies wahr ist, gründet sich die ganze liberalistische gesellschaftliche Wirklichkeit auf eine große Täuschung. Man muss diese Sache überdenken. Ich fände es gut, den Staatspräsidenten zu dieser Sache Stellung nehmen zu lassen. Das Problem ist so schwerwiegend, dass ein Beamter im mittleren Dienst nicht in der Lage ist, es zu lösen.

Der Mensch hat die Fähigkeit, verschiedene Dinge für sich zu wollen. Er will, fordert, erbittet, begehrt etwas, hungert und dürstet danach, verlangt und wünscht es. Er hat Wünsche, Gelüste, Leidenschaften und Interessen, kleine und große, gewöhnliche und ungewöhnliche. Der Mensch ist voll von ihnen. Erst der Tod beendet das Wollen. Die Buddhisten glauben, dass der Mensch in der Lage ist, erleuchtet zu werden und seine Lüste zu kontrollieren, aber das Nirwana erreicht man erst im Tod. Im Gegensatz zu den treuen Mitgliedern der finnischen Staatskirche glauben die Buddhisten, dass Wiedergeburt ein Fluch ist. Sie bedeutet die Rückkehr in das gleiche Unglück, aus dem einen der Tod befreite. Der Mensch lebt im großen Rad von Leben und Tod, aus dem er sich nur schwerlich befreien kann. Und das alles ist nur Qual. Man kommt ins Nirwana, indem man richtig lebt. Das bedeutet, dass man nicht noch einmal in diese Welt geboren zu werden braucht. Wenn man richtig lebt, wird man erleuchtet und wenn man erleuchtet ist, braucht man nicht noch einmal in diese schlechte Welt geboren zu werden. Der erleuchtete Mensch ist kein Ich mehr. Das Schema ist völlig logisch.

Ein richtiger Christ hält Finnland jedoch für einen so guten Ort, dass es sich immer wieder und wieder lohnt, in dieses Eldorado hinein geboren zu werden. Lüste sind toll. Es wäre wirklich seltsam, wenn ich nur deshalb nicht an ihnen teilhaben könnte, weil das Herz zufällig ein bisschen länger stehen geblieben ist. Lüste sind so stark, dass sie auch den Tod besiegen. Der Mensch kehrt auch über den Tod hinaus zu seinen Lüsten zurück. Das glaubt über ein Viertel der Mitglieder der Staatskirche. Es ist völlig logisch. Die Welt ist gut und wir sind hier glücklich, deshalb wollen wir hierher zurück. Und was man will, das bekommt man. Genau deswegen sind wir so glücklich. Fast alle Finnen sagen, wenn man sie fragt, dass sie glücklich seien. Die meisten sind so glücklich, dass sie keine Veränderung in ihrem Leben wollen.

Wie können zwei so große Religionen so unterschiedlicher Meinung über das Glück und das Unglück des Menschen sein? Die Christen glauben an das Glück. Für die Buddhisten ist das Leben immer Unglück. Auch darüber lohnt es sich nachzudenken.

2.2.2. Im Supermarkt

Die Lebensmittelabteilung im Supermarkt ist das Modell der westlichen Marktwirtschaft. Das ganze Leben und des Lebens geheiligter Sinn spiegeln sich im Supermarkt so deutlich wie nur möglich. Die Lichter des Supermarktes leuchten weit ins Dunkel des Wintertages hinaus und laden dazu ein vorbeizuschauen. Die Fenster sind in ihrer Farbenfreude wie reine Wärme und die Türen öffnen sich dem frierenden Passanten von selbst. Wärme, Licht und Düfte überfluten einen. Hinter einem schließt sich die Tür. Vor einem befinden sich die Kassen in einer Reihe und eine kleine Pforte zum Eintritt ins Paradies. Gemüse, Bier, exotische Früchte und hinten schließlich eine große Fleischtheke. Brot und Gebäck gibt es reichlich.

Der Mensch nähert sich dem Regal. Dies ist der Ort der Frühstücksflocken. Es gibt sie meterweise, von verschiedener Qualität und Packungsgröße. Die Ware geht niemals aus, auch nicht, wenn alle davon wer weiß wie viel kaufen würden. Es ist Zeit sich zu entspannen, sich umzusehen, auszuwählen und zu entscheiden. Der Mensch ist gekommen, um Flocken zu kaufen, und die muss er bekommen. Man braucht nur die Hand auszustrecken, eine Packung zu nehmen und sie in den Einkaufskorb fallen zu lassen. So wird die Sache gemacht. Jeder weiß das. Dann geht man vor zur Kasse, wo man seine Wahl bekennt und sachgemäß bezahlt. Der Mensch darf wegtreten, in den ewigen Winter und die Dunkelheit zurück. Dort sind die Flocken sehr bald alle.

Man kehrt zum Anfang zurück, zur Auswahl. Das Leben besteht aus Auswählen, wenigstens dann, wenn man am Leben und das Befinden bestens ist. Der Mensch möchte Flocken und dann muss die Flockenpackung genommen werden – aber welche? Der eine hat seine Lieblingsflocken, die er immer kauft. Ein anderer wählt zufällig aus. Er nimmt das erste Paket. Ein Dritter kauft immer die billigste Alternative. Es gibt viele Verhaltensmuster. Das ist das Charakteristikum der freien Welt. Man wählt nicht nur Flocken aus, sondern wählt auch aus, wie man entscheidet. Die Auswahlprozesse haben Tiefe.

Der Mensch trifft eine Wahl. Früher waren Auswahlprozesse nicht möglich. Im Geschäft gab es eine Sorte und in der eigenen Speisekammer einen Rest vom gestrigen Brei, triff da mal eine Auswahl. Man hat Hunger und müsste frühstücken. Es wird genommen, was es gibt, ob es gut ist oder nicht. Man muss schon darauf achten, dass es nicht verschimmelt oder verdorben ist. Oder zumindest kann man den Schimmel abkratzen, bevor man den noch guten Teil isst. Was soll daran verkehrt sein? Man vertreibt den Hunger und die Arbeiten des Tages gelingen. Warum sollte es eine schrecklich große Auswahl geben?

Im Supermarkt kann man auswählen. Macht das den Menschen glücklich? Wohl kaum. Aber es macht auch nicht unglücklich. Die Hauptsache ist, dass es für denjenigen, der Flocken will, welche gibt. Lüste ist das Schlüsselwort. Ich möchte morgens Flocken und meine Lüste treiben mich in den Laden zur Auswahlmöglichkeit. Ich probiere neue Flocken aus und teste wieder die alten Bekannten. Ich bekomme, was ich will, und das macht mich glücklich. Das Glück ist das Befriedigen der eigenen Lüste und die Auswahlprozesse helfen dabei. Die Packung mit den Flocken befriedigt deutlich meine Lüste. Was können die Buddhisten gegen dieses Schema haben? Sie irren sicherlich. Ich und meine Flocken gehören zusammen und nichts darf uns voneinander trennen. Ich will, ich kaufe und meine Lüste melden sich und werden befriedigt. Ich bin also glücklich. Jeder Anhänger der Nationalen Sammlungspartei weiß, dass es so ist.

Dieses Schema des Glücks ist der Kern der freien Marktwirtschaft und unserer eigenen heiligen Lebensweise. Aber warum so viel Auswahl? Die Antwort kennt jeder. Die Lüste sind individuell, weil sie unser eigenes Ich abbilden, und das wichtigste Merkmal jedes eigenen Ichs ist genau die Individualität. Jeder von uns Menschen ist ein einzigartiges Individuum, von dessen Art es kein zweites in der Welt geben kann. Wir sagen, dass wir unsere eigene Identität, also unser Ich haben. Und diese Identität bestimmt unsere Auswahlprozesse. Gleichzeitig bringt die Auswahl unsere Identität hervor und die Identität spiegelt sich in der Auswahl.

In der Sowjetunion definierte der Staat das Gute für den Menschen und bot dem Menschen, was dem Menschen gebührte, ohne ihn zu fragen. Damals war es möglich, allen ein und dasselbe Frühstück anzubieten. Dies bedeutet wiederum die Negierung der Individualität und das Entwerten der Lüste. Alle Menschen sind gleich und daher gehört ihnen das gleiche Frühstück serviert. Die Revolutionsfrühstücksflocken des Roten Sterns sind in aller Munde und alle Genossen gehören zusammen. Zwei Sorten von Frühstücksflocken führen nur zum Streit. Welche von beiden ist besser? Warum bekomme ich Flocken der Marke Roter Stern, wenn der andere die der Marke Prächtiger Traktor bekommt? Es ist besser in Eintracht eine Sorte zu essen als im Streit zwei.

Im Zeitalter des Supermarkts ist das Leben anders. Jeder bekommt dem Spektrum seiner Lüste entsprechend seine eigene Packung. Deswegen muss es viele Flocken geben. Die Schwierigkeit besteht natürlich darin, dass es für jedes echte Individuum die eigene Flockensorte geben müsste, aber dann müsste es Milliarden von Flockensorten geben. Dieses Problem kann man jedoch als Tagesordnungspunkt schnell abarbeiten. Der ganze Supermarkt stellt einen Auswahlparcours dar und jeder Mensch sammelt dort einen gigantischen Korb an Waren zusammen. Denkt an einen wirklich großen Supermarkt hinter dem Flughafen und seine wirklich großen Einkaufswagen. Stellt euch einen sehr großen Wagen vor. Wenn man den erst mit seiner Auswahl füllt und sich dann an der Schlange vor der Kasse anstellt, kann man sicher sein, dass der Korb des Nebenmannes nicht mit dem eigenen identisch ist. Möglicherweise liegt obenauf das gleiche Flockenpaket wie bei mir, aber wenn man tiefer gräbt, fängt man an, Unterschiede zu finden. Die Körbe sind verschieden, genauso wie die Menschen, die sie zusammenstellen. Der Mensch vergleicht sich immer mit seinem Nachbarn und unterscheidet sich von ihm. Beide sind einzigartige Individuen. Dieses liegt am unterschiedlichen Inhalt ihrer Körbe. Du bist, was du kaufst. Und wenn die Einkäufe der Menschen verschieden sind, so sind die Menschen verschieden. Sie sind Individuen.

Macht die Auswahl glücklich? Die Frage ist schwer zu beantworten. In einem gewissen Sinne ja, aber eigentlich nicht. Wenn man zwischen zwei Cola-Getränken auswählen muss und eines davon nimmt, trägt das nicht besonders zum Glück bei. Dennoch wäre es ein jämmerlicher Zustand, wenn man nicht die Möglichkeit zur Auswahl hätte. Das Leben wäre trist und grau. Aber es wäre genau deshalb trist und grau, weil man sich selber und das eigene Ich nicht verwirklichen könnte. Ich bin jemand, der Coca-Cola und eben nicht Pepsi-Cola trinkt. Es scheint, als ob die Auswahl nicht glücklich macht, obwohl das Fehlen der Auswahlmöglichkeit Elend und damit Mangel an Glück bedeutet. Niemand ist glücklich, wenn er nicht er selbst sein darf. Kaum einer wird diesen Gedanken ernsthaft bestreiten, wenigstens nicht, wenn er ein freier Bürger eines freien Landes ist. Ich trinke immer Coca-Cola und bin ziemlich wütend, wenn sie nicht im Regal steht.

2.2.3. Den Gelüsten ausgeliefert und Sklave der Begierde

Hinter der getroffenen Wahl stehen Lüste, Wünsche und Willen. Ich möchte morgens Flocken essen, und ich will sie kaufen. An dieser Stelle muss man die Möglichkeit zur Befriedigung der Gelüste ansprechen. Die Frage ist, ob ich mit dem Kauf der Flocken genau das bekommen habe, was ich wollte. Wenn ich es bekommen habe, ist das Gelüst befriedigt. Und warum sollten Flocken nicht immer dann auf dem Tisch stehen, wenn mir danach ist? Was meinen eigentlich die Buddhisten damit, dass die Lüste den Menschen unglücklich machen? Meiner Meinung nach treiben einen die Gelüste eher dazu, die dem eigenen Ich entsprechende Wahl zu treffen, die die Lüste befriedigen und uns glücklich machen.

Es ist irreführend, nur die Wahl im Supermarkt zu diskutieren, obwohl man einen guten Eindruck davon bekommt, wie Identität entsteht, wenn man darüber spricht. Der Mensch ist, was er wählt. Der große Tummelplatz der Lüste ist anderswo. Die Lüste sind nicht mit der zu treffenden oder getroffenen Wahl gleichzusetzen. Richtige Lüste sind große und mächtige, den Menschen bewegende Gedanken und Gefühle. Wir wollen allerlei, Dinge, Sex, Glück, Macht, Wohlergehen und vieles andere. Das Reich der Lüste ist grenzenlos. Oder vielleicht wollen wir nur eine Sache, Macht. So kann man es betrachten, wenn man Macht in einem sehr weiten Sinn versteht.

Werbung spricht die Lüste des Menschen direkt, stark und schamlos an. In einem Werbespot fährt eine hübsche langhaarige Frau mit großen Brüsten Auto. Sie kommt in der Stadt an und parkt am Marktplatz. Alle Männer auf dem Markt sehen sie an. Die Zuschauer sehen den Spot und wollen ein Auto kaufen. Sie alle wählen dasjenige der Marke Batmobil, das im Bild zu sehen war. Der Film weckt die Lust und die Bilder dirigieren einen, so dass man genau das Batmobil auswählt.

Damit wir verstehen, wie alles vor sich geht, müssen wir die Details des Films betrachten. Die Frau ist ein hübsches junges Model. Sie ist auf die Weise hübsch, wie es Models sind. Deshalb ist sie ein Model und für alle ein Rollenmodell. Jeder möchte sein wie das Model. Mit ihr identifiziert man sich. Die Frau fährt ein Cabrio, denn darin kommen sie und ihr volles, glänzendes, dichtes Haar am besten zur Geltung. Die Sonne erhellt ihr Gesicht. Sie ist gebräunt und gesund. Ihre Brüste sind groß. Das Auto fährt mit hoher Geschwindigkeit auf der leeren Straße. In der Autowerbung ist die Straße immer leer, denn der Autofahrer ist von jeglichen Hindernissen befreit. Er ist jemand, der seinen eigenen Weg geht, im Gegensatz zu den Dumpfbacken, die sich mit anderen in einen Bus quetschen. Die Frau fährt allein, denn sie ist ein Individuum. Sie kommt am Marktplatz an, wo sie sich selbst verkauft. Der Markt ist ein Handelsplatz. Die gut aussehenden jungen Männer schauen die Frau bewundernd an. Die Frau ist eindeutig in einer Position, in der sie ihren eigenen Preis bestimmen kann. Die Männer sehen sie bewundernd an, denn sie wissen, dass sie keine Chance auf ein solches Wesen haben. Deshalb schauen sie nicht begehrend lüstern. Sie tun nichts, sie schauen nur. Die Frau steigt aus dem Auto und geht weg. Ihr Hinterteil wiegt sich. Die Männer denken: Verdammte Scheiße, wenn man nur einmal mit so einer vögeln könnte.

In dieser Beschreibung geht es um Macht. Die Macht der Auto fahrenden Frau ist unermesslich und unerbittlich. Erotisch ist sie in der Rolle des oben liegenden Sadisten. Sie macht die Arbeit und die anderen genießen. Der Zuschauer ist jetzt in der Rolle des Masochisten, er ist unten und genießt. Er erlebt angesichts dieser Situation Wollust, während er die Frau im Auto auf der Straße und auf dem Markt betrachtet. Die Frau hat Macht über ihn, und das schicke Auto ist der Grund für alles. Der Zuschauer muss jetzt das Auto wollen, denn sonst kann er die Macht nicht verstehen, die die Frau erlangt hat. Das Auto ist die Erklärung für die Macht und deshalb zieht es Aufmerksamkeit auf sich. Wenn man die Frau schon nicht haben kann, dann kann man das Auto haben. Aber das Auto kann man nicht vögeln. Viele versuchen es. Das Ergebnis ist Unglück.

Ohne das Auto kann man die Macht der Frau nicht erklären, aber der Zuschauer will sich die Macht der Frau erklären. Aus diesem Grund wirkt diese Werbung ebenso gut auf Frauen wie auf Männer. Es ist natürlich wahr, dass sich ein Mann nicht mit einer Frau identifizieren kann, aber darum geht es auch gar nicht. Ein Mann muss sich nicht mit der Frau in der Werbung identifizieren. Eine Frau identifiziert sich vielleicht mit ihr, aber auch das ist überflüssig. Ob der Zuschauer ein Mann oder eine Frau ist, er muss sich die Macht der Frau in der Werbung erklären. Der Zuschauer muss fragen, warum die Straße leer ist, warum alle bewundernd schauen und warum die Frau ihre Oberschenkel zeigt, als sie am Markt aus ihrem Cabrio steigt. Das Auto bleibt widerrechtlich geparkt und unabgeschlossen an seinem Platz stehen. Das ist die Erklärung. Der Zuschauer kann das Rätsel lösen. Alles liegt am Auto. Das ist des Rätsels Lösung. Das Auto verleiht Macht. Und welches Auto war es noch, ausdrücklich ein Batmobil. Also verleiht die Marke Batmobil Macht, wenn Macht die Herrschaft über alles bedeutet, über das eigene Aussehen, die Oberschenkel, die Straßen, das Schicksal, Sex, einfach alles. Eine solche Werbung ist ein Tummelplatz der Lüste. Man sollte für Werbung unempfindlich sein.

Ich will ein neues Auto, so eines wie das Batmobil. Gleich ab ins Autohaus und ein neues Auto gekauft. Es gibt kein Problem. Im Stadtteil Herttoniemi in Helsinki gibt es gleich hinter dem Industriegebiet wer weiß wie viele Autohäuser. Sie sind voll neuer glänzender Fahrzeuge und die Verkäufer haben Anzüge an und so einen komischen starren Blick. Sie stellen bereitwillig die Dokumente aus und sagen einem, wann man das Auto abholen kann. An dem Tag, an dem das neue und duftende Teil in der eigenen Garage steht, ist alles in Ordnung. Noch ein paar Mal mit dem weichen Wildleder darüber gewischt und es ist vollbracht. Die Lust wurde erst geweckt, dann wurde richtig gehandelt und zum Schluss ist die Lust befriedigt. Man hat genau das bekommen, was man wollte. Das Glück hat Einzug gehalten in die bescheidene Hütte.

Ich habe vielerorts wissenschaftliche Vorträge über dieses Thema gehalten. Die Ergebnisse sind überraschend. An der Fakultät für Wirtschaftswissenschaften der Universität Hamburg habe ich mich im Dezember 2004 lautstark mit einem Geschichtsprofessor gestritten, der behauptete, viele Male genau das bekommen zu haben, was er gewollt habe. Ich war gerührt. Das Gleiche wiederholte sich in

Helsingborg in Schweden 2005 im Rahmen eines Sommerkurses und zuletzt im Herbst 2005 in Cambridge. Sogar die fundierte Meinung der Berufsdenker geht in die Richtung, dass der Mensch in der Lage sei, zu bekommen, was er will, wenigstens manchmal. Die Lust wird also befriedigt und das Glück folgt dem glücklichen Auswählenden. Dieses berichte ich, um dem Leser zu versichern, dass das Verständnis der Lüste aus der Perspektive der Buddhisten für einen westlichen Menschen nicht einfach ist. Man hat uns fälschlicherweise dazu verleitet, etwas zu glauben, das nicht zutrifft. Und es scheint extrem schmerzlich zu sein, diesen Betrug zu erkennen und ihn sich einzugestehen. Ich habe das nicht verstanden, bevor ich anfing, über das Thema nachzudenken und Vorträge über meine Ergebnisse zu halten. Mein Buddhismus hatte, von mir unbemerkt, einen kleinen Skandal ausgelöst. Die Lüste des Menschen und die Möglichkeit, sie zu befriedigen, sind eine heilige Angelegenheit. Aber ich wollte niemanden verletzen.

Lust und Begierde sind natürlich hässliche Dinge und über sie sollte man nicht zu viel sprechen. Lust zu haben, ist immer vergebens und eigentlich eine Sünde. Die Lust muss man immer verbergen, schon allein deshalb, weil sie so dicht am Sex angesiedelt ist. Aber darin liegt nicht das Problem. Die Lust als Tabu ist eine Sache und die existenzielle Unmöglichkeit, sie zu befriedigen, eine andere.

Lust wird niemals befriedigt. Das muss man wiederholen: Lust wird niemals befriedigt. In dem Moment denkt sich der Leser, dass sie natürlich befriedigt wird. Jetzt ist der Skandal perfekt und wir können fortfahren.

Kehren wir zur Autowerbung von Batmobil zurück, in der das Modelmädchen Macht bekommt. Du hast dir also ein neues Auto gekauft. Du hast das Auto nicht deshalb gekauft, weil du die Werbung gesehen hast. Es wäre kindisch, etwas Derartiges zu behaupten. Die Menschen sehen die ganze Zeit massenweise Werbung und beschaffen sich längst nicht all das, was beworben wird. Werbung kommt und geht, der Mensch lebt sein Leben. Man muss also etwas komplizierter denken als bisher. Werbung gleicht in ihrem Aufbau der Lust des Menschen. Werbung und Lust entsprechen, spiegeln, unterstützten einander und führen ein gemeinsames Leben. Sie unterstützten einander, beide beeinflussen einander. Wir sind nicht in der Lage zu sagen, welches von beiden zuerst da war, die Werbung oder die Lust, genauso wenig sind wir in der Lage zu sagen, welches von beiden zuerst da war, Henn oder Ei. Sie sind gemeinsam entstanden und trennen sich niemals mehr. Dieses ist die Romanze der Lust und der Werbung, die größte und anrührendste der großartigen Geschichten, die unsere Kultur geschaffen hat. Am Ende existiert außer den Erben dieser Romanze nichts mehr. Sie vermehren sich und sie füllen die Erde.

Du hast also ein neues Auto gekauft. Welche Marke hast du gekauft? Zwei alternative Antworten: Du hast einen Volvo oder ein Batmobil gekauft. Volvo ist ein Auto, das zu Zehntausenden in Schweden in Fabriken des Ford-Konzerns hergestellt wird. Jeder ist in der Lage, an jedem Winkel der Welt, einen Volvo-Ford zu kaufen. Diese Autos gibt es für alle. Es sind gute Autos, wahre Meisterstücke der Ingenieurskunst, in denen sich das über beinahe hundert Jahre andauernde Streben nach Besseren und Besseren verdichtet. Aber ein Volvo ist nur ein Volvo, ein Auto für jeden, das zum Fahren und zum Wiederverkauf gedacht ist. Es ist ein Einzelstück, das nur die Seriennummer von den Tausenden anderer unterscheidet. Du hast dieses Auto vielleicht auf dieselbe Weise gekauft wie die Flockenpackung im Supermarkt. Irgendetwas muss man essen, und diese Packung fiel dir gerade in die Hände. Du musst dich fortbewegen und dieses Auto drängte sich gerade passend auf. Aber wir wollten über Lüste sprechen und nicht über irgendwelche anderen Dinge. Und du wolltest ein Batmobil, das Auto, das nicht existiert. Wie ist es Dir gelungen, deine Lust zu befriedigen, wenn du etwas haben wolltest, das nicht einmal existiert?

2.2.4. Die Weisheit Buddhas

Zu Buddhas Zeiten gab es keine Supermärkte, deshalb wussten die Buddhisten über richtige Lüste zu sprechen, über große, prächtige, bittere Lüste, über solche, die Welten umstürzen. Als du das Auto gekauft hast, hast du nicht einen Volvo, sondern ein Batmobil gekauft. Es ist ein Auto, das dir Macht verleiht, die Straßen leert, deine Haare flattern lässt und dich sexuell begehrenswert macht – und wenn du eine Frau bist, macht es deine Schenkel schlanker und länger. Wenn du aber deinen neuen Volvo ansiehst, der ja schon ein gebrauchtes Auto ist, musst du begreifen, dass nichts wahr ist. Es ist nur ein Auto und es ist nicht in der Lage, irgendetwas in deinem Leben zu verändern. Das Gefühl der Enttäuschung muss zermalmend sein. Du bist nach buddhistischer Sichtweise unglücklich. Oder bist es nicht, wenn es dir nämlich gelungen ist, dich selber zu betrügen und dich glauben zu machen, dass du ein Batmobil gekauft hast. Vielleicht hast du ein Cabrio gekauft oder Geld in Ledersitze investiert. Das dürfte deinem Selbstbetrug sehr zuträglich sein, wenn es gut läuft. Viele haben es versucht und damit Erfolg gehabt – warum solltest nicht auch du Erfolg haben?

Der buddhistische Gedanke verläuft so, dass derjenige, der Lüste hat, immer eine Enttäuschung erfährt, wenn er versucht, seine Lüste zu erfüllen. Hinter der Lust steht immer eine Geschichte darüber, warum man etwas will und was die Erfüllung der Lust eigentlich bedeutet. Diese Geschichte ist immer fantastisch und ideal und Träume und Ideale passen nicht mit der grausamen Wirklichkeit zusammen. Ideale existieren in ihrer eigenen Welt. Sie spiegeln die Realität, aber sie berühren sie niemals.

Wenn man Lust auf etwas hat, erzählt man immer und unausweichlich die Geschichte, die die Lust und denjenigen, der sie hat, in eine unglückliche Sackgasse treibt, wenn die Wahrheit sich enthüllt. Der Mensch verspürt keine Lust nach Dingen, sondern nach der Geschichte, die die Lust erklärt. Ein Mann will heiraten, weil er von Sex träumt. Eine Frau will ein neues schönes Heim. Der Mann bekommt Sex von der Sexarbeiterin und das Heim der Frau ist bald voll von Ramsch. So geht es immer. Die Freunde gehen in ein Restaurant, weil sie gutes Essen wollen. Daheim bekommt man Besseres. Der Wein ist, wie wir hören, toll, schmeckt aber nur nach Wein.

Die Erzählungen über Lust, die auf Dinge ausgerichtet ist, sind leicht irreführend. Dinge kann man auf jeden Fall in seinen Besitz bringen, indem man sie, wie wir alle wissen, kauft, eintauscht oder stiehlt. Das reicht. Man besitzt die Sache und die darauf ausgerichtet Lust ist so gut wie befriedigt. Man muss sich überlegen, was der Mensch anderes wollen kann als Dinge.

Nehmen wir beispielsweise einen Universitätsabschluss, einen akademischen Grad. Viele wollen einen und sind bereit, dafür Mühen auf sich zu nehmen. Man muss eine offene Hochschule besuchen und Studienpunkte erwerben. Man muss sich an einer Universität für ein passendes Fach an einer Fakultät einschreiben. Dann muss man in Vorlesungen, Seminaren und Übungskursen fleißig arbeiten. Man muss schlechte Lehrer und gemeine Kommilitonen ertragen. Man muss eine Masterarbeit schreiben. Am Ende hat man den Abschluss in der Tasche und einen schicken Titel vor dem Namen. Wenn man jetzt noch Arbeit bekäme.

Jetzt interessieren wir uns nur für das Lust haben selbst, das beispielsweise auf den Titel *Master of Arts* mit dem Hauptfach Archäologie gerichtet ist. Wir versuchen, herauszufinden, was passiert, wenn der Mensch Lust auf etwas hat. Der entscheidende Moment ist derjenige vor dem Beginn des Studiums, dann, wenn die Lust am empfindlichsten spürbar ist. Der Studierende muss sorgfältig über die Frage nachdenken, was er eigentlich will und warum er das will. Jeder, der Lust auf etwas hat, erzählt sich selbst eine Geschichte darüber, wie das Leben mit der Lust ist, was aus der Erfüllung der Lust folgt und wie sich das Leben verändert. Wenn man Lust auf etwas hat, braucht man irgendeine passende Geschichte.

Der Studierende sieht sich selbst als Master und Master ist ein Titel. Es ist etwas Wertvolles, nach dem es sich zu streben lohnt.

Es bedeutet die Zugehörigkeit zur Elite, akademische Bildung, Wertschätzung, sozialen Aufstieg und die Möglichkeit zu wer weiß welchen neuen Leistungen. Vielleicht ist die Erzählung kommerzieller als diese. Der Mensch sieht sich am Beginn einer neuen Berufskarriere, bereit dazu, Geld, Ruhm und Ehre zu verdienen. Der Wert eines Masters ist in der Arbeitswelt groß und die Karriere läuft wie von selbst an. Vielleicht ergeht sogar der Ruf ins Ausland.

Es ist auch möglich, dass man bloß aufgrund einer spontanen Eingebung, unter durch die eigenen Eltern ausgeübten Zwang oder deshalb ein Studium aufnimmt, weil einem nichts anderes einfällt. Dann gehört Lust nicht ins Gesamtbild. Aber wir sind jetzt an der wirklichen und starken Lust interessiert.

Die Lust ist voll von Hoffnung. Dazu gehören der Traum vom Besseren, die Hoffnung auf eine gute Zukunft, das Gefühl von Freude und der feste Wille, Berge zu versetzen. Lust ist ein Teil des glücklichen Lebens. Nur leider gründet sich die Lust auf Erdachtes und eine Hoffnung, die nicht wahr ist. Träume sind Träume und das Leben findet ganz woanders statt. Jeder hat einen Master-Abschluss, aber die anderen haben außerdem die besseren Noten. Der Unterricht ist schlecht und der frisch gebackene Master spürt seine tiefe Unwissenheit. Die Abschlussarbeit entstand unter großen Qualen und wurde eigentlich nur halbfertig. Der Korrektor akzeptiert sie, denn sonst bekommt das Institut die erhofften Zulagen für bestandene Abschlussexamen nicht. Niemand bietet ihm Arbeit an und so muss er sich für ein Promotionsstudium bewerben, damit wenigstens die Vorteile des Studentenstatus erhalten bleiben. Da steht man nun, mit dem Master-Zeugnis in der Hand und einer Zukunft vor sich, ohne eine Ahnung von der Richtung zu haben, in die die Zukunft führt. Und bald muss der Studienkredit abgezahlt werden. Auch um die zwischenmenschlichen Beziehungen hat man sich in letzter Zeit kaum gekümmert, da das Verfassen der Abschlussarbeit alle Zeit und Energie in Anspruch genommen hat. Die

Wirklichkeit entspricht nicht dem Traum, auf den sich die Lust ursprünglich gründete.

Aber es ist auch möglich, dass alles gut gegangen ist. Die Abschlussarbeit ist glänzend und das Studium war ein Leckerbissen garniert mit weltbesten Spezialisten. Von Nokia liegt ein gutes Stellenangebot vor, und eine schöne Mathematikerin drängt sich als Ehefrau geradezu auf. Alles lief besser als gut. Der Mensch hat seine eigenen Erwartungen übertroffen. Warum sollte dieses nicht möglich sein? Dem Menschen kann es gelingen, sein Glück in der Welt der Lüste zu finden.

Der Mensch wird sehr wohl glücklich, wenn er richtig handelt. Jeder kann seine Wünsche überbieten und das bekommen, was er will, wenn er nur ausreichend wenig will. Man muss die Messlatte so niedrig anlegen, dass man sie mit Sicherheit überwindet. Wenn man intelligent und entschlossen ist, lohnt es sich, nur eine mittelmäßige Leistung anzustreben. Dann wird man nicht enttäuscht. Das kann man üben. Andererseits tendiert der Mensch in diesem Fall dazu, nachträglich das Gefühl zu haben, zu Besserem in der Lage gewesen zu sein. So eine schreckliche Vermutung muss man gleich unterdrücken, sonst schleichen sich Qual und Unglück durch die Pforten des Paradieses ein. Der Mensch muss sich systematisch ein durchschnittliches Selbstbild schaffen. In der Bibel heißt es: Wer sich erniedrigt, wird erhöht werden. Dort wird auch gesagt, dass die Ersten die Letzten sein werden und die Letzten die Ersten. Das bedeutet, wenn man nichts erwartet, bekommt man immer mehr, als das, was man wollen würde. Das ist Glück.

Ich bin ein wirklich schneller Läufer. Ich nehme nie an den landesweiten finnischen Leichtathletik-Meisterschaften, den Kaleva-Meisterschaften, teil, denn ich will gewinnen und der Beste sein. Ich bleibe bei den Bezirksmeisterschaften. Der Erfolg verfolgt mich. Aber es fühlt sich komisch an, nur um des Gewinnens Willen um die Wette zu laufen. Meine Lust ist seltsam und komisch. Welchen Wert hat mein Gewinn, wenn die Konkurrenz nicht aus den besten Wettbewerbern besteht? Niemand kann ernsthaft den Sieg nur um des Sieges Willen wollen. Das Motiv müsste ganz woanders liegen. Hier zeigt sich die Vorstellung eines Läufers, der Beste in der Gruppe der Besten zu sein. Darin liegt das Wesen des Traums. Ich bin nicht nur der Gewinner, sondern auch der Beste. Das Gewinnen ist letztlich zu einfach. Man muss nur schlechte Gegner auswählen. Der Feigling kämpft gegen Schwächere und bildet sich ein, mutig zu sein. Er ist glücklich. Selbstbetrug hilft immer. Die Abkürzung zum Glück steht allen offen.

2.2.5. Gefährliche Lüste, Leiden und Unglück

Es ist wichtig, die Vielfalt der Lüste zu erkennen. Auf alles kann man Lust haben. Die Lust hat keinen Rand und keine Grenze. Jeder kann Lust auf alles haben. Die Lust wird erst zum Wunsch und dann zum Traum. Am Ende schlägt alles in Irrsinn um, wenn sich die Lust ausreichend verfälscht. Der Mensch gibt sich nicht damit zufrieden, Lust auf vieles zu haben, sondern er hat auch Lust auf seltsame Sachen. Die Menge reicht nicht aus. Man braucht Qualität. Die Sache kann so komisch wie nur was sein. Es dürfte wohl schwierig sein, mit komischen, verfälschten, maßlosen, verzerrten, gewalttätigen und verrückten Lüsten und Träumen in irgendeinem Sinne glücklich zu werden.

Die Menschen haben gewalttätige Lüste. Sie wollen einander und sich selbst umbringen. Sie hassen einander unablässig und hegen Rache- und Neidgedanken sowie Groll. Derjenige, der am Arbeitsplatz einen anderen mobbt, erzählt sich selbst die Geschichte von der Unaufrichtigkeit und Abscheulichkeit des Arbeitskollegen oder die seines unverdienten Erfolges. All dies erfordert Rachemaßnahmen, die sofort ergriffen werden müssen, sobald man die Gelegenheit dazu hat. Der Arbeitskollege wird zum Feind in einem Krieg, in dem alle Mittel erlaubt sind. Der starke Wille, dem anderen zu schaden, wird durch den bloßen Traum zu einer zu erfüllenden Lust. Die über den Gegner erdachte Geschichte berechtigt zu allem. Wenn alles vorbei und das erreicht ist, was man wollte, ist das Leben wieder in Ordnung und glücklich. „Ich will ihn/sie leiden sehen“ ist ein zu erfüllender Gedanke. Der nächste Gedanke „er/sie ist ein heuchlerischer, unaufrichtiger Mensch“ verschafft ihm Berechtigung.

Aber welches Ausmaß an Qual ist ausreichend? Wenn das Opfer sich vom Ort des Geschehens entfernt, kann es entkommen. Es wäre das Beste, wenn es bliebe und man es endlos mobben könnte. Es finden sich immer härtere und härtere Maßnahmen. Aber keine ist in der Lage, eine solche gewalttätige und schlechte Lust zu befriedigen. Sie setzt sich fort und wird die ganze Zeit stärker und quält am Ende den Mobbenden genauso wie den Gequälten. Beide sind aneinander gebunden. Beide sind ohne Hoffnung auf Besseres gefangen in ein und demselben Sog aus Schrecken und Qual.

Vielleicht hat der Mensch auch nur eine seltsame Lust, aus der seltsames Handeln folgt. Ich meine die Lust, sich selbst zu schaden. Zur Psyche des Menschen gehört ein seltsamer selbstzerstörerischer Wesenszug, der neben einem starken Selbsterhaltungstriebs und dem Streben nach dem Glück existiert. Da ist eine Lust, die nicht zum Glück führt, auch nicht, wenn sie noch so erfüllt wird. Selbstzerstörung kann eine starke Lust, ein Traum und ein Zustand des Wollens sein, aber eine Quelle des Glücks ist sie niemals. Tätowierungen, Piercings und das Verheilen von Narben sind ihre Symbole, Drogen, Tabak und Alkohol der konkrete Weg in die Zerstörung. Viel zu oft gehören auch Liebe und Sex in die Kategorie dieser Lust. Der Mensch verliebt sich vorsätzlich unglücklich. Er legt sich eine Geliebte zu, die die Ehepartnerin zu Hause anruft, wenn sie nicht genug Aufmerksamkeit erfährt. Der Mensch lenkt sein Leben in Chaos und unendliche Qual, nur weil er so wild lieben will. Er verliebt sich in die Liebe, und die Lust erfüllt nichts anderes als eine unglückliche Beziehung.

Sexualität ist eine gefährliche Quelle der Lust. Jemand will eine Lolita, ein anderer stiehlt Damendessous aus der Wäsche des Nachbarn, wieder ein anderer vögelt Schafe. Alternativen gibt es zu viele. Die Merkwürdigkeiten sexueller Lüste kann man auf die folgende Weise verstehen.

Das gesellschaftliche Umfeld des Menschen reguliert seine Lüste. Wir lernen schon von klein an, was zu begehren sich schickt und was nicht. Es gibt Lüste der Mädchen und Lüste der Jungen, genauso der Jungen und Alten und so weiter, immer anhängig von der Situation. Jede soziale Gruppe lehrt ihre Angehörigen die richtige und mögliche Lust. Der heimliche Lehrplan der Schule funktioniert. Das Gesetz schreibt vor, was in der Welt der Lüste unpassend, illegal und zu bestrafen ist. Aber vor allem sprechen wir miteinander über unsere Lüste. Wir berichten und wiederholen unsere Wünsche, Träume und Lüste. Wir berichten darüber, wie wir sie empfinden, berichten, was wir zu erfüllen versucht haben und wie. Es ist wichtig zu wissen, wie es den anderen geglückt und was dann passiert ist. All dieses passiert unbemerkt, obwohl wir mitten in einer hitzigen Diskussion sind. Essen, Trinken, die Genüsse, Arbeit, zwischenmenschliche Beziehungen und die anderen wichtigen Dinge des Lebens sind unsterbliche Gesprächsthemen.

Eines fehlt in der Aufzählung, Sex. Die Menschen im postviktorianischen Europa – von Amerika ganz zu schweigen – erzählen einander keine Details über ihr Sexualleben und ihre sexuellen Lüste. Die Männer prahlen, die Frauen schweigen schicklich. Die Männer lügen, dass sie Erfahrung haben, die Frauen lügen, dass sie keine haben, beide jeweils den sozialen Normen entsprechend. Sie haben keine Wahlmöglichkeit. In Untersuchungen über das Sexualverhalten stellt sich immer heraus, dass Männer viel mehr Partnerinnen haben als Frauen. Man würde denken, dass Heteros gleich viele Partner haben, denn sie vögeln ja miteinander. So ist es nicht. Männer können ein Drittel öfter zum Zug kommen als Frauen – seltsam. Dabei handelt es sich natürlich um dasselbe Phänomen wie bei der statistischen Erhebung des Alkoholkonsums. Wenn man danach fragt, trinkt niemand kaum jemals etwas, aber die Verkaufszahlen des staatlichen Alkoholhandels wachsen und wachsen. Irgendjemand muss den Alkohol trinken, aber ich bin es nicht. Die

Menschen schätzen die Menge des von ihnen konsumierten Alkohols sogar um die Hälfte kleiner ein, als er in Wirklichkeit ist. Die Lust zu trinken, ist zu verurteilen und es ist nicht leicht, die Wahrheit einzugestehen, nicht einmal sich selbst gegenüber. Selbstbetrug ist der Trumpf des Lebens.

Sex ist nach wie vor eine Privatangelegenheit und das sehr offene Reden über Sex ist zu verurteilen. Wer offen darüber spricht, wird aus dem sozialen Kreis ausgeschlossen. Dann bleibt der Sex ein privates Geheimnis. Wir wissen nicht, worauf der Nachbar Lust hat und wie er seine sexuellen Begierden auslebt. Die sexuellen Lüste der Menschen unterscheiden sich augenscheinlich sehr stark, weil auf diesem Gebiet kein vereinheitlichender sozialer Austausch stattfindet. Keiner weiß, was und wie es der Nächste will; und deshalb ist es schwierig, die eigenen Lüste an einen gemeinsamen Rahmen und dessen Normen anzupassen. So sehr man auch versuchte, etwas herauszufinden, außer Gerüchten und Flüstern, Lügen und Irreführung ist kein Wissen im Umlauf. Im Wunderland von Sex ist jeder ganz allein, oder zu zweit, ein Abenteurer.

Die gleiche Erklärung erstreckt sich möglicherweise auch auf die Bandbreite der differenzierten sexuellen Lüste. Was den einen erregt, stößt den anderen ab. Das Schmutzige und Schmierige macht den einen heiß, der andere verlangt Luxus. Viele Männer wollen hässliche und dicke Frauen. Junge Frauen wollen alte Kerle. Manche Männer ertragen es nicht, Bilder vom Glied eines anderen Mannes zu sehen, andere wollen nichts anderes sehen als Oralverkehr. Für viele Männer ist die Muschi der Frau ein Schrecken, besonders wenn sie unanständig weit offensteht. Ein anderer wird von nichts anderem erregt. Die Liste ließe sich endlos fortsetzen. Wie wäre ein hässlicher Mensch in einem Latexanzug auf dem Klo sitzend? Die Objekte der Lüste sind vielfältig und weichen sehr voneinander ab. Nur die Pornoseiten des Internets kennen die Seele des Menschen. So ist es bei den Männern. Die Gedanken der Frauen sind ein Rätsel. Sittlich und sanft soll es sein – aber was ist danach? Gewisse Informationsquellen berichten über das endlose Bedürfnis von Frauen, bei Sexspielen dominiert und gedemütigt zu werden, aber wer weiß das schon. Vermutlich ist es so vorgesehen, dass diese Dinge die tiefgründigsten im großartigen Plan des Schöpfers bleiben. Der Sex ist auf jeden Fall eine Schatzkiste verschiedenster Lüste.

Zur Lust gehört ein interessanter Widerspruch: Die nachlässige Wiederholung von Lüsten und deren Zunahme führt zu Gewöhnung und Abstumpfung. Die Lüste schwellen an und heben sich dennoch selbst auf. Vielleicht beherrschen sich die Lüste nur selbst, indem sie ihren großen Zuwachs ersticken?

Die Damenmeisterin im Hammerwerfen hat ihr ganzes Leben für Olympia trainiert. Sie hat Gewichte aller Art gegen die Scheunenwand geschleudert, im Winter drinnen und im Sommer draußen. Sie hat gehorsam alle Pillen genommen und alles sich spritzen lassen, was ihr verordnet wurde. Sie ist zu prächtigen Ausmaßen herangewachsen. Auch in mentaler Hinsicht ist sie mit Hilfe von Psychologen stahlhart und fit gemacht worden. Alles ist bereit. Die Ergebnisse sind hervorragend. Nun ist der Moment, alles unter Beweis zu stellen. Die Erwartungen sind hoch. Aber schon im Hotel am Stadion beginnt die Unsicherheit, sie zu quälen. Was tue ich hier? Warum? Bin ich am richtigen Ort? Wäre es besser, woanders zu sein? Und als der Wettbewerb beginnt, ist die Lust, ihr Können vorzuführen und zu gewinnen, dieser rote Faden des Lebens, vollkommen verschwunden. Unsere Heldin wirft, aber es stellt sich kein Erfolg ein. Sie ist sehr enttäuscht, als sie die Heimreise antritt. Etwas ist schief gegangen.

Oftmals heben sich die Lüste selbst auf. Die Verlogenheit der großen Hintergrunderzählung der Lust wird enthüllt und die Lust verfliegt wie Asche im Wind. Zurück bleibt nur eine große Leere, die man auch die Wahrheit nennt. Jeder kann Beispiele für diese Situation nennen. Jeder hat sie erlebt. Ich erinnere mich gut daran, wie ich Abitur machte und dann mein Magisterexamen ablegte. Es fühlte sich nach nichts an. Andere fühlen dasselbe bei ihrer Hochzeit oder bei der Geburt des lang ersehnten Kindes. Auf die Urlaubsreise hat man lange gewartet, aber das Hotel ist immer schlecht und am Strand ist es eng. Das Wasser ist schmutzig, das Essen fad.

Andererseits kommt der Hunger beim Essen. Je mehr man bekommt, desto mehr will man. Das ist gleichzeitig Glück und Unglück. Es ist wunderbar, die ganze Zeit immer stärker wollen zu dürfen. Die Welt steht einem offen und das Leben schmeckt gut. Es gibt noch so viel zu erleben und zu sehen, ganz zu schweigen von dem, was es noch zu kaufen gibt. Und dennoch packt einen die Angst: Was ist, wenn ich gar nicht das Beste bekommen und das Tollste erlebt habe? Das Hotel hat auch bessere Suiten als unsere. Wer bestellt im Restaurant eigentlich die Flaschen Château Pétrus für 1500 Euro? Meine Yacht ist nicht die Eleganteste im Hafen. Nebenan befindet sich eine große der Marke Swan. Wenn man die nur haben könnte – und warum sollte man nicht? Lüste sind dazu da, um erfüllt zu werden.

Das Sammeln ist ein gutes Beispiel. Die Sammlung mag noch so groß sein, niemals ist sie vollständig. Immer fehlt etwas und das fehlende Teil ist unbedingt wichtig. Das muss man haben. Aber wenn die Sammlung dann vollständig ist, ist sie uninteressant und wertlos. Natürlich kann man sie verkaufen und sie hat einen Geldwert, aber für den Sammler selbst ist sie jetzt bedeutungslos. Der Zweck des Sammelns ist, die Sammlung zu erweitern, und etwas Vollständiges kann man nicht erweitern. Der Zweck des Handelns und der Lust ist verschwunden. Es muss etwas anderes gesammelt werden. Eine Weinsammlung hat den Vorteil, dass sie niemals vollständig sein kann. Jedes Jahr gibt es einen neuen Jahrgang, der beschafft und verkostet werden muss.

Schließlich enden wir in der Anhängigkeit, der Begierde. Der Raucher ist nicht in der Lage, aufzuhören, obwohl er gar nicht mehr rauchen will. Das ist der endgültige Schrecken der Lust. Ich tue zwanghaft etwas, ohne dass ich es tun will. Ich möchte aufhören, ich bin aber nicht dazu in der Lage. Das finnische Wort himo, Begierde oder Sucht, eignet sich gut zur Beschreibung der Situation. Himo ist eine Lust, die nicht mehr der eigenen Kontrolle unterliegt. Suklaanhimo, die Sucht nach Schokolade, quält einen die ganze Zeit, lässt einem keine Ruhe, man hat immer nur Schokolade im Kopf. Gleichzeitig weiß das arme, sich in der Schokoladensucht windende Geschöpf, dass es einen Weg gibt, die Sucht loszuwerden, nämlich hinzugehen und sich ein Stück Schokolade zu nehmen, es zu essen. Mit der Sucht hat die Versuchung zu tun, der man nur schwer widerstehen kann. Wie man hört, kann auch eine Abhängigkeit von Sex entstehen. Die Versuchung ist ein Zeichen zerstörerischer Lust und Begierde.

Wie ergeht es den Lüsten und der Wahl als Komponenten des Glücks? Unser eigenes geliebtes Finnland und seine Wirtschaftsordnung sind von Lüsten gesteuert, genauso wie es die liberale Ideenwelt vorschreibt. Uns werden vom Staatspräsidenten bis zum Senf Wahlmöglichkeiten angeboten und man fragt, was willst du für dich selbst. Wir werden angehalten zu wählen und das setzt Lüste voraus. Wolltest du Tarja Halonen oder Sauli Niinistö als Staatspräsidenten? Gleichzeitig müssen die Lüste vernünftig und kontrolliert sein. Man darf nicht in die Begierde und nicht in irgendwelche Merkwürdigkeiten abgleiten. Man muss viel wollen, aber in der richtigen Weise. Dann ist man glücklich.

Der Buddhismus wiederum verneint diesen Gedanken. Lüste sind die Quelle des Unglücks, nicht des Glücks. Ich würde dazu tendieren, den Buddhismus zu unterstützen, obwohl diese Wahl tragisch wäre. Es ist schrecklich, dass die Gesellschaft von einem verlangt, eine Wahl zu treffen, und das Leben selbst aus reinen Lüsten besteht, obwohl man das Glück auf völlig andere Weise erlangt. Die Lüste führen zur Enttäuschung und genau deshalb muss man erneut und etwas anderes wollen. Das Leben ist Wiederholung des Wollens und Übergang von einer Enttäuschung zur nächsten. Die einzige Möglichkeit besteht darin, so bescheiden zu wollen, wie es nur geht, und sich selbst zu betrügen und glauben zu machen, dass das ausreicht. Ich empfehle den Selbstbetrug als Garanten für das Glück. Aber auf dieses Thema kommen wir später zurück.

2.3. Selbstverwirklichung

2.3.1. Das Ego und seine Projekte

Die Genüsse habe ich als Quelle des Glücks bereits ausgeschlossen und habe mich negativ zu den Möglichkeiten der Lust-Wirtschaft geäußert. Als nächstes werden wir eine wirklich vielversprechende Möglichkeit diskutieren, wie man glücklich werden kann, nämlich die Selbstverwirklichung. Der Mensch muss Projekte haben, durch die er sich selbst ausdrückt und zu dem wird, was er ist.

Die Schlüsselbegriffe sind das Ego und seine Projekte. Sehen wir uns zuerst an, was diese beiden seltsamen Fremdwörter bedeuten. Ego bedeutet das Ich und das Selbst, die Antwort auf die Frage 'wer bin ich'? Jeder Mensch ist er selbst, ein Ego. Ein Projekt wiederum ist ein Programm von Handlungsschritten, eine gesetzmäßige Abfolge von Tätigkeiten, die im Laufe einer langen Zeit vollzogen werden und zu einem bekannten und erlebbaren Ziel führt. Viele müssen am Arbeitsplatz Teil eines Teams sein, in dem man an Projekten arbeitet. Forscher haben ihre Projekte, die eine Stiftung oder die Finnische Akademie der Wissenschaft finanziert. Die Universitäten haben kein Geld für Forschung. Oder man arbeitet in der weiterverarbeitenden Prozessindustrie. Ein Prozess ist etwas anderes als ein Projekt. Jede andauernde Handlung ist ein Prozess. Er muss nicht wie ein Projekt zu einem bestimmten Ziel führen. Unterscheiden wir Projekte und Prozesse.

Der Mensch lebt auch in Prozessen. Er geht zur Arbeit. Jeden Tag um acht Uhr. Matti bricht auf, nimmt das Auto und begibt sich zum Warten in den Stau. In der Arbeit befasst er sich bis vier Uhr mit immer demselben Papier, nimmt dann sein Auto und begibt sich wieder zum Warten in den Stau. Zu Hause dann Abendessen, ein paar Bier und vor den Fernseher. Sex mit der Ehefrau dreimal die Woche, immer auf die gleiche Weise. Alles wiederholt sich an jedem Werktag. Das ist Leben im Prozess. Am Wochenende darf man dann eigene Projekte verwirklichen, wenn man nicht vom Prozesstrinken einen solchen Kater hat, dass man den Kater im Alkohol ersäufen muss. Dann läuft das Projekt nicht.

Der größte Teil des Lebens eines Menschen vergeht in Prozessen, und ist auch immer so vergangen. Das Landleben vergangener Tage war wohl wirkliches Schuften, genauso die Arbeit in der Industrie. Heutzutage gibt es immerhin einige Wahlmöglichkeiten, was man tut und wie man seine Angelegenheiten regelt. Gerade die Wahl und eigene Pläne durchbrechen die Prozesse und schaffen Projekte. Über die eigenen Pläne und Ziele nachzudenken, ist wunderbar.

Was ist also an Prozessen schlecht? Viele sind glücklich, als zufriedenes Schwein Zeit inmitten eines vertrauten und sicheren Prozesses zu verbringen. Das Leben darf auch wirklich vertraut, sicher und entspannt sein. Es herrscht keine Beklemmung. Man kann das, was man beherrschen muss. Jeder Schritt ist vorhersagbar, nichts endet und nichts beginnt von vorne. Alles geht unbemerkt vorbei, niemals passiert irgendetwas. Die Risiken sind minimal und die Vorhersagbarkeit der Zukunft maximal. Das ist das eigene Leben, dessen Lauf mit Unterhaltung und anderen Ersatz-Erlebnissen geschmückt wird. Man schaut sich Videos an und liest Krimis. Durch sie bekommt man die ersehnte Spannung und Abwechslung im Leben, ohne dass man seine Prozesse durchbrechen müsste. Unterhaltung ist eine gute Sache.

Es ist besser, ein zufriedenes Schwein zu sein als ein unzufriedener Sokrates (oder war es umgekehrt?). Das wird im Anfängerkurs der Ethik gelehrt, wenn man die Qualitätsanforderung an das Glück beschreiben muss. Die Studierenden nicken, als ob sie verstehen, und auch der Lehrende ist guter Dinge. Das eigene Unterrichtsprojekt läuft gut, wenn die Studenten etwas Neues erkennen. Das Ziel war zu erklären, dass ein Prozess etwas ganz anderes ist als Projekte. Das Leben muss Qualität erhalten und die erreicht man durch die Selbstverwirklichung des Egos und durch Kreativität. Dann versinken die Studierenden wieder im Prozess des Studiums, in dem für alle derselbe Abschluss geschmiedet wird, ohne dass irgendjemand irgendetwas versucht oder lernt. Ein Student absolviert während seines ganzen Studiums einen Ethikkurs und beantwortet dann auf dieser Grundlage ethische Fragen. Das kommt alles gut zupass, denn dann schreitet der Prozess flüssig und ohne Unannehmlichkeiten fort. Ergebnisse werden bequem erzielt. Das ist der Zweck. Die Studierenden wechseln, der Prozess läuft fort. Dieses Beispiel lässt sich auch auf das Leben vieler anwenden. Wir alle müssen Prozesse leben, denn menschliches Miteinander und Alltagsroutinen sind anders nicht möglich. Allerdings stellt sich die Frage, ob im Leben Raum ist für anderes als jene Prozesse, jene Routinen des Lebens. Aber, wie ich schon sagte, inmitten der Prozesse ist der Mensch ein zufriedenes Schwein. Das Leben ist billig und sorglos. Es ist einfach, sich im Schlamm des Alltags einzunisten. Daran gewöhnt man sich.

Der Sozialethiker Martti Lindqvist pflegte zu fragen, ob das ungelebte Leben irgendwann zu schreien anfängt, vielleicht erst am Ende des Lebens, aber dafür umso verbitterter. Das ungelebte Leben beschreibt als Gedanke die Wertlosigkeit des Prozesslebens und seine tiefste Verbitterung hervorragend. Und wenn man sich erst am Ende seines Lebens dessen bewusst wird, dass das Leben ungelebt vergeht, ist die Situation so bitter, wie man sich nur denken kann. Man hat keine Zeit mehr, die Situation zu korrigieren. Das Altenheim ist ein Krug, aus dem es kein Heraus gibt. Das Leben ist bereits gelebt und wenn es noch etwas zu korrigieren gibt, vergisst man es am besten.

Wenn einen die Panik überrascht, weil das Leben ungelebt zu vergehen droht, wird der Mensch aufgerüttelt, nach Auswegen zu suchen. Was müsste ich tun, um mein Schicksal als Mitglied der Massengesellschaft zu vermeiden? Irgendwie müsste man sich absetzen. Eigentlich ist es seltsam, dass der Mensch sein eigenes einmaliges Leben führen sollte, ohne sich mit Prozessen zufrieden zu geben. Das gewöhnliche Leben kann wertvoll sein, wenn seine Stützen die richtigen Werte sind, und sie können sehr gut essenzieller Teil eines Prozesses sein. Die Arbeit dient dem gemeinsamen Wohl. Die Familie blüht und gedeiht. Die Gesundheit ist soweit in Ordnung. Anderen wird kein Leid zugefügt. Man unterscheidet sich nicht auf störende Weise von der Masse, man hinterlässt keinen Schmutz, lärmt nicht, tobt nicht. Man befeuert die gemeinsame Glut. Man geht zu den Wahlen. Man liest Bücher. Man rührt das Eigentum des anderen nicht an, nicht seine Frauen, nicht seine Herde und nichts anderes, das sein Eigentum ist. Die Umwelt wird nicht verschmutzt, es wird nichts verpestet und natürliche Ressourcen werden nicht verschwendet. Man konsumiert in angemessener Weise. Man geht arbeiten. Man ist nett zu allen, auch zu unseren tierischen Freunden. Was ist daran schlecht? Warum reicht das nicht? Das Gute blüht und gedeiht und dann beschwert man sich noch, dass man nicht gelebt habe. Das Schwein hat gesprochen.

Die romantische Mentalität und ihre eigene Stilrichtung betonen den Reichtum sinnlicher Wahrnehmung, das Brennen des Gefühls, die Schärfe des Handelns, Widersprüche und kreative Unruhe. Das Leben ist ein Kampf, in dem sich die wirkliche Natur des Menschen im Ringen verwirklicht. Das sagt Nietzsche. Das Ringen ist die Bedingung für die Möglichkeit aller schöpferischen Entwicklung. Wenn man das hört, kommt einem der Gedanke, dass man selber auch ein bisschen so etwas wie ein romantischer Held sein könnte, jemand der seinen eigenen Weg geht und ein Rebell, einer wie Lord Byron, der seinen Lieblingsbären im Fluss Granta hinter Cambridge schwimmen ließ. Die Prozesse haben Sendepause, jetzt geht's ausgelassen los. Was ist zu tun? Die Gören wissen das. Zuerst muss man anfangen, immer wieder Scheiße zu sagen, damit man die Prozesse des Sprachgebrauchs durchbricht. Scheiße hier und Scheiße dort und keiner kann einen mehr der Normalität beschuldigen. Man könnte auch über ein ungewöhnliches Kleidungsstück nachdenken, beispielsweise eine Mütze mit dem Emblem der schwedischen Eishockeymannschaft Djurgården. Dann kann man anfangen, sich im Kino schrille Filme anzusehen, was leider nur in Helsinki möglich ist. Es ist das Beste, alles Gewöhnliche und Ordentliche zu verachten. Den Alkohol könnte man komplett aufgeben, denn es ist ein so langweiliger Stoff. Es gibt besseres.

Schließlich muss man einräumen, dass es nicht einfach ist, Wege zu finden, wie man Prozesse aufgeben kann, indem man seltsame Dinge tut. Sie sind alle schon gemacht worden und mit den gewöhnlichen Prozessen verschmolzen. Reisen ist völlig unmöglich. Es ist reiner Massentourismus bis hin nach Borneo, wo die Kannibalen von einem Londoner Reisebüro engagiert sind. Alle machen Sexreisen nach Tallinn. Alle interessieren sich für neue Kunst und sehen sich merkwürdige Filme an. Alle tun auf jeden Fall das Gleiche. Autodiebstähle und ein Banküberfall wären noch etwas, aber die würde ich nicht mal dem schlimmsten Romantiker empfehlen. Aber alles andere ist schon erfunden, so dass die Loslösung von der Masse und den schrecklichen Prozessen nicht möglich erscheint. Ich empfehle ernsthaft, den Gedanken der romantischen Rebellion aufzugeben. So etwas ist in Finnland und der finnischen Gesellschaft ein für alle Mal nicht mehr möglich. Die Unmöglichkeit des unsinnigen und spannenden Handelns liegt darin, dass die ganze Zeit alles nur denkbare Unsinniges und Spannendes gemacht wird. Es gibt also nichts Unsinniges und Spannendes mehr. Es ist das Beste, sich nur damit zufrieden zu geben, ein ungelebtes Leben zu führen. Immerhin ist es doch untadelig und ordentlich. Vielleicht schlage ich mich noch heute betrunken im örtlichen Pub mit jemandem. Das tun nicht alle. Oder ich könnte mir den Matti-Film über das Leben des Skispringers Matti Nykänen ansehen. Der Wunsch erlischt nicht. Der Bürgerliche träumt immer vom Leben der Unterschicht.

Das Gehirn des Menschen kümmert sich um die Projekte und die Gedärme erledigen die Prozesse. Das Gehirn produziert immer etwas Neues und Überraschendes, die Gedärme produzieren immer das Gleiche. Schon Platon war der Meinung, dass die Begierden im Bauch säßen. Ein anderer Philosoph hat einmal gesagt, dass das

Gehirn genauso Gedanken produziere wie die Nieren Urin, aber das ist natürlich ein Irrtum. Das Gehirn ist in der Lage, Informationen zu verarbeiten, aber Gedanken entstehen durch Projekte. Philosophen sagen alles Mögliche Verrückte. Das sieht man jeden Tag, wenn man in einem Land, das Finnland heißt, Zeitungen liest oder fernsieht. Die Philosophen verarbeiten schon überall Information. Nur kaum einer hat gerade ein Projekt. Einer hatte einmal ein Königinnenprojekt, das gut funktionierte, aber das scheint schon vergessen zu sein. Einige Philosophen verfolgen angeblich die Aufklärung und Bildung des Volkes als Projekt. Das ist großartig. Ihnen gutes Gelingen. Jemand ist zum Rektor der Universität gewählt worden. Ich habe nur das Projekt zu überleben. Es kostet viel Mühe und misslingt immer: ein gigantischer Prozess ohne Hoffnung.

2.3.2. Die großen und die kleinen Dinge

Wir tauchen als nächstes in die Möglichkeiten der verschiedenen Projekte des Egos ein. Die romantische Rebellion gegen die Prozesse des Lebens ist nicht die einzige Möglichkeit. Der Mensch braucht Projekte, mit deren Hilfe er sich definiert und verwirklicht. Die Projekte dauern lange und beherrschen das Leben. Deswegen durchbrechen sie die Muster der Prozesse und geben dem anspruchsvollen Glückssucher Hoffnung. Man muss sich nicht mit dem Gewöhnlichen zufrieden geben oder beginnen, Muster bewusst und willentlich zu durchbrechen. Es ist möglich, seinem Leben einen eigenen, großen Bogen zu bauen, der mich selber, mein Ego, ausdrückt. Es folgt eine Liste von Projekten, die ich prozessaversen Romantikern empfehle:

Große Dinge: Jugend, Erfolg, Schönheit, Liebe, Macht, Berühmtheit, Unsterblichkeit, Reichtum (im Lotto gewinnen), Gelehrtheit, Abenteuer.

Kleine Dinge: Ein Glas Wein trinken, zum Zahnarzt gehen, das Auto in die Inspektion geben, ein Stipendium bekommen, heute Abend mit einem völlig fremden Menschen Sex haben, den Roman *Alastalon salissa* lesen, nett zur Ehefrau bzw. zum Ehemann sein, das Zigarettenrauchen aufgeben, das Zigarrenrauchen beginnen, einen Spaziergang machen, sich selber im Spiegel anschauen.

Anmerkung: Der 1933 erschienene Roman *Alaston salissa* des finnischen Autors Volter Kipi gilt als einer der anspruchsvollsten und wichtigsten Werke der finnischen Literatur.

Es gibt einfache und schwierige Projekte, es ist wichtig, sich das zu merken. Es lohnt sich auch zu berücksichtigen, dass die kleinen Dinge nicht dasselbe sind wie das romantische Durchbrechen von Grenzen und das Zerstören von Prozessen. Auch die kleinen Dinge sind Projekte, aber sie bedeuten keine Rebellion gegen Prozesse. Sie verfügen über eigene Ziele. Mit ihnen strebt man nach etwas Schönem und Neuem, welches das Leben mit Inhalt füllt. Ein Mann kleidet sich nur um der Rebellion willen in Frauenkleider oder aber er besorgt sich Strumpfhosen, um etwas zu sein, was er wirklich ist, in mehrdeutigem Sinn männlich. Im ersten Fall existiert kein Ziel, nur der Gedanke, etwas zu durchbrechen. Im zweiten Fall strebt der Mann nach einem neuen, für ihn selbst typischen Zustand, einer solchen Phase oder Situation. Eine kleine Sache, die Strumpfhosen, sind ein Zeichen für eine wirklich große Sache. Das ist ein Projekt. Und es ist nicht unbedingt ein einfaches Projekt. Was sagt die Frau oder was sagen die Kumpel?

Den Unterschied zwischen den kleinen und großen Dingen kann man erkennen, wenn man sich die großen Dinge als offensichtliche Projekte denkt und die kleinen als metaphorische. Wenn man anfängt, berühmt zu werden, so hören und sehen es die anderen und keiner hat daran irgendeinen Zweifel. Man bewegt sich auf die Berühmtheit zu und verheimlicht die Sache nicht. Oder wenn man es verheimlicht, so ist auch das offensichtlich.

Aber die kleinen Dinge sind immer metaphorische, existierten sie nun verborgen als Geheimnisse oder allen verkündet und öffentlich gemacht. Der Besuch beim Zahnarzt ist Teil eines Gesundheitsprojekts, in dem der Mensch die Aufgabe übernimmt, sich um sich selbst zu kümmern und erklärt, sich selbst zu disziplinieren. Wenn man aber aufgrund von Schmerzen zum Zahnarzt gehen muss, ist die Situation natürlich eine andere. Dann handelt es sich um das Merkmal eines Prozesses, und man sollte davon nicht viel Aufhebens machen. Das Auto in die Inspektion geben – was bedeutet das? Der Mensch übernimmt Verantwortung für sein Eigentum und kümmert sich um die Sauberkeit der Umwelt und allgemein darum, dass die Dinge laufen. Hier sind wir jedoch bedenklich nah an den gewöhnlichen erbärmlichen Prozessen, die weiter oben beklagt wurden. Aber vielleicht kann man aus dem Kümmern auch ein Projekt machen, wenn man es richtig versucht.

Ein Stipendium ist immer angebracht. Die Bewerbung darum spiegelt die kreative Karriere und das Versprechen der Möglichkeit, neue Information oder Kunst zu erlangen. Eine kreative Persönlichkeit bewirbt sich immer um Stipendien. Daran erkennt man sie. Und die richtig Kreativen vergeben Stipendien, aber das ist schon eine ganz andere Geschichte.

Heute Abend Sex mit einer völlig fremden Personen haben; solche Träume riechen nach einer romantischen Einstellung à la Lord Byron. Der Bär ist gebadet, los geht's zum Vögeln. Das ist eine gute Sache, aber die Gefahr ist diese Romantik, die wir im Namen der Zugehörigkeit zur ordentlichen Mittelklasse schon abgelegt haben.

Aber zum Projekt wird dieser Traum, wenn er sich jeden Abend wiederholt und wenn daraus ein das Leben beherrschender Trieb wird. Ich bin ein Bock und ein Frauenheld oder eine klasse Frau, der bzw. die weiß, was er bzw. sie will. Das Ficken hört auf, nur Rebellion gegen die Ehe oder leere Suche nach Genuss zu sein. Das Ego drückt sich selber im Bett aus und wird zu dem, was es ist, eine wilde Sexbestie, deren animalische Triebenergie sich komplett der Kontrolle entzieht.

In einem solchen Sexprojekt muss man den Konsum von Alkohol genau abwägen. Wenn man so voll ist, dass man sich nicht erinnern kann, ob man gevögelt hat oder nicht, kann es kein Projekt im Sinn der ernsthaften Verwirklichung des Egos sein. Das dürfte klar sein. Wenn man aus dem zerwühlten Bett und zwei Weingläsern auf dem Nachttisch auf den nächtlichen Besuch eines neuen Sexualpartners schließen muss, ist die Situation nicht gut. Die Sache droht unterzugehen als Nebenprodukt der Abhängigkeit, bei dem man nicht einmal von richtigem Hedonismus, also der Verehrung des Genusses, sprechen mag - bemitleidenswert. Die besten Schelme sehen morgens auf den Quittungen der Visakarte nach, wo überall sie im Laufe des Abends gewesen sind und wann. Daraus kann man viel schließen. Dann heißt es noch gespannt zu warten, ob der mögliche Partner innerhalb von ein paar Tagen anruft und ob die Nachricht besonders vorwurfsvoll ist. Oder vielleicht ist der Anrufer auch der weniger erfreute Lebenspartner des Sexualpartners, dem alles entweder aus Schuldgefühlen oder unter Androhung von Gewalt gestanden wurde. Die Situation ist besonders schwierig, wenn man sich nicht einmal daran erinnern kann, ob man an dem Abend Sex hatte oder nicht.

Wenn man Sex zum Projekt macht, muss man es richtig machen. Den Body, die Frisur und das Portemonnaie in Ordnung bringen. Kein Schnaps. Kondome und Viagra bereithalten und kein Geprahle im Nachhinein. Es wird sich nur mit Einzelerfolgen gebrüstet. Das, was Standard und das ureigenste Merkmal des Egos ist, ist allen Freunden und Feinden klar. Man muss damit nicht prahlen, sie sehen es dann schon, wenn ich wieder Nägel mit Köpfen mache. Das Ergebnis ist ein glückliches Leben, daran besteht kein Zweifel.

Den Roman *Alastalon salissa* durchzulesen bedeutet, ein kulturbeflissener Mensch zu sein. Dann darf man ein T-Shirt tragen, das die Anhänger des schwedischen Neoklassizismus haben drucken lassen und auf dem steht „Ich habe *Alastalon salissa*“ gelesen. Die

Ostfinnen haben den Druck eines Gegen-T-Shirts geplant. Darauf würde dann stehen, dass ich dieses Opus nicht gelesen habe. Es lohnt sich nicht, dieses Shirt den Bewohnern der Provinz Savo anzubieten. Und nach Meinung Volter Kilpis, des Verfassers von *Alastalon salissa*, fängt Savo in Tampere an. Kultur als Projekt eignet sich besonders für Frauen der Mittelklasse im mittleren Alter. Sie besuchen Veranstaltungen, Theateraufführungen sowie Konzerte und kaufen Bücher. Die Männer folgen ihnen, wenn ihr Gehorsamkeitstraining erfolgreich war oder sie gerade ein Artigkeitsprojekt verfolgen.

Das Rauchen von Zigaretten aufzugeben oder ein trockener Januar sind vielleicht Teil eines Gesundheitsprojekts, aber sie können auch etwas anderes sein, beispielsweise Selbstdisziplin. Der Mensch hat beschlossen, sein Schicksal in die eigenen Hände zu nehmen und handelt jetzt trotzig gegen das Schicksal. Wenn die Zigarette früher ein unverzichtbares Zeichen für den Stil des Egos gewesen ist (durch die Zigarette erhält man keinen Genuss), versucht das Ego jetzt, sich selbst zu leugnen. Das Ego ist so stark, dass es Kraft des eigenen Entschlusses in der Lage ist, zu einem neuen Selbst zu werden. Deshalb ist im metaphorischen Sinn das Aufgeben des tief verwurzelten Rauchens so wichtig. Ich bin niemandes Sklave. Ich tue, was ich will. Die Zigarette bedeutet mir gar nichts, wenn ich es nicht so will.

Diejenigen, die keine Zigaretten rauchen, tun gut daran, das Rauchen von Zigarren als gleiches trotziges Projekt des eigenen Willens zu beginnen. Über Zigaretten braucht man nicht nachzudenken. Sie sind langweilig und gefährlich. Aber die kubanischen Zigarren sind genau die richtige Weise, seine eigene Willenskraft und Fähigkeit unter Beweis zu stellen, nicht nur der Gefahr sondern auch der allgemeinen Meinung zu trotzen. Vielleicht kann man auch das heutzutage so moderne Hobby, sich mit Wein zu befassen, auf die gleiche Weise interpretieren. Aber man muss Weine kaufen, die teurer als zehn Euro sind. Alles andere ist lächerlich und langweilig.

Und das Glücklichsein? Darüber gibt es noch nichts zu sagen. Alles hängt von den großen Projekten ab. Das Ego verwirklicht sich selbst auf sie gestützt und wird zu dem, was es ist. Gehen wir also dazu über, das Wesen, die Logik und die Struktur der großen Projekte zu untersuchen. Die Aufgabe ist extrem wichtig, um die Existenz als Mensch zu verstehen. Wir haben bereits die Genüsse als Quelle des Glücks ausgesondert. Wir haben zur liberalistischen Welt der Auswahl und Genüsse sehr kritisch Stellung genommen. Übrig bleibt nur die Möglichkeit, dass die Projekte des Egos gelingen. Das wirkliche Glück muss man in ihnen finden. Sonst ist man unglücklich und das wollen wir nicht. Das Glück gehört allen, und wenn nicht gleich, dann auf jeden Fall als Ergebnis fleißiger Arbeit am Projekt. Wir haben auch das Glück ausgesondert, das die Prozesse mit sich bringen, oder wenigstens vor seinen Gefahren gewarnt. Das ungelebte Leben ist im Endspiel kein lustiger Geselle. Martti Lindqvist hatte recht.

Jetzt gehen wir feierlich zu den großen Projekten des Lebens über, zu denen, die das Ego mit Strom versorgen. Wir sind bei den grundsätzlichsten Fragen angelangt. Ich hätte den Erzbischof anrufen sollen, aber als Atheist mochte ich das nicht. Jetzt gilt es, allein zurechtzukommen und die schwere Last zu tragen. Falsche Ratschläge führen zum Untergang. Aber auch die Belohnung ist groß, der irdische Anteil des Glücks, ein reifes Selbst und gelebtes Leben, an dass es sich zurückzudenken lohnt, wenn man im Altenheim im Bett ruht. Ich hätte doch den Erzbischof anrufen sollen.

2.3.3. Das Größte der Projekte: Unsterblichkeit

Beginnen wir mit dem Allergrößten und Edelsten der Projekte, dessen Name Unsterblichkeit ist. Ich finde es sehr spannend, dass ein solches Projekt existiert. Der Mensch braucht auch nichts anderes als Unsterblichkeit. Ich weise gleich auf ein wichtiges Kriterium für den Umfang des Projekts hin. Das Projekt ist nämlich umso besser, je weniger Prozesse es beinhaltet. Ich erkläre, was das bedeutet. Ein Prozess ist Arbeit und Wiederholung, die zu nichts führt. Ein gutes Projekt verlangt so wenig Arbeit wie möglich. Der Gedanke ist: Wenn sich das Ergebnis nicht auf einfache Weise einstellt, ist es nicht der Mühe wert. Natürlich ist es so. Das Streben nach keinem Ziel gelingt komplett ohne Prozesse und Arbeit, aber die Güte des Projekts setzt möglichst wenig Mühe voraus. Manch einer mag sich vorstellen, dass er viele Mühen auf sich nehmen möchte, und mag noch behaupten, dass es wertvoll sei, sich Mühe zu machen, aber es handelt sich um einen Fehlschluss und Selbstbetrug. Außerdem ist das Projekt umso besser, je klarer sein Ziel ist. Auf jeden Fall muss das Projekt ein Ziel haben, das Etwas, weswegen man die ganze Geschichte anfängt. Und dieses Ziel ist am besten so klar wie möglich. Viele Bemitleidenswerte haben Prozesse und Projekte miteinander verwechselt. Solch ein Mensch ist nicht glücklich.

Das Unsterblichkeitsprojekt erfordert nicht viel Arbeit (Prozess) und sein Ziel ist so klar, wie man es sich nur wünschen mag. Man kann die Sache mit Hilfe des folgenden genialen Gedankens beschreiben. Wir nehmen an, dass du Unsterblichkeit erlangen willst, wie auch jeder andere Mensch. Erst musst du ein Glaubenssystem auswählen, dass wenigstens einigen Menschen Unsterblichkeit verspricht. Wähle nicht den Hinduismus oder Buddhismus, denn sie führen ihre Anhänger ins Nirwana und anderswohin, wo das Leben negiert wird. Über den muslimischen Glauben sage ich in diesem Buch überhaupt nichts. Du willst wirkliche Unsterblichkeit, eine solche, in der du dich als körperliches Wesen auf grünen Wiesen ganz ohne Sorge über die Endlichkeit der Zeit bewegen kannst. Der christliche Glaube ist eine gute und empfehlenswerte Wahl. Sein Glaubensbekenntnis verspricht die Auferstehung des Körpers zu einer nicht näher definierten Zeit, aber verspricht sie. Wenn ein Prophet namens Jesus auf die Erde zurückkehrt, steigt mit ihm auch Jerusalem aus dem Himmel herab und Jahves Reich wird auf Erden gegründet. Irgendwie so geht die Geschichte, obwohl es über ihre Details blutige Auseinandersetzungen gegeben hat. Heutzutage kommt es offenbar auf die Details nicht so an, weil man sich nicht mehr die Mühe macht, die Vertreter der unterlegenen Partei zu foltern und auf Scheiterhaufen zu verbrennen.

Nun ist also der richtige Glaube gewählt. Das ist ein unangenehmer Prozess wie alle Auswahlprozesse. Sie erfordern Arbeit und Mühe und dennoch bekommt man keine Sicherheit über das Ergebnis. Man muss sich Informationen beschaffen, nachdenken und schwierige Reihen von Schlussfolgerungen erarbeiten. Und dann folgt die Entscheidung, wie in diesem Falle die Auswahl des christlichen Glaubens. Aber jetzt können wir fortfahren, die beste Version des Unsterblichkeitsprojekts zu ermitteln. Das Ziel ist zumindest klar. Die Auferstehung des Körpers so bald wie möglich und die Rückkehr auf die Erde, wenn nur möglich.

Aber wie verwirklicht man jenes Privileg des Körpers mit möglichst wenig Arbeit. Die ideale Möglichkeit basiert auf der richtigen Erfüllung der Bedingungen zum Erreichen der Unsterblichkeit. Es ist natürlich klar, dass unser neuer Glaube uns einige Bedingungen stellt. Für die Unsterblichkeit muss man etwas tun. Man soll sich nicht versteigen, von kostenlosem Mittagessen zu träumen, nicht einmal vor dem grundgütigen und liebenden Vater. Mein Vater forderte recht wenig, aber dennoch etwas, und das tut auch der himmlische Vater. Wenn man über die Sache nachdenkt, dann erscheint es, als fordere er wenigstens eines, den Glauben an den Vater und seinen Sohn. Nun erfordert das wieder einen Prozess. Man muss die Mühe minimieren und das tut man, indem man erst im letzten Moment des Lebens den Glauben bekennt. Wenn der Tod unsere Seele aus unserer irdischen Hülle holt, dann und erst dann gilt es, den Glauben der Väter an den himmlischen Vater zu bekennen.

Diese Forderung stützt sich darauf, dass ein zu frühes Bekenntnis zu völlig überflüssigen Mühen führt. Gläubig zu sein ist mühsam und verbraucht völlig unnütz Zeit und Energie. Man muss den Prozess vermeiden, wie ich schon betont habe. Wenn man sehr früh zum Glauben findet, muss man seine Sünden bereuen (ein qualvoller Prozess), seine Lebensgewohnheiten in eine neue, weniger lasterhafte Richtung lenken (beinahe unmöglich), sich an der Ausübung des Glaubens beteiligen (arbeitsaufwändiger Prozess) und seltsame Leute treffen (gefährlich). Gläubig zu sein, ist also ein zu vermeidender Zustand. Glücklicherweise ist es auch ein vermeidbarer Zustand. Es ist freilich am besten, nicht zu übertreiben. Man darf nicht zum Atheismus hinunter sinken, denn dann liegt die Versuchung nahe, Religion, die mühsam und nutzlos ist, zu kritisieren und zu verspotten. Atheismus kann kein Projekt sein, weil er kein Ziel hat. Es lohnt sich nicht, andere nur des Verarschens willen zu verarschen, wenn man nicht bestrebt ist, ein Ergebnis zu erzielen. Atheismus führt zu nichts. Zumindest gehört der Atheismus nicht in den Rahmen des Unsterblichkeitsprojekts. Ich warne vor Atheismus.

Wir haben also festgestellt, dass man gläubig werden muss, aber erst im letzten Augenblick. Dann kann man genießen und sogar ein ausschweifendes Leben führen, wie es auch der Kirchenvater Augustinus tat. Leider kann man dieser meiner Theorie zwei fatale Gegenthesen gegenüberstellen, die man sich sofort zu entkräften bemühen muss.

Über die erste Gegenthese sei den Philosophen gesagt, dass es sich um die sogenannte Pascalsche Version der großen Wette handelt. Andere als die Philosophen dürfte dieses Detail nicht interessieren. Die Gegenthese lautet: Wenn du auf der Mannerheimstraße in Helsinki von einem Lastwagen überfahren wirfst, stirbst du möglicherweise so schnell, dass du nicht einmal den Anfang des Glaubensbekenntnisses ausstoßen kannst, und dann bleibt dein Körper am Tag der Wiederkehr Jesu im Grab. Man muss sich genau überlegen, ob es sich lohnt, dieses Risiko einzugehen oder ob man den Glauben vor dem Überqueren der Straße bekennen muss. Wenn die riskante Situation vorüber ist, kannst du die Worte zurücknehmen. Es reicht, wenn du sagst, dass du es nicht ernst gemeint hast. Dann kehrt die unbekümmerte Laune wieder zurück und das Leben lädt zu seinen Genüssen ein. Die Lösung ist nicht lückenlos. Ein Gehirnschlag hat so manchen Genießer überrascht. Die von einem unbekannten Geschlechtspartner ausgelöste Verzückung kann von einer Größenordnung sein, dass ein Blutgefäß im Gehirn platzt und der Tod einen umgehend holt. Es ist keine Zeit, irgendetwas zu bekennen. Man kann sich nicht auf alle Risiken vorbereiten. Es kann sein, dass man im Namen des eigenen Vorteils den Glauben jetzt gleich bekennen müsste.

Wenn man schon früher als im Moment des Sterbens zum Glauben findet, kann man einen guten Spielstand erreichen. Das ist die zweite Gegenthese. Ich meine damit, dass ein Gläubiger einen Heiden um Haupteslänge überragt und ein viel besserer Mensch ist als dieser. Ein Heide ist eigentlich nichts. Er ist eine dem Untergang geweihte irdische Hülle, deren Seele irgendwo vergessen schlummert. Der Gläubige ist ein richtiger Mensch, eine gerettete Seele, die nur auf das neue Jerusalem und die versprochene Unsterblichkeit wartet. Der Unterschied zwischen diesen beiden Menschen ist wie der zwischen Tag und Nacht. Um den Heiden muss man sich nicht sorgen, obwohl es natürlich höflich ist, nicht mit dem Finger auf ihn zu zeigen. Überlegenheit ist ein feines Gefühl, besonders wenn es zudem mit Vorteilen zu tun hat. Das Ego genießt und bekommt Macht.

Dieser Machtzuwachs des Egos hat nur den Nachteil, dass man Fundamentalist werden muss. Das ist arbeitsaufwändig, anspruchsvoll und in vielerlei Hinsicht gefährlich. Es erfordert einen großen Prozess, den fundamentalistischen Glauben in Gang zu bringen. Seine Aufrechterhaltung erfordert den Kontakt mit einer solchen Gesellschaft, die dich zu besitzen verlangt. Die Situation beginnt, schrecklich und auch sonst bedrohlich zu werden. Man müsste sich der Gesellschaft von Glaubensbrüdern und -schwestern anschließen, in der ein Zehnter der Einkünfte verlangt wird. Vielleicht muss man auch in missionarischer Tätigkeit von Tür zu Tür gehen, beispielsweise in Helsinkis Stadtteil Kallio. Die Staatspräsidentin Tarja Halonen stammt von dort. Auf diese Weise wächst die Anzahl der Prozesse zu einem Ausmaß an, dass man unmöglich akzeptieren kann. Die Überlegenheit wird zu teuer.

Ich habe also bewiesen, dass das Unsterblichkeitsprojekt gut ist. Es ist mit wenig Mühe zu erledigen und das Ziel ist klar. Jeder kann seinen Glauben bekennen und jeder versteht auch, was Unsterblichkeit ist.

In der Pause einer Radiosendung des öffentlich-rechtlichen Radiosenders Yleisradio unterhielt ich mich mit Vater Mitro. Wir sprachen über Glaubensdinge und ich konnte mich nicht beherrschen, mit meinen Kenntnissen des Alten Testaments zu glänzen, zum Beispiel, dass ich zwei Fälle von jungfräulicher Geburt aus der Bibel kenne. Vater Mitro sagte so in etwa, man wisse wohl, dass Airaksinen ein guter Bibelkenner sei. Darauf bemerkte ich, dass der Vater sicherlich wisse, dass ich Atheist sei. Das hätte ich nicht sagen sollen. Vater Mitro antwortete, dass er das wisse und fragte dann, ob ich nicht dennoch christlich getauft sei. Ich sagte, dass meine verstorbene Mutter die Gelegenheit hatte, es tun zu lassen, ohne mich zu fragen. Vater Mitros Blick hellte sich auf und ein mildes Lächeln erschien auf seinem Gesicht. "Gesegnet sei deine Mutter" sagte er, "du kommst mit mir in den Himmel". So erging es mir. Nach der Sendung bewunderten wir das Auto des jeweils anderen, Vater Mitro sprang in seinen roten Alfa Romeo und ich in meinen roten Porsche. Er fuhr voran und ich hinterher. Ich gelangte lebendig nach Hause.

2.3.4. Reichtum und Bereicherung als Quelle des Glücks

Ein zweites wichtiges großes Glücksprojekt ist die Bereicherung. Ob sie Glück bringt, ist eine vortreffliche Frage. Für Geld bekommt man alles, Liebe, Macht, einen Ruf, Gesundheit und ein vorteilhaftes Aussehen. Zudem bekommt man für Geld Reisen, Waren und Luxus. Geld beruhigt, sagt man. Dass Geld finanziert, ist auf jeden Fall wahr. Geld schränkt möglicherweise auch ein. Bei der Unterbringung in einem Quartier ist Geld von Vorteil. Es liegen darin so viele Glückskomponenten, dass man sich aus philosophischer Perspektive in diese Sache vertiefen muss.

Viele sagen, dass man für Geld kein Glück bekomme. Auch diese Ansicht verdient Aufmerksamkeit, wenigstens wenn jemand anderes sie ausspricht als eine mittellose Person. Ihnen ist der Selbstbetrug gestattet. Wenn ein armer Mensch unglücklich ist, verschafft der Selbstbetrug Erleichterung. Dem Gerede von Neidern kann man nicht vertrauen. Und mit Geld wird einem Neid zuteil, das ist sicher.

Man muss die Bereicherung und den Reichtum voneinander unterscheiden. Der Unterschied ist der gleiche wie zwischen dem Tod und dem Sterben. Untersuchungen zufolge sind Menschen, die versuchen sich zu bereichern, nicht glücklich. Daraus ist oft der Schluss gezogen worden, das Geld kein Glück mit sich bringe. Die Schlussfolgerung ist offenkundig fehlerhaft. Reichtum ist eine ganz andere Sache als das Streben nach Bereicherung bzw. Reichtum. Wer nach Reichtum strebt, ist nicht reich. Sonst würde er sich nicht nach dem Geld sehnen. Der Reiche strebt nicht danach, reich zu werden. Er ist reich.

Wenn diese Unterscheidung klar ist, können wir gleich den Grund dafür feststellen, dass der nach Bereicherung Strebende oder nicht einmal der sich Bereichernde glücklich ist. Der Grund dafür ist der, dass die Bereicherung ein Projekt ist, zu dem viel zu viele Prozesse gehören. Und alle Prozesse sind unangenehm und schlecht, wie oben schon bewiesen wurde. Die Plackerei, der Verzicht, das Entsagen, die Risiken und Rückschläge machen niemanden glücklich. Außerdem ist es schwierig, reich zu werden. Wenn es nicht so wäre, wäre der größte Teil von uns reich. Die Bereicherung ist deshalb schwierig, weil Reichtum nicht nur viel Geld bedeutet, sondern auch, dass der Reiche mehr Geld hat als andere, Wohlhabende eingeschlossen. Es ist nicht logisch, die Behauptung aufzustellen, dass in Kauniainen alle reich seien. (Kauniainen ist ein selbständiger Villenvorort von Helsinki, die kleinste Stadt Finnlands) In Kauniainen ist es schwierig, reich zu sein, weil alle so schrecklich viel „Fyffe“ haben – dort nennt man das Geld immer „Fyffe“. In Vaasa ist es einfach, reich zu sein, denn dort haben nur ein paar Menschen richtig ordentlich Birkenrinde, also „tuohi“. (In Vaasa heißt das Geld immer „tuohi“: Birkenrinde.) Und es ist etwas ganz anderes, in Finnland reich zu sein als in Boston oder warum nicht im kurz hinter der russischen Grenze gelegenen Viipuri/Wyborg. Reichtum ist relativ.

Ich denke, es ist schwierig, reich zu werden, weil man sich mit anderen Vermögenden vergleichen muss. Nicht alle können reich sein. Zudem erfordert Bereicherung, dass man Risiken eingeht. Deshalb darf man mit dem eigenen Gehalt nicht reich werden. Darin liegt kein Risiko, weil das Gehalt jeden Monat auf dem Konto ankommt und der Staat dann die Steuern abzieht. Im Geschäftsleben kann so viel Geld hereinkommen, dass der Staat es in keiner Weise vermag, alles einzuziehen. Die Optionsscheine des ehemaligen Staatspräsidenten Martti Ahtisaari sind ein gutes Beispiel. Zudem ist das Verdienen ein endloser Prozess, der viel zu viel Zeit und Mühe erfordert. Es ist am besten, Geld für solche Dinge zu bekommen, die an sich nicht besonders interessant sein dürften. Beispiele sind das Verschieben von anderer Leute Geld von einem Konto auf ein anderes oder die Einleitung des Konkurses von Firmen. Beides dürften keine besonders lustigen Tätigkeiten sein, wenn nicht der Akteur von wirklich seltsamem Charakter ist. Die beste Art, viel Geld zu bekommen, ist natürlich, es selber zu drucken. Früher wurden Geldfälscher in siedendem Öl gekocht.

Das Herstellen von Geld ist sogar für den Staat und für Gott schwierig. Der Staat ist nicht in der Lage, so viel Geld zu drucken, wie das Volk verlangen würde. Aus irgendeinem merkwürdigen Grund bricht der Wert des vom Staat gedruckten zusätzlichen Geldes ein. Und wenn man Gott bittet, Euro-Scheine zu machen, muss er zugeben, dass er dazu nicht in der Lage ist. Die Scheine, die es aus dem Himmel regnet, sind Blüten, was auch immer Gott sagen mag.

Jetzt sprechen wir natürlich über legale Mittel der Geldbeschaffung. Die Arbeit des Zuhälters mag auch lustig sein, wer weiß. Die Mädchen sind möglicherweise fröhlich und dankbar. Ein Drogendealer kann immer auch selber ein bisschen Stoff nehmen, und ein Dieb genießt es, wenn er seinen Schaden anrichten kann ohne die Gefahr, gefasst zu werden. Raubmord hingegen würde ich niemandem empfehlen. Bewaffneter Raub ist aus der Perspektive des Glücks problematisch. Aufgrund meiner wenigen Erfahrung kann ich das Glück, das aus dem Erfolg des Verbrechers erwächst, nicht beschreiben. Ich kenne auch keine Verbrecher, die man gut interviewen könnte. Man könnte vielleicht die Polizei fragen. Das Beste ist, sich nur auf die legalen Verdienstmöglichkeiten zu konzentrieren.

Das Geldverdienen ist ein erbarmungsloser Prozess, der niemanden glücklich macht. Er verbraucht viel zu viel Zeit. Geld zu besitzen, ist eine völlig andere Angelegenheit. Man muss im Auge behalten, dass es schwierig sein kann, das mit eigenen Händen legal verdiente Geld zu genießen. So mancher hat viel Geld verdient und dann festgestellt, dass er gar nicht in der Lage ist, es zu genießen. Die Reichen sind oft geizig und benutzen Geld nur als Zeichen von Macht, um andere Menschen zu erniedrigen und zu versklaven. Verdienen führt zu unerwünschten Ergebnissen.

Am besten man erbt Geld oder bekommt es ohne eigene Leistung, wie es beim Lotto der Fall ist. Man muss dennoch bemerken, dass das Erben oder das Lottospielen keine Bereicherungsprojekte sind. Eine Erbschaft oder ein Lottogewinn fallen einem zu, wenn es so sein soll. Man darf auf sie warten und von ihnen träumen, auch das ist Glück. Hier sprechen wir von Projekten, was eine Erbschaft oder Lotto nicht sind. Wir befinden uns also in einer Situation, in der ein Prozess demjenigen, der reich wird, Geld beschert, aber das Glück kommt zu demjenigen, der ohne ein Projekt reich ist. Von Lottogewinnern weiß man in der Tat, dass sie möglicherweise ins Unglück sinken. Einem Armen fällt es nicht leicht, sich im Reich des Geldes einzuleben. Die Freunde betteln ihn erst an und lassen ihn dann im Stich. Die Reichen wollen nicht seine Freunde sein. Die Arbeit schmeckt nicht mehr, wenn man kein Gehalt braucht. Man muss zur Flasche greifen. Aber aus der Flasche kommt kein Glück, wie schon festgestellt wurde.

Geld bringt denjenigen Glück, die ein solches Glück anzunehmen wissen. Ich bin unbedingt davon überzeugt, dass Geld glücklich macht. Es gibt freilich auch andere Arten, glücklich zu sein. Und Geld ist für das Glück auch nicht unabdingbar. Dennoch macht Geld glücklich, sehr glücklich. Reichtum ist auch bewundernswert und es ist natürlich, darauf neidisch zu sein. Ich empfehle jedoch keinen Neid in dem Sinne, dass ich zum Beispiel mein eigenes Glück zerstören wollte, wenn nur den Reichen die Vorteile weggenommen würden. Es ist besser, in der Weise neidisch zu sein, dass man selber versucht, reich zu werden. Die erstere Form von Neid ist zerstörerisch, die letztere kreativ oder wenigstens produktiv. Die erstere Form ist finnischer, die letztere amerikanischer Neid.

Wenn man Geld hat, muss man Zeit haben. Zudem ist man am besten jung. Aristoteles hatte Recht, als er die Arbeit als Beschäftigung für Sklaven verachtete. Ein freier Mann ist so wohlhabend, dass er nicht von der Arbeit und damit von anderen Menschen abhängig ist. Er muss selbstgerecht sein. Die erste Aufgabe des Geldes ist, den Menschen vom Arbeiten zu befreien. Deswegen sind das Geldverdienen und die Bereicherung anhand von Arbeit so seltsam. Geld befreit und Arbeit versklavt. Deshalb passen die beiden nicht zusammen.

Für Geld bekommt man eine große schicke Wohnung im Zentrum von Helsinki oder im Stadtteil Kaivopuisto, wo die Reichen wohnen. Dort trifft man Diplomaten und andere Aristokraten. Man ist in der Lage, elegante Möbel zu kaufen. Dabei muss man vorsichtig sein, dass man nicht zum Kauf von Antiquitäten herabsinkt, die von schlechtem Geschmack zeugen. Ein Reicher darf keinen schlechten Geschmack haben. Außerdem kauft der Reiche ein Landgut und baut Zuckerrüben an. Er jagt mit den anderen Landbewohnern Elche. Das stärkt die Lungen und die Oberschenkel und verleiht den Wangen eine gesunde Farbe. Ein Schluck Schnaps schmeckt angeblich in der Natur gut. Der Reiche fischt nicht, wenn er nicht einen eigenen Lachsfluss hat. Das Fischen ist ein Vergnügen des einfachen Volkes, denn Fische riechen schlecht und sind schleimig. Die Fortbewegungsmittel sind sorgfältig auszuwählen. In Finnland reicht ein neuer Bentley. Ein Ferrari passt nur auf einen Strandboulevard, von dem es in Finnland genau 250 Meter am Ufer in Helsinki-Kaivopuisto gibt. Außerdem wird der von der Polizei aufgrund der Gefahr, dass Ferrari-Fahrer auftauchen, besonders überwacht. Ein Lamborghini ist auch unmöglich. Ausländische Reiche kaufen immer ein Privatflugzeug und eine so große Yacht, dass sie von einem angeheuerten Kapitän gesteuert wird. Die Kleidung muss teuer und qualitativ hochwertig sein, aber bescheiden aussehen. Man darf nichts Prächtiges oder Buntes anziehen. Eine Uhr der Marke Rolex ist absolut verboten. Das hat der Philosoph Pertti Lehtonen aus Kotka, einer Küstenstadt im Südosten Finnlands, gesagt.

Besondere Aufmerksamkeit muss man der Weinsammlung widmen. Experten helfen einem dabei, dass keine falschen Flaschen in den Schrank geraten. Das Rückgrat der Sammlung ist ein Bordeaux Grand Cru, die beste Wahl. Über Zigarren könnte man nachdenken, aber sie riechen schlecht und schaden der Gesundheit. Die Schönheit darf man nicht vergessen. Man kauft sie im Geschäft für Naturprodukte bzw. im Reformhaus, im Fitnessstudio und letztlich beim Chirurgen. Eine Gesichtsstraffung ist auch für Männer eine gute Sache. Wer diese Regeln befolgt, gelangt an den Anfang des reichen Lebens. Ich garantiere, dass das Glück ihm auf den Fersen ist.

Leider ist die Bereicherung kein gutes Projekt, obwohl das Leben als Reicher doch glücklich ist. Darin liegt einer von vielen bemerkenswerten Aspekten des gesellschaftlichen Lebens. Es ist unangenehm, Geld zu verdienen, aber lustig, es auszugeben. Das Verdienen ist das Gegenteil des Ausgebens.

2.3.5. Ein wenig über Gelehrtheit

Gelehrtheit ist ein Projekt, das viele junge Menschen und heutzutage sogar Rentner anlockt. Ich habe dieses langfristige Projekt selber erprobt, so dass ich zu wissen glaube, wovon ich spreche. Als erstes muss man wieder die riesige Mühseligkeit des fraglichen Projekts, sein Wesen besonders als Prozess, konstatieren. Gelehrtheit verlangt Arbeit und noch einmal Arbeit. Man muss alle möglichen Bücher und Artikel lesen. Und das reicht noch nicht einmal, sondern man muss die Werke erst finden und sich dann beschaffen. Man muss sie auswendig lernen, aber was man lernt, das vergisst man, sagt der Psychologe. Je mehr man also gelernt hat, desto mehr hat man vergessen. Der Gelehrte lebt in verdichteten Bahnen des Nichtwissens. Die Qual vergrößert sich durch das Wissen darüber, was man nicht weiß, und die entfernte Erinnerung an vergessene Dinge. Sokrates sagte, dass er der einzige Mensch in Athen gewesen sei, der wusste, dass er nichts wusste. Er log also, als er sagte, dass er glücklich sei.

Das Problem der Gelehrtheit ist, dass Gelehrtheit kein klares Ziel hat. Sie ist nur ein fortwährender Prozess. Das Studium endet nie damit, dass man ein gelehrter Mensch wäre. Dinge kann man lernen und Wissen erwerben, aber das macht niemanden zum gelehrten Menschen. Nur ein Prophet ist ein gelehrter Mensch, denn ihm hat Gott die Wahrheit mitgeteilt. Der Prophet verfügt über Wissen, ohne die Mühe der Aneignung des Wissens, des Vergessens und der Unsicherheit. Viele versuchen gerade aus diesem Grund, in die Rolle des Propheten zu schlüpfen. Manche Menschen, die keine Propheten sind, bekommen den Ehrentitel des Gelehrten. Manche sind richtige Riesen der Gelehrtheit, wie der große Leibniz, der sogar so unwesentliche Dinge wie mit dem Finnischen verwandte Sprachen untersuchte. Aber welchen Ehrentitel man auch immer für den Gelehrten verwendet, er selbst weiß, dass er kaum etwas weiß. Darin liegt das eigentliche Wesen seiner Gelehrtheit und gleichzeitig seine persönliche und geheime Tragödie.

Gebildete Menschen sind, um wieder die sozialwissenschaftliche Forschung zu zitieren, weniger glücklich als ihre ungebildeten Mitmenschen. Diese Information dürfte niemanden überraschen. Ein schwieriger und mühsamer Prozess, der kein klares Ziel hat, macht niemanden glücklich. Bildung ist Macht, aber sie macht auch nicht glücklich.

Liebe ist ein bloßer Prozess, der seinerseits auch nicht das von einem Projekt zu verlangende Ziel hat. Deshalb ist die Liebe kein gutes Projekt, obwohl so mancher junge Mensch das glaubt. Die Menschen investieren viel zu viel Zeit, Mühe und zu viel von sich selbst in die Liebe. An Stelle der Liebe empfehlen viele Geschlechtsverkehr. Glückliche haben dennoch jemanden, der sie mag.

2.3.6. Über Ersatzprojekte und ihre Verwendung

Projekte erschienen dem Glückssucher als vielversprechende Möglichkeit. Es scheint schwierig zu sein, die Versprechungen einzulösen. Ich erkläre, wie Projekte den Menschen glücklich machen.

Die einfachste Art, mit Hilfe von Projekten glücklich zu werden, sind Ersatzprojekte. Ich meine Projekte, die man über Vermittler und Stellvertreter abwickelt. In einer Massengesellschaft ist dieses Vorgehen unendlich wertvoll. Das eigene Leben bleibt frei von Risiko und Gefahr, obwohl es so spannend und befriedigend wird, wie es nur möglich ist. Das Leben überschreitet sogar die Grenzen der Möglichkeiten. Das eigene Leben ist immer an die Wirklichkeit und ihre vielen Grenzen gebunden. Wir sind die ganze Zeit gefesselt und dennoch sind wir in der Lage, ein reiches und fantastisches Leben zu leben. All dieses bietet uns die Ersatzrealität.

Wir untersuchen die folgenden Möglichkeiten: Legenden, Unterhaltung und Sport. Mit ihnen kann der Mensch sich vollständig und reichhaltig verwirklichen, ohne etwas zu tun. Und wenn man nichts tut, können auch keine Schäden und Misserfolge geschehen. Den Inhalt des Lebens bekommt man umsonst. Man muss noch über die Stellung der Schauspieler und anderer Prominenter im Universum des sich selbst verwirklichenden Menschen nachdenken. Es wäre gut, auch über die Verehrung von Schauspielern Klarheit zu bekommen.

Wie ich schon ausgeführt habe, braucht der Mensch Projekte zum Ausdruck seines Egos. Das Ego versucht sich zu realisieren, mit Hilfe seiner Projekte etwas zu werden. Geliebt und bewundert zu werden, Erfolg und Geld zu erlangen, von Gott auserwählt zu sein und anderes Schönes dieser Art, all dieses macht mich zu etwas und schafft mein Selbst. Wenn ich mich mit bloßen Prozessen zufrieden gebe, wird das Leben vergeudet. Ein gutes Beispiel ist das Arbeiten, das für den Finnen ein elementarer Wert des Lebens ist. Aber auch wenn die Arbeit noch so wichtig ist, ist Arbeit gleichzeitig ein Fluch. Der Mensch definiert sich selber vom Zimmermann bis zum Pastor und Arzt anhand der Arbeit. Arbeitslosigkeit ist ein Fluch, denn dann ist man ein niemand und ein nichts. Faulheit ist des Menschen häufigste Sünde und Müßiggang bloßer Verfall.

Der Mensch ist von seinem Wesen her ein sehr geschäftiges Tier, das die ganze Zeit etwas baut. Aber die Arbeit ist ein Fluch. Das ist leicht zu verstehen. Die Arbeit als Prozess ist Plackerei und fühlt sich notwendigerweise unangenehm und überflüssig an. Arbeit als Projekt ist wunderbare Selbstverwirklichung, Selbstfindung im verwirklichten Ziel der Arbeit, was immer es dann für jeden Einzelnen ist. Der Wissenschaftler müht sich mit seinen Schriften und ist der Ansicht, dass er in jeden fertigen Artikel ein bisschen von sich selbst gegeben hat. Ein Bauarbeiter sieht sich vielleicht das fertige Haus als Ergebnis und Ziel seiner Arbeit an, als etwas, in das er ein Stück von sich selber gegeben hat und das ihn deshalb definiert. Wenn er Jahre später an dem Haus vorbei geht oder fährt, denkt er: "Daran habe ich mitgebaut." Oder eben nicht, wenn er nur

Knecht für die schwere Arbeit war und ein namenloser Teil eines riesigen für ihn nicht begreifbaren Prozesses.

Dem unglücklichen Menschen bieten sich im Rahmen der eigenen Projekte zu wenige glücklich machende Zielerfahrungen. Die Projekte gehören anderen und ich weiß darüber nichts, von Interesse daran und Identifikation damit ganz zu schweigen. Die Welt geht ihren Gang und das namenlose Ich treibt in ihrem Fluss mit ihr dahin. Das Ego hat keinen Platz in Projekten. Es muss sich mit bloßen Prozessen zufrieden geben, was frustrierend und qualvoll ist. Der Mensch sehnt sich in Frührente, weg von den Prozessen und hin zu den eigenen Projekten des Rentenalters. Wenn man es gesund in die Rente schafft, hat man noch Zeit, sein Ego in neuen Projekten in Ordnung zu bringen. Aber was sind diese neuen Projekte des freien Mannes und der freien Frau? Ein Umzug nach Spanien ist eine gute Idee. Dort sind auch andere von uns und es gibt billigen Wein. Warm ist es dort im Winter nicht, aber dennoch besser als in Finnland. Das neue Selbst wartet unter dem Himmel Spaniens. Sport ist auch ein gutes Hobby. Man isst gut und ruht sich aus. Man trifft Freunde und geht ins Theater. Aber vor allem liest man Zeitschriften wie *Apu* und *Seura* und sieht fern. Bald gibt es die Olympischen Spiele und die Fußball-Weltmeisterschaft in Deutschland. Mit ihnen vergeht für den Kerl die Zeit in wunderbarer Weise und die Dame darf ihre eigenen Sendungen am anderen Empfangsgerät verfolgen. Das Selbst des Rentners verwirklicht sich in diesen kleinen Projekten.

Der Mensch sehnt sich dennoch die ganze Zeit nach mehr und Besserem, als dem, was er hier und jetzt in den Händen hat. Ein grauer vor dem Fernseher verbrachter Frühling bis ans Ende des Lebens hört sich nicht gut an. Das Ego sehnt sich nach weiterem Land. Die Sehnsucht brennt in ihm. Was man will, bekommt man. Eine ganze Industrie ist aufgebaut worden, um uns allen "etwas Besseres“ anzubieten.

Ein Schauspieler, der ein Star und ein Prominenter ist, ist ein Ersatz für das Ego. Das ist seine heilige und unersetzbare Aufgabe in der Massengesellschaft. Wenn der Mensch nichts ist, ist er in der Lage, seine eigene Bedeutungslosigkeit damit zu ersetzen, dass er sich mit anderen identifiziert. Diese Möglichkeit bieten Schauspieler. Sie sind ohne eigenes Selbst und deshalb sind sie beliebig. Ihr Bild wandelt sich beliebig, sie verwirklichen die breite Vielfalt der Projekte auf bewundernswerte Weise. Sie wandeln sich zu welchen seltsamen Egos auch immer, die keinerlei moralischen Grundsätze oder physikalischen Gesetze binden. Sie sind immer jung und stets bei Kräften. Sie verschwinden und machen neuen Stars Platz. Man trauert ihnen nicht nach, obwohl man sich an sie erinnert.

Das gleiche kann man über Models für Mode und manche Sportler sagen. Ein Model ist eine Ikone der Schönheit und der visuellen Wirkung. Ein Sportler repräsentiert die Maximierung der körperlichen Leistungsfähigkeit. Man ist schön, indem man sich mit einem Model, und stark und schnell, indem man sich mit einem Sportler identifiziert. Es ist dann eine andere Sache, dass ein Mann sich mit Hilfe der Fotos des Models selbst befriedigt und stark erregt wird, wenn er sich fast nackte schwarze Schnellläufer ansieht. Dieser Sexprozess gehört nicht zum Thema, obwohl mancher sein Glück eigenhändig mit Naomi oder Heli gefunden hat. Die Frauen versuchen vermutlich dasselbe mit Bildern von Sportlern. Vielleicht findet David Beckham in der Einsamkeit der Nacht auch in Vantaa seinen Weg unter die Decke der Mädchen, schwer zu sagen. Aber Prozesse sind Heimstätten des Elends, man muss sich auf Projekte konzentrieren. (Vantaa ist die viertgrößte Stadt Finnlands. Sie liegt unmittelbar nördlich von Helsinki. Helsinkis Flughafen ist in Vantaa.)

Viele Finnen fahren Seite an Seite mit dem Formel Eins-Piloten Kimi Räikkönen. Mit Matti Nykänen erlebten viele das Skispringen und später die Schrecken der Trunksucht, familiären Gewalt und des Gefängnisses. Beispiele gibt es unzählige. Ihrer aller Botschaft ist gleich: Der Ersatz tritt an die Stelle des Echten. Der Ersatz kommt nach Hause und wird zu einem Teil des Selbst. Und aus Ersatzprojekten werden eigene Projekte. Mit ihrer Hilfe wird das neue Selbst definiert und es werden neue Ziele geschaffen. Der Kimi der ganzen Nation gewinnt mit Mercedes die Weltmeisterschaft 2006, das ist für mich wichtig. Ob er wirklich der Matti Nykänen der Formel Eins wird, ist dann eine andere Sache.

Die Models sind hübsch und glatt wie Skulpturen. Die Sportler sind geschickte und explodierende Leistungsträger. Und dennoch sind sie genauso verletzlich wie ich auch. Der Rennfahrer Juha Kankkunen ist ein Trinker, der Langstreckenläufer Martti Vainio war gedopt. Kate Moss schnupft Kokain. Sie sind kein Schwindel, sondern real.

Die Schauspieler stehen dennoch über den anderen. Sie machen nicht nur die eine Sache. Kimi fährt mit dem Auto Runden. Kate Moss kokettiert für die Kamera und marschiert mit entblößten Titten auf dem Laufsteg hin und her. Wie wir Zuschauer das Gleiche von Tag zu Tag ertragen würden, übersteigt die Grenzen des Begreifbaren. Der Wert dieser Akteure als Ersatz resultiert nur aus Schlaglichtern. Sie treten für einige Minuten als sie selber auf. Gerade so lange, dass wir die Kraft aufbringen, uns mit ihnen zu freuen. Alles andere ist dann ein tödlich langweiliger Prozess, über den wir nichts wissen wollen. Den Frauen reicht es aus, eine Modezeitschrift durchzublättern. Die Männer wiederum schauen sich nebenbei eine Sportsendung an.

Eine der bemerkenswertesten Rituale der finnischen Ersatzindustrie ist natürlich die Feier des Unabhängigkeitstages im Präsidentenpalast. Alle sehen sie sich an und sind dabei. Im Palast feiert das „Wacholdervolk“ wirklich durch die Vermittlung seiner Vertreter. Jeder geladene Gast wird gefilmt und im Fernsehen präsentiert und kommentiert. Jeder von ihnen ist einen Augenblick mit uns zusammen und bietet damit ein Identifikationspotenzial. Nicht mit jedem identifiziert man sich. Nicht jeder ist eine ehemalige Miss Finnland und dann Politikerin wie Tanja Karpela oder ein Boxer und späterer Politiker wie Tony Halme. Viele, die ins Bild treten, werden aussortiert. Sie werden nicht erkannt, sie interessieren nicht oder ihr Outfit ist schlecht. Der nächste Kandidat tritt an ihre Stelle. Die Schlange der Gäste, die darauf warten, dem Präsidentenpaar die Hand zu schütteln, bewegt sich voran. Dann werden die Gäste interviewt, so dass der Zuschauer nahe an sie herankommt. Er empfindet es wirklich so, dass er am großen Schauspiel der Elite teilnimmt. In Wirklichkeit steht er über der Elite, denn er trifft seine eigene Wahl, wählt die besten Stücke der Feier aus, erlebt, was er will, und muss sich nicht an irgendwelchen unangenehmen Prozessen beteiligen. Er steht nicht stundenlang an, schwitzt nicht in warmen Räumen und trinkt keine schlechte Bowle. Er muss auch nicht so tun, als ob er tanzt, obwohl er es nicht kann. So ist das Volk zufrieden mit seinem Schicksal und seiner Elite.

Schauspieler sind dennoch übermächtig. Sie verwandeln sich in alles. Sie wiederholen kein einfaches und langweiliges Muster. Sie wandeln sich wirklich zu etwas Großem, Spannendem und Faszinierendem. Sie sind Räuber und Polizisten, Huren und Abenteurer. Sie fliegen durch die Luft und meiden Geschosse. Explosionen schleudern sie durch die Gegend, aber sie kommen immer davon. Und am Ende realisiert sich der Zweck des Projekts, der Böse bekommt, was er verdient, die Liebenden finden sich und die Rätsel werden gelöst. Als der Schauspieler Martti Tuominen im Winter 2006 überraschend starb, begriffen alle, dass der Kommerzienrat Paukku fort war. Die Trauer war echt. Ein einem nahe stehender und geschätzter Mensch war in die Gefilde der Seligen eingegangen. Sein Schnaps, den die Figur in der Serie immer bestellte, war bis zum letzten Schluck ausgetrunken. Der Geheimagent Maxwell Smart war so beliebt, dass der Schauspieler keine anderen Rollen mehr bekam. Er ist noch immer Maxwell Smart. Ein Schauspieler ist gerade deshalb das Ideal unserer Zeit, weil er diejenigen Projekte verwirklicht, deren Verwirklichung den Menschen nicht möglich ist. Die Aufgabe des Schauspielers ist es, den leeren Raum in der Seele des Menschen auszufüllen. Der Mensch lebt nicht nur von Prozessen. Aber die Gesellschaft akzeptiert keine besonders seltsamen Projekte. Die Dichtung ist aus anderem Holz geschnitzt.

2.4. SELBSTBETRUG UND DAS AUFBLÄHEN DES EGOS

Das Schaffen, Aufrechterhalten und Realisieren richtiger eigener Projekte in den engen und sehr gewöhnlichen Gegebenheiten des Alltags ist schwer. Das Leben hat die Tendenz, zu Prozessen zu werden. Deshalb lohnt es sich nicht, beim Selbstbetrug schüchtern oder zurückhaltend zu sein. Mit seiner Hilfe kann man das Ego vergrößern. Ein kleines Ego ist kaum lebensfähig. Ein Minderwertigkeitskomplex quält es, es wird depressiv und beginnt mit selbstzerstörerischen Aktivitäten. Was wäre auch natürlicher. Wenn das Ego nun mal wertlos und überflüssig ist, hat man nicht die Kraft, damit zu leben. Das ist der Grund für Depressionen. Es hat den Anschein, als sei heutzutage das ganze Volk depressiv. Jeder braucht Cipramil. Ich habe schon vor langer Zeit vorgeschlagen, es neben Fluor dem Trinkwasser in Helsinki beizufügen. Das Ergebnis wären fröhliche Menschen mit guten Zähnen. Wenn ein Arzneimittel nicht schadet und viel hilft, sollte man es nehmen. Wir trinken doch auch jeden Tag Alkohol - warum sollten wir nicht auch andere Medikamente für die Seele nehmen? Den Glückssucher dürfte keine vergebliche Engstirnigkeit belasten. Das chemische Glück ist genauso gut wie jedes andere Glück. Wenn das Ego überflüssig ist, kommt einem der Selbstmord in den Sinn. Viele haben aus genau diesem Grund Selbstmordgedanken. Glücklicherweise versuchen nicht besonders viele ernsthaft, sich umzubringen. Andererseits kann schon der Versuch Schäden verursachen, man kann behindert werden und seiner Umgebung Trauer und Sorgen bescheren. Am Leben zu bleiben ist ein wichtiges langfristiges Projekt. Es garantiert kein Glück, ist aber dennoch ein bedenkenswertes Programm. Selbstmord wiederum ist nur ein sehr kurzfristiges Projekt. Manchmal denkt man, dass Alkoholkonsum ein langsamer Selbstmord und als solcher ein langfristiges Projekt ist, es lohnt sich aber nicht, diesen Gedanken ernst zu nehmen. Depressionen sind das größte Problem des Egos.

Übertreibung, Eigenlob und eine positive Einstellung sind drei Schlüssel zum Glück in einer Welt, in der es nicht für jeden genügend ausgezeichnete Projekte gibt oder sie einem nicht zugestanden werden.

Es lohnt sich, nach Möglichkeit die eigenen Projekte und ihre Bedeutung zu übertreiben. Dazu empfehle ich zuallererst die japanische Methode. Sie besteht aus einer besonders eleganten Ausrüstung, die die Schwierigkeiten beim Erreichen des Projektziels kompensiert. Wenn ein Japaner zum Hochseeangeln auf den Ozean hinausfährt, kauft er sich einen Goretex-Anzug und Stiefel. Dann eine schicke Angel und eine Angelrolle, die die Länge der ausgeworfenen Angelschnur elektronisch anzeigt. An der Schnur wird ein mikroskopisch kleiner Haken befestigt, der anfangs überrascht. Die Erklärung folgt schnell. Der Fisch, der gefangen werden soll, ist so klein, dass ein großer Haken nicht in sein Maul passt. Außerdem wird die Schnur mit großen Gewichten versehen, und es wird eine große Menge kleiner aus Krabben hergestellter Köder im Wasser verteilt. Mit schwerem Gerät und für die harte Arbeit gibt es erschreckend kleine Fische. Der Prozess ist hart. Angeln ist auf einem schaukelnden Boot wirkliche Arbeit. Man würde denken, dass das Ziel des Projekts ordentlicher Fischfang wäre, aber davon kann gar nicht die Rede sein. Dennoch sind die Angler glücklich.

Die Erklärung liegt nahe: Der japanische Angler weiß, dass die Gewässer schon vor langer Zeit überfischt worden sind und dass es deshalb keinen ordentlichen Beutefisch gibt. Diese Tatsache muss man akzeptieren. Jetzt muss man nur das Angeln nachahmen und so tun, als wäre man fleißig dabei zu angeln. Es geht um Übertreibung und Täuschung. Man muss sich selber täuschen, indem man sich vorstellt, dass man dabei ist zu angeln, obwohl das Ziel der Übung nur das Ausführen der eleganten Ausrüstung, das Eintauchen der Angelschnur ins Salzwasser und der Austausch mit den neuen Angelgefährten ist. Übertreibung generiert den Gedanken an

Fische, die es irgendwie wert wären, gefischt zu werden und mit denen man auch vor anderen als der Ehefrau und Kleinkindern angeben könnte. Die Methode scheint gut zu funktionieren und allen Glück zu bringen.

Projekte geben dem Leben Sinn. Die Redewendung ist verbreitet, obwohl vermutlich kaum jemand erklären kann, was damit gemeint ist. Um welche Bedeutung geht es hier eigentlich? Vielleicht ist damit irgendeine besondere Erfahrung gemeint. Das wiederum kann nichts anderes sein als das Aufblähen des Egos. Was könnte es sonst sein? Wenn man sich selber schicke, bedeutende Projekte wählt, definiert sich das Ego ihnen entsprechend und fängt an sich aufzublasen. Es wird größer als vorher und auch wichtiger. Man kann es auch so verstehen, dass das Ego durch die Projekte die Möglichkeit erhält, mehr und lauter als vorher über sich selber zu sprechen, und das weist darauf hin, wie bedeutend es ist. Denn ein Ego, über das es genug zu erzählen gibt, ist deutlich größer als ein solches, über das zu schweigen einfach ist.

Das Leben eines gewöhnlichen Menschen ist völlig bedeutungslos. Es ist egal, wie er lebt und stirbt. Aber nur ein tödlich depressiver Mensch ist der gleichen Meinung. Er muss für sein Leben zwingend eine Bedeutung erschaffen und gleichzeitig sein Ego vergrößern, sonst droht Ungemach. Niemand kann sich ein für alle Mal die Routinen des eigenen Lebens, die Gewöhnlichkeit und die Prozesszentriertheit des eigenen Lebens eingestehen. Qual und Mühe sind immer unser Schicksal, aber das reicht nicht aus. Und im Angesicht des Zwangs darf man sich selbst belügen. So sagt es das Gesetz der Moral.

Man muss sich denken, dass die neuen Projekte vor der Tür stehen und dass die alten so gut wie möglich zum Abschluss gebracht sind. Es gibt Anlass zum Optimismus. Die Verschwörungstheorie ist ein gutes Hilfsmittel. Auch die Methode namens „Opfer unglücklicher Umstände“ ist empfehlenswert. Die Dinge laufen nicht, es ist die Schuld der anderen. Sie verstehen deine wirklichen Ziele und die hervorragende Natur deiner Bestrebungen nicht. Sie verstehen es nicht, stehen nicht dahinter und von ihnen ist keine Unterstützung zu bekommen. Das Schlimmste ist jedoch die Verschwörung gegen dich. Die anderen haben eine Clique gebildet und du gehörst nicht dazu. Die anderen sehen dich scheel an und wollen dich nicht in ihren Kreis aufnehmen. Fast alle wollten es vielleicht, aber einer ist dagegen. Er ist dein Feind, der sich zur Lebensaufgabe gemacht hat, deine besten Projekte zu zerstören und dich als Opfer in endlose arbeitsaufwändige Prozesse zu treiben. Du konntest überhaupt nichts für diese Sache - das ist der Grund für die bedeutungslose Vergeblichkeit deines Lebens.

Wenn ein Wissenschaftler ein Stipendium beantragt, ist im Komitee immer einer, der ohne einen triftigen Grund dagegen ist. Wenn du versuchst, etwas zu publizieren, haben die Freunde des Herausgebers immer Vorrang. Die Rezensenten verstehen dich nicht, weil sie dumm sind. Das trifft sehr gut auf die Kulturredaktion der Tageszeitung *Turun Sanomat* aus Turku zu. In alten Zeiten witzelte man in Turku, dass es nur eine Sportzeitung gebe, die Todesanzeigen veröffentlicht. Dann begann die Zeitung, auch eine Kultur-Rubrik zu veröffentlichen. Du hast wirklich keine Hoffnung auf Erfolg deines Publikationsprojekts, und ohne dieses Projekt verhungert dein Ego.

Die unglücklichen Umstände sind ein hübscher Vorwand. Du hättest dein Magisterexamen schon vor langer Zeit abgelegt, aber deine Großmutter erkrankte. Wie kann sich jemand zu unterstellen erdreisten, dass du kein schneller und energiegeladener Student bist, wenn die häuslichen Umstände deiner Kindheit so schlecht waren. Der Vater war niemals zu Hause und fing auch noch an zu trinken, wenn er mal zufällig vorbeikam. Deine Schwester war ein lärmender Tyrann, der dennoch alle Aufmerksamkeit bekam. Du hast niemals Geld oder andere Impulse gehabt. Es ist ein Wunder, dass du überhaupt so weit gekommen bist. Du bist wirklich viel besser zurechtgekommen, als irgendjemand mit Recht annehmen könnte. Du bist stolz auf dich und das genügt. Unter besseren Umständen hättest du deinen Doktortitel schon.

Wissenschaftler wenden diese vortreffliche Regel der unglücklichen Umstände kreativ an. Aber sie eignet sich auch für andere. Wissenschaftler denken völlig richtig, dass man erst ein Stipendium und andere Auszeichnungen bekommen muss und dann erzielt man bedeutende Forschungsergebnisse. Die Umstände müssen stimmen. Nicht so viel Lehre, dass es Mühe macht. Lehre ist auf jeden Fall ein Prozess. Ein ordentliches Arbeitszimmer ist eine Notwendigkeit, am liebsten eines mit Fenster, so dass natürliches Licht hereinkommt. Das erfrischt und trägt zur Kreativität bei. Das Stipendium muss mehrjährig sein, damit die Armut nicht an Körper und Seele nagt. Es wird keinerlei überflüssige Kontrolle akzeptiert, das bringt einen kreativen Menschen in Bedrängnis. Schlechte Reden und misstrauisches Beäugen schaden, es wäre gut, eine Garantie dafür zu bekommen, dass dies aufhört. Danach geht's los mit der Umsetzung des kreativen Forschungsprojekts. Wenn die Arbeit läuft, ist es dein Verdienst. Du hast ja die Seiten geschrieben. Wenn die Arbeit nicht läuft, ist das den Umständen geschuldet. Niemand wäre zu Besserem in der Lage gewesen. Auf diese Weise ist der Hintergrund ordentlich vorbereitet. Das Ego ist gegen das harte Schicksal gepanzert.

Wenn man dann das Ergebnis des Projekts in den Händen hält, ist es großartig. Dieser Gedanke ist zum Aufblähen des Egos unabdingbar. Ein gut durchgeführtes bedeutungsvolles Projekt definiert das Ego neu und vergrößert es. Das Ego vieler projektzentrierter Menschen schwillt zu grenzenlosen und unerträglichen Ausmaßen an. Sie sind in allem die Besten, fantastische Akteure und beneidete Könner. Ihre Projekte sind die Ersten und die Wichtigsten. Sie sind meisterhafte Akteure. Es wäre das Beste, wenn die anderen dies einräumten. Wenn sie es nicht einräumen, sind sie neidische Loser, die man nicht ernst nehmen kann. Sie tun, was sie tun können, um den Sieger schlecht zu machen, aber das macht nichts, weil man die Wahrheit dennoch kennt.

Dieses Aufblähen des Egos scheint für viele wirklich erfolgreiche Menschen typisch zu sein. Sie sind unerträglich. Wenn es so ist, kann es sich kaum um einen Zufall handeln. Die großen Egos kommen in der Welt besser zurecht als die unglücklichen und depressiven Jammerlappen. Die Großen überzeugen die anderen und wenn das nicht glückt, schieben sie sie zur Seite. Den anderen fällt es schwer, dem zu widerstehen, denn Eigenlob und Unternehmungsgeist, den es mit sich bringt, ist nichts entgegenzusetzen. Immer fällt jemand darauf rein oder hat ganz einfach nicht die Kraft zu widerstehen. Es entsteht ein Kreis der Bewunderung, der zur Überzeugungskraft, Energie und Macht der großen Persönlichkeit beiträgt. Warum soll man dem widerstehen, wenn man sich auch der Gesellschaft der Lobenden anschließen und daraus noch einen Vorteil ziehen kann? Eigenlob funktioniert gut, wenn man die Kraft hat, es ausdauernd und laut zu betreiben.

Die Volksweisheit besagt, dass unbegründeter Optimismus und Überheblichkeit letztlich an die harte Realität stoßen. Die Sachen sind so, wie sie sind, und es ist gut, die Realitäten anzuerkennen, damit man nicht zu oft mit dem Kopf an die Wand rennt und wegen seines übereilten Handelns einen Rückschlag hinnehmen muss. Denn das tut weh. Dieser Gedanke ist Selbstbetrug. Jeder versteht, dass ein Optimist nicht an die Realität gebunden ist. Das große Ego definiert die Realität auf eine zu ihm selbst passende Weise. Selbstbetrug ist eine viel mächtigere Kraftressource als allgemein eingeräumt wird. Die Sache läuft so. Wenn man einem großen Ego mitteilt, dass sein Projekt zur Umsetzung nicht geeignet ist, sagt es, dass es nicht richtig interpretiert wurde. Wenn mittendrin die Kraft ausgeht, sagt es, dass es keine Lust gehabt habe, die Arbeit zu Ende zu führen. Die Vorwände versiegen niemals. Auch für den Vorwand muss man sich einen weiteren Vorwand überlegen, endlos. Niemand muss der Realität begegnen, wenn er das nicht selber will. Viele Erfolgsmenschen, die ich getroffen habe, sind verrückt oder sind Fälle, die man eigentlich für verrückt halten müsste. Ihr Ego ist trotzdem so, dass darin auch für viel richtiges Glücksgefühl Platz ist.

Nicht alle sind zu Selbstbetrug in der Lage. Sie haben nicht die Kraft, Optimisten zu sein. Manche Masochisten wollen die Tatsachen der Realität anerkennen. Es gibt Menschen, die versuchen, die Dinge richtig und ehrlich zu machen. Sie nehmen nur gute Projekte in Angriff und sind bereit, auch Prozesse samt ihrer Nachteile zu ertragen. Diese Menschen nennen wir unglückliche Menschen. Enttäuschung und tiefe Depression sind ihr Schicksal. Auch sie gehören zu denen, die man für verrückt hält.

2.5. Das Glück und die Glücklichen

2.5.1. Die glücklichen Finnen

83 Prozent aller Finnen sind glücklich. Wir sind eine Nation der Glücklichen. Dennoch habe ich behauptet, dass das Erreichen des Glücks schwierig sei. Internationalen Studien zufolge sind 80 Prozent der Menschen auf der Welt glücklich. Ich habe aber auch ein Forschungsergebnis gesehen, das besagte, dass von den Angehörigen der höchsten Gehaltsklassen 45 Prozent sehr glücklich seien. Aber wie ich bereits früher gesagt habe, verringern das Bestreben, reich zu werden, und eine hohe Bildung das Glück des Menschen.

83 Prozent Glück ist ein faszinierender Gedanke. Man stelle sich vor, dass so viele von uns glücklich sind. Ich wünsche mir, dass sich der Leser dies gleich einprägt und es auch im Kopf behält. Also 83 Prozent von uns sind glücklich. Diese wunderbare Sache müsste sich mit brennenden Lettern in das Gedächtnis des Lesers einbrennen und dürfte niemals von dort verschwinden. Das Leben ist wunderbar. Die Professorin Lea Pulkkinen aus Jyväskylä sagt, dass die 40-Jährigen glücklich seien, sie hielten ihre Arbeit für bereichernd und hätten eine optimistische Einstellung zu ihrem Leben. Man habe Stress, aber das gehöre zum Leben. Professor Juha Siltala ist anderer Meinung. Er sagt, dass die Menschen im Arbeitsleben unglücklich seien und dass das Leben vor einigen Jahrzehn-

ten besser geregelt war. Zwei der besten Experten Finnlands sind unterschiedlicher Meinung. Einer von beiden irrt sich - aber wer? Einige Schlüsse kann man vermutlich daraus ziehen, dass die Menschen große Mengen an Schmerzmitteln, Medikamenten gegen Sodbrennen und Psychopharmaka brauchen. Glückliche Menschen nehmen so etwas nicht ein. Außerdem florieren Trunkenheit und familiäre Gewalt. Es gibt zu viele Selbstmorde. Arbeitslosigkeit ist ein wirkliches Problem. Die Führung ist komplett verlustig gegangen. An den Arbeitsplätzen wird gelitten. Dennoch sind die Menschen in starrsinniger Weise glücklich.

Was würdest du antworten, wenn man dich offiziell, wissenschaftlich und mit ernstem Gesicht, fragte: "Bist du glücklich?". Vermutlich würdest du antworten, dass du es bist. Deine Antwort gründete sich vielleicht auf zwei verschiedene Ursachen. Erstens bist du glücklich, wenn man dich etwas so Wichtiges fragt. Die Sache schmeichelt deinem Selbstwertgefühl und du kannst dir in keiner Weise vorstellen, dass du verneinst. Die andere Möglichkeit ist, dass du antwortest, glücklich zu sein, weil du begreifst, dass nur Loser unglücklich sind. Du willst dich auf keinen Fall in deren Rolle sehen, zumindest nicht, wenn du mit einem Fremden über die Sache sprichst. Jeder weiß, wie wichtig es ist, ein positives Bild von sich zu geben, zu lächeln und zu sagen, dass es einem gut gehe, wenn man gefragt wird. Nörgler sind unerträglich. Glück und gutes Befinden sind eine soziale Basissituation, die die Wellness- und Wohlfühl-Zeitschriften vermarkten. Gutes Befinden verkauft sich, weil es etwas Erstrebenswertes, Gutes, Ordentliches, Gemeinsames und Belohnenswertes ist. Schlechtes Befinden ist etwas Privates, Seltsames, Entwürdigendes und Anstößiges. Es verdirbt allen den Tag und deshalb wird nicht ohne Protest akzeptiert, wenn man sagt, „mir geht es schlecht“. Jeder Trauernde, Behinderte, Depressive, Kranke und Unglückliche weiß das. Offiziell muss gelächelt werden und zum Weinen muss man nachhause gehen. Öffentliches Unglück ist zu verurteilen.

Wie könnte es möglich sein, hinzugehen und zu sagen, dass man unglücklich ist? Das ist normwidriges Verhalten. Wenn der Interviewpartner dich direkt fragt, ob du glücklich bist, hast du zwei Möglichkeiten, die Situation zu interpretieren. Du kannst denken, dass die Frage sich darauf bezieht, was du in dem Moment wirklich empfindest. Du bist glücklich, weil du gefragt wirst, und sagst es. Vielleicht bist du unglücklich und sagst es. Oder du kannst denken, dass du danach gefragt wirst, wie du dich fühlen solltest. Dann musst du antworten, dass du glücklich bist. Das Glück ist nämlich des Menschen soziale Basissituation. Darin schwingt eine klare Forderung mit. Du hast glücklich zu sein. Es ist richtig, glücklich zu sein. Ohne Übung und Anleitung ist es für den Menschen sehr schwierig, faktische von normativen Sachzusammenhängen zu unterscheiden. Sie vermischen sich in der Brandung des sozialen Lebens die ganze Zeit. Aber so ist es, die Dinge sind so, wie sie sein sollen oder aber sie sind, wie sie sind. Ein Hammer in der Hand ist nur ein Hammer in der Hand. Aber wenn man mit diesem Hammer jemand anderen auf den Kopf schlägt, macht man sich der Misshandlung schuldig. Man darf es nicht tun, es ist falsch und verboten. Der Schlag auf den Kopf existiert, obwohl er nicht existieren sollte. Genau das Gleiche kann man über das Unglück des Menschen sagen. Wenn ein eigener Angehöriger stirbt, ist es wie ein Schlag mit dem Hammer auf den Kopf. Es dürfte nicht passieren. Und wenn einen der Tod unglücklich macht, darf man das nicht zeigen. Das stört andere. Es ist auch störend, den Schlag mit dem Hammer auf den Kopf des Nachbarn anzusehen.

Denke an das Wort "Liebe" und die These, dass jeder jemanden liebt. Die Liebe ist eine gute Sache und ein Wert. Lieben ist etwas, zu dem der Mensch in der Lage sein müsste. Ohne Liebe ist der Mensch unvollständig. Es fehlt ihm etwas. Wenn man an die Liebe denkt, ist es möglich, die Liebe als bloße Tatsache aufzufassen. Meine Ex-Frau liebte mich einmal. Das ist das Konstatieren einer Tatsache, gleichzeitig wird die Sache so beschrieben, wie sie sein muss. Die Ehefrau hat den Mann zu lieben. Genauso verhält es sich mit dem Glück: Es ist gut und richtig. Wenn es keine Liebe gibt, ist man unvollkommen und wenn es kein Glück gibt, ist man auch unvollkommen. Jeder muss lieben und glücklich sein. Deshalb verkündet der Mensch so einfach, dass er Glück und Liebe erfahre. Niemand will unvollkommen sein. Ein Rudeltier stützt sich auf die Normen und die gemeinsamen Werte. Auf ihr Fundament baut es sein eigenes Leben auf, zu dem auch das Glück gehört.

Das Glücklichsein ist auch eine Kraftressource. Der Mensch hat die Kraft, von Tag zu Tag zu leben, wenn er glücklich zu sein glaubt. Er schläft besser, arbeitet besser und ist weniger krank, wenn er sich glücklich fühlt. Wie wir schon festgestellt haben, wird die Sache oft durch Selbstbetrug geregelt. Oder aber der Mensch ist glücklich.

Des Menschen Glücklichsein liegt nicht nur an Erfolg, sozialen Beziehungen und Funktionieren der Gesellschaft. Ein Teil des Gefühls, glücklich zu sein, ist naturbedingt. Das Leben des Menschen ist im glücklichen Zustand einfacher als im unglücklichen. Jeder hat ein Motiv, glücklich zu sein. Manchen gelingt es besser als anderen, sich selbst glücklich zu machen. Denken wir an zwei unterschiedliche Menschen, deren Lebensgeschichten in einem Maße übereinstimmen, wie es stärker nicht sein könnte. Diese Situation ist mit wenig Mühe vorstellbar und es gibt dabei nichts Seltsames. Das Leben der Menschen und ihr Umfeld können ziemlich gleichartig sein. Ist auch das Glück der beiden gleichartig? Wenn man den anderen gut genug kennt, kann man sagen, ob der andere glücklich ist.

Die zuvor beschriebene Situation ist nicht möglich. Das gleiche Leben bedeutet nicht gleiches Glück. Das begreift jeder, der über die Sache nachdenkt. Die Menschen haben eine unterschiedliche Neigung und Fähigkeit zum Glück. Die einen sind sensibler und empfänglicher für das Glück als andere. Gleiches gilt auch umgekehrt. Manche sind geborene Pessimisten, immer deprimiert und an der Schwelle zum Selbstmord. Ein Teil des Glücklichseins mag eine erworbene Fertigkeit sein. Der Mensch kann lernen, glücklich zu sein. Oder aber das Glücklichsein liegt in den Genen und man braucht dafür nichts zu tun. Oder das Glücklichsein ist eine Neigung, die bestimmte frühe Erfahrungen und die Umwelt bedingen. Vielleicht können die Psychologen diese Gedanken beantworten, ich kann es nicht. Es scheint auf jeden Fall so zu sein, dass manche Menschen von Natur aus glücklicher sind als andere. Ihre Einstellung zum Leben ist einfacher und besser als die der tendenziell Niedergeschlagenen. Vielleicht hilft eine gewisse Art von Grunddummheit, in dieser jämmerlichen Welt glücklich zu sein. Wenn man ein bisschen einfacher gestrickt ist und nicht richtig versteht, wo es langgeht und wie die Dinge liegen, ist man in der Lage, glücklich zu sein, ohne sich besonders zu bemühen. Die Schlichten sind glücklich oder zumindest haben sie die besten Voraussetzungen dazu.

2.5.2. Glück als Gefühl

Kehren wir noch für einen Moment zu den Glücksumfragen zurück. Wenn der Mensch von Angesicht zu Angesicht gefragt wird, ob er glücklich sei, antwortet er automatisch mit ja. Dies ist die richtige Antwort und der Antwortende darf stolz auf sich sein. Ein Teil der Antwortenden mag sich aber so bedrängt fühlen, dass sie beginnen, darüber nachzudenken, was eigentlich gefragt wurde. Sie überlegen, worum es eigentlich ging. Und die erste Frage ist, was mit Glücklichsein gemeint ist. Die Wörter onni, Glück, und onnellisuus, Glücklichsein, sind bekannte Wörter der finnischen Sprache, die wir an den richtigen Stellen richtig zu gebrauchen wissen. In diesem Sinne kennen wir ihre Bedeutung. Wir können auch ihre Gegenteile benennen, huono onni, "schlechtes Glück bzw. Unglück", und onneton, „unglücklich bzw. glücklos". Eine Schwierigkeit mag darin bestehen, dass das Wort „Glücklichsein" kein offensichtliches Gegenteil hat. Das vom Adjektiv "onneton“ abgeleitete Substantiv onnettomuus bedeutet so etwas wie einen Autounfall. Aber das sind nur die kleinen Besonderheiten der finnischen Sprache, die man sich mal zum Spaß auf der Zunge zergehen lassen kann. Größere Sorge bereitet die Schwierigkeit, die Bedeutung des Wortes onnellinen, "glücklich ", auszudrücken. Eigentlich können wir nicht sagen, was dieses kleine lustige Wort bedeutet. Was ist Glücklichsein? Dennoch antworten wir in der Interviewsituation, ohne zu zögern und bezeichnen uns selber als glücklich. Von diesen Fällen gibt es wer weiß wie viele. Gerechtigkeit, Macht, Gleichberechtigung, Werte, Frieden und Wahrheit sind Beispiele für Begriffe, deren Bedeutung niemandem wirklich klar ist. Dennoch wollen wir sie als Wörter gebrauchen und glauben, dass wir sie an der richtigen Stelle gefälliger Sätze verwenden. Wir sagen, dass die Gleichberechtigung der Frauen mit den Männern ein Teil der Verwirklichung von Gerechtigkeit ist. Ein guter Satz, was aber bedeutet er?

Denken wir also einen Moment ganz ernsthaft über die Bedeutung des Wortes onnellisuus, Glücklichsein, nach. Wenn er gezwungen wird, sagt ein Sprecher, der die finnische Sprache beherrscht, dass das Glücklichsein ein Gefühl ist. Glücklichsein ist ein Gefühl - ist das wahr? Wir sagen, dass wir das Glück kennen. Manchmal fühlen wir uns glücklich. Ich glaube, dass dieses Glück ein Gefühl ist, obwohl es auch viel anderes ist. Denken wir dennoch zuerst über das Glück als Gefühl nach.

Der einzige Sohn einer armen Mutter ist zum Studium an der medizinischen Fakultät zugelassen worden. Er schreibt dies seiner Mutter, die sich sehr freut, als sie den Brief gelesen hat. Wenn Sie eine gute und liebende Mutter und keine böse Stiefmutter ist, freut sie sich über den unglaublichen Erfolg ihres Sohnes. Freude ist ein Gefühl, das von einer positiven Haltung, einem Zuwachs an Lebenskraft, einer gehobenen Stimmung und optimistischen Gedanken charakterisiert wird. So gleicht sich das Glücklichsein der Freude an und ist deshalb ein positives Gefühl.

Dein schlimmster Widersacher hatte einen Autounfall, bei dem er selber gelähmt und sein einziges Kind getötet wurde. Der Unfall ist die Schuld des Fahrers, weil er betrunken war und trotz des Vorfahrtsschilds einem LKW die Vorfahrt genommen hat. Wenn du davon hörst, ist deine erste Reaktion Freude, schrecklich gemeine Schadenfreude. Sie stellt die Härchen auf der Haut auf, pumpt dir Adrenalin in die Adern, verzerrt deine Miene zu einer Mischung aus einem Lächeln und einer Grimasse und lässt deiner Gurgel seltsame Geräusche entweichen, irgendwas zwischen Lachen und Brummen. Du freust dich gerade in dem Moment sehr. Dennoch würdest du vielleicht nicht sagen, dass du glücklich seist. Deinem Widersacher ist es schlecht ergangen und das ist deiner Meinung nach sehr gut. Freude ist angebracht. Aber was soll man über einen Menschen sagen, der in dieser Situation behauptet, glücklich zu sein? Er ist ein schlechter Mensch, ein schamloser Räuber. Die meisten rechtschaffenen Menschen würden sagen, dass sie über die Nachricht zunächst erfreut waren, aber dann traurig geworden seien. Eine schickliche Reaktion auf die Nachricht ist genau solch eine. Die Freude kann man nicht verhindern, aber die Gleichsetzung dieser Freude mit dem Glücklichsein ist nicht zulässig. Freude und Glücklichsein sind jetzt verschiedene Dinge.

Wenn das Glücklichsein ein Gefühl ist, dauert das Glücklichsein nicht lange an. Es dauert exakt genauso lange an, wie das Gefühl anhält. Kein Gefühlszustand ist langanhaltend. Gefühle kommen und gehen. Wenn ich eine prächtige Arbeit und eine gute Ehe habe, machen sie mich glücklich. Aber ich habe nicht die ganze Zeit ein Glücksgefühl. Das Glücksgefühl erwacht nur dann, wenn ich an meine Arbeit und meine Ehe denke. Der Gedanke lässt ein Gefühl an die Oberfläche steigen und dieses Gefühl heißt Glück und Glücklichsein. Für mich sieht es jedoch so aus, dass das Glück kein kurzzeitiges Gefühl ist, sondern ein langfristiger Gemütszustand oder sogar ein Wesenszug der Lebensumstände. Für das Glück ist ein Gefühl typisch, das ist klar, aber das Glück hat auch andere Bedeutungen.

Wenn das Glück ein Gefühl ist, dann wird es eins mit Triumph, Freude, Zufriedenheit und anderen positiven Gefühlen. Fast alle diese Gefühle kann man mit dem Wort Glück bezeichnen. Wenn man verliebt ist, ist es Glück. Wenn man im Lotto gewinnt, ist man glücklich. Wenn man eine neue Stelle bekommt, hält das Glück Einzug ins Haus. Glück ist ein Wort, das ganz gleich welches gute positive und optimistische Gefühl beschreibt. Glück ist das gemeinsame Merkmal und die gemeinsame Eigenschaft aller guten Gefühle. Es ist schwierig, optimistisch zu sein, wenn das Glück fehlt. Alles ist gut, es herrscht Freude, aber ich bin nicht glücklich. Die Situation wäre ziemlich merkwürdig.

Glück ist das Verstärkungswort der Gefühlswelt. Aber wenn die Gefühle wankelmütig und von kurzer Dauer sind, verhält sich das Glück genauso. Ich habe seinerzeit festgestellt, dass das Glück zwei Wochen dauert, nachdem der Wehrdienst abgeleistet ist. Danach ist man wieder gewöhnlich deprimiert und kann dafür nicht mehr dankbar sein, dass man aus der Hölle entkommen ist. Man würde sich denken, dass man dafür sein ganzes restliches Leben lang dankbar ist - ist man nicht. Wissenschaftlichen Untersuchungen zufolge stirbt die Liebe in der Ehe innerhalb von zwei Jahren. So verschwindet solches Glück.

In der finnischen Sprache erhält onni, das Glück, als sein Gegenteil onnettomuus. Onnettomuus bezeichnet eine den Menschen ereilende physische Katastrophe, solch eine wie beispielsweise einen Autounfall, eine Lähmung oder den Tod eines Kindes. Sinnbildlich sind auch der Verlust des Arbeitsplatzes oder die Boshaftigkeit der Frau Unglücke. Auf diese Weise erhalten das Glück und das Glücklichsein eine Bedeutung, die nichts mit Gefühlen zu tun hat. Glück ist kein Gefühl, sondern die Abwesenheit von Unglück (im eben genannten Sinn) . Eigentlich bedeutet onni, Glück, Glück zu haben, was wiederum die Vermeidung von Unglück mit Hilfe als zufällig zu interpretierender Faktoren bedeutet. Ich habe Glück, wenn ich einen Unfall vermeide, als der LKW bei Glätte unkontrolliert zu rutschen begann. Das Ausweichen hängt nicht mehr von meinem Handeln und meinen Fähigkeiten ab, sondern beruht auf Glück. Ich hatte Glück, weil ich den Unfall vermieden habe. Der Mensch ist glücklich, wenn das Glück ihm hold ist. Der Mensch ist dem Zufall ausgeliefert und der Glückliche hat Glück. Er hat Grund, zufrieden zu sein. All dies weist daraufhin, das Glück und Glücklichsein nicht nur Gefühle sind. Das Glücklichsein hängt vom Glück ab und davon, dass kein Unglück eintritt.

2.5.3. Die richtige Definition von Glücklichsein

Dies alles führt uns zur Theorie des Glücklichseins, die ich für die bestmögliche halte. Meine Definition von Glücklichsein ist die Folgende:

> **Glücklichsein** bedeutet, dass der Mensch keinen guten Grund hat, aus der Situation fortzustreben, in der er sich gerade in diesem Moment befindet.
>
> **Unglücklichsein** bedeutet, dass der Mensch von dort vertrieben wird, wo er glücklich ist.

Wenn der Mensch das Gefühl der Freude empfindet, will er nicht aus der Situation weg, in der das Gefühl auftritt. Er ist also glücklich. Der eine empfindet seine Arbeit und deren Projekte als befriedigend. Er fühlt sich an genau diesem Arbeitsplatz wohl. Er will den Arbeitsplatz nicht wechseln, folglich ist er nach der eben gegebenen Definition glücklich. Ehepartner denken während einer langen Ehe nicht über Scheidung nach. Auch sie sind glücklich.

Ein guter Freund und Kommilitone von mir aus Turku bekam im mittleren Alter Depressionen und begann, die Bedeutungslosigkeit des Lebens zu beklagen. In seinem Leben schien nichts verkehrt zu laufen. Er war Diplomat und seine Frau war schön. Geldsorgen gab es nicht, der Umzug nach New York stand bevor. Dennoch beklagte er sein Leben und sagte, dass er sich den Tod wünschte. Der Tod ist ein großer Erlöser. Diese Phase dauerte lange; ich sprach mit ihm oft über dieses Thema. Dann zog er nach New York und nahm seine Tätigkeit bei den Vereinten Nationen auf. Alles begann, ein bisschen besser zu werden. Vielleicht würde er sich im Big Apple sogar wohl fühlen. Dann schlug der schreckliche Darmkrebs zu, der sich bis in die Leber ausbreitete. Der Mann wurde viele Male operiert. Seine Freunde schlugen vor, einen Reißverschluss in die Bauchdecke einsetzen zu lassen, so dass es leichter wäre, sie erneut zu öffnen. Dabei geschah eine Veränderung mit meinem Freund: Er wollte gar nicht mehr sterben - er wollte leben. Er tat alles, um am Leben zu bleiben, von Todeswünschen war nicht mehr die Rede.

Man kann die Situation so interpretieren, dass er zufrieden war mit seinem Leben, das er nicht verlassen wollte. Das Leben war gerade in diesem Sinne glücklich. Er hatte keinen guten Grund, fort zu wollen. Und als ihn die Hand des Schicksals aus dem Leben vertreiben wollte, war er sehr unglücklich. Offensichtlich ist es so, dass wir Menschen schon aus dem einfachen Grund glücklich sind, dass wir leben. Wenn es nicht so wäre, würden wir versuchen, uns umzubringen oder zumindest würde uns die Nähe des Todes nicht in Unruhe versetzen oder den Verlust der Glückserfahrung bedingen. Wir wollen nicht aus dem Leben gehen. Das ist Glücklichsein. Wir geraten in Panik, wenn wir an den Tod denken. Wir sind also sehr glücklich.

Mein Freund war nicht zufrieden mit seiner Arbeit und den Kreisen seines sozialen Lebens. Sie nagten an ihm und deswegen hätte er sein Leben ändern wollen. Er hätte lieber etwas anderes gemacht. Wir können auch annehmen, dass das Antreten einer anderen Stelle oder vielleicht eine Anstellung als Wissenschaftler an der Universität ihn nicht unglücklich gemacht hätte. Wenn er gewusst hätte wie, hätte er sein Leben sicherlich geändert. Genau aus diesem Grund führen die Menschen unglückliche Leben. Sie wollen heraus, aber sie können nichts tun, wissen nicht um neue Möglichkeiten und sie haben nicht die Kraft, gegen das eigene Unglück anzukämpfen. Sie warten unglücklich darauf, dass jemand sie aus diesen unglücklichen Umständen herausführen möge. Sie wollen eine Veränderung, aber sie sind nicht in der Lage, sich zu ändern.

Das Glücklichsein ist nicht ausschließlich endogene Freude. Glücklichsein entsteht aus Lebensumständen, den zur Verfügung stehenden Mitteln und Möglichkeiten. Wenn alles in Ordnung ist, gibt es keinen Grund, sich der Situation entziehen zu wollen, zumindest keinen guten Grund. Wenn man Geld, ein hübsches Heim, eine Partnerin und Kinder und anderes Gute um sich herum hat und dennoch geht, ist man der Definition nach unglücklich. Hier gibt es nur eine Schwierigkeit: Hat der Unglückliche, der geht, einen guten Grund für sein Fortgehen? In diesem Fall sieht es nicht so aus. Und wenn man wirklich keinen guten Grund hat, fortzugehen, ist es schwer, dieses Handeln zu verstehen. Der Typ ist nicht unglücklich gewesen, aber dennoch ist er gegangen. Das Handeln ist widersprüchlich. Solche Fragen werden oft unter Nachbarn und Freunden erörtert. Er oder sie war nicht unglücklich und ist trotzdem gegangen. Den Glücklichen kann das Verlangen nach noch größerem Glück ereilen. Wenn die Versuchung gewinnt, heißt es Fortgehen. Das neue Paradies kompensiert einige Mängel des Alten. Im Vergleich zum neuen Ort, war der Mensch am alten Ort unglücklich, obwohl es sich damals gar nicht so angefühlt hat.

Viele Menschen sind im Grunde ihres Wesens rastlos. Sie wollen auf keinen Fall lange Zeit am selben Ort und an derselben Arbeitsstelle verweilen. Die Liebschaften wechseln sie im gleichen Takt. Ist dieses auf der Grundlage der vorher genannten Definition als unglückliches Leben zu interpretieren? Ein solcher Mensch findet immer einen guten Grund, sich zu entfernen und sich in eine neue Situation zu begeben. Aber hat er ausdrücklich einen guten Grund? Nicht unbedingt. Er kann sehr gut nur eine rastlose Natur sein, die den Ort wechselt wie das Hemd, weil es Spaß macht. Er will auf diese Weise leben. Er ist also nicht unglücklich, weil er keinen guten Grund hat zu gehen. Der Unglückliche hat immer seinen Grund für sein merkwürdiges Handeln. Manche sind nur rastlos und mit allem unzufrieden.

Nehmen wir an, dass unser Wanderer von dort nicht fort gejagt wird, wo er sich wohl fühlt. Aus diesem Grunde ist er nicht unglücklich. Er hätte die Möglichkeit, man würde es ihm gestatten, sesshaft zu werden, so dass kein Anlass zum Unglücklichsein besteht. Dennoch geht er fort und zudem noch ohne einen für die anderen verständlichen Grund. Er ist glücklich, wenn er sein darf, wo er will.

Ich stelle nur kurz fest, dass der Mensch manchmal glücklich ist. Dann gibt es keinen Grund, woanders hinzugehen. Manchmal bekommt man, was man will. Der Mensch ist glücklich, wenn er genießt. Wenn man sich mit seinen Genüssen vergnügt, ist man glücklich. Der Genuss ist ein guter Grund, nicht fortzugehen. Ein kluger Mensch bleibt möglichst lange dort, wo genossen wird, wenigstens bis zur letzten Bestellung. Wenn das Geld ausgeht, ist auch Schluss mit den Genüssen und dann muss man gehen. Das ist Unglück. Aber gleichzeitig muss man feststellen, dass das Glück vergänglich ist und sich im Allgemeinen auf Trugbilder und Selbsttäuschung gründet.

3. Die glückliche Gesellschaft

3.1. Das Glück des Lebensstandards

3.1.1. Ressourcen und ihre Verfügbarkeit

Lebensstandard bezeichnet in den Sozialwissenschaften die Möglichkeit des Menschen oder einer Nation, nach Abzug der Steuern die Bedürfnisse zu befriedigen. Das Schlüsselwort ist Möglichkeit. Es verweist auf Geld und andere Ressourcen, die jeder verwendet, wenn er will. Wenn man sie nicht verwendet, sinkt deshalb der Lebensstandard nicht. Komisch, aber wahr. Eine im Elend lebende geizige Oma oder ein solcher Opa verfügt über einen hohen Lebensstandard, wenn es auf der Bank nur Geld gibt. Der Mensch hat nur Lumpen an und er isst - in seinem ungeheizten Haus - Hundefutter aus der Dose. Der Lebensstandard ist dennoch in Ordnung. Seltsam, diese Sozialwissenschaften. Ich warne gleich davor, dass dieses Kapitel ein wenig Theorie mit entsprechender Erörterung enthält. Der dagegen allergische, aber intelligente Leser darf dieses Kapitel auslassen. Warum soll man sich selbst sinnlos quälen? Man wird nur unglücklich. Es ist das Beste, die schwierigen Stellen zu überspringen.

Wir sollten berücksichtigen, dass die Möglichkeit des Individuums, seine Bedürfnisse zu befriedigen, auch davon abhängt, was die Gesellschaft ihm bietet. Wenn Kaffee gesetzlich verboten ist, wie es einmal vor langer Zeit war, ist der Mensch nicht in der Lage, sein Bedürfnis nach Kaffee zu befriedigen, ganz gleich, wie reich er ist. Der Lebensstandard nimmt ab. Zwei wichtige Fragen kommen auf:

1. Hat der Mensch Ressourcen zu seiner Verfügung?
2. Bietet die Gesellschaft dem Menschen die Möglichkeit, seine Bedürfnisse zu befriedigen?

Manchmal weigern sich die Menschen, am Wettbewerb um Lebensstandard teilzunehmen. Es kommt zum P-Linkola-Phänomen, benannt nach dem radikalen Umweltphilosophen Pentti Linkola. Dinge, Geld und materielles Gut, wären erhältlich und stünden zur Verfügung, aber einer nimmt es nicht an. Es wird wie auf einem Acker, pellossa, gelebt – oder ist es gar wie Pellossa, im lappländischen Pello am Torniofluss. Es stehen also Waren zur Verfügung, obwohl sie sich nicht im eigenen Besitz befinden. Man bekäme Geld, wenn man Lust hätte, es zu verdienen oder es beim Sozialamt abzuholen. Im Geschäft gibt es Auswahl, aber der Mensch lebt dennoch ohne Dinge. Senkt das den Lebensstandard? Eigentlich nicht, denn die Wahl gehört dem Individuum selbst. Es verfügt über einen hohen Lebensstandard, aber es möchte das Glück seines Lebensstandards nicht ausnutzen. Entscheidend ist das, was zur Verfügung stehen könnte, nicht das, was man besitzt. Es ist wichtig, das im Gedächtnis zu behalten: In einer Gesellschaft mit hohem Lebensstandard gibt es viel zu verteilen, aber vielen bleibt das Gute vorenthalten. Es scheren sich nicht einmal alle um die irdischen Güter, obwohl es schwer ist, das zu glauben. Auch ich dachte, dass das mit Geld käufliche Gut nichts bedeute, als ich ein junger und radikaler Student in Turku war. Helsinki erteilt einem eine Lehre und jetzt bin ich anderer Meinung. Der Alte und Müde akzeptiert sogar das irdische Geld, weil das Manna aus dem Himmel sich nicht eingestellt hat.

In einer Gesellschaft mit hohem Lebensstandard sind einige reich, andere wiederum wohlhabend oder sogar arm. Man muss eine klare Unterscheidung treffen zwischen einerseits dem Wohlstand und der Armut des Einzelnen und andererseits dem von der Gesellschaft gebotenen Lebensstandard. In Finnland gibt es einen hohen Lebensstandard, obwohl einige arm sind. Mancher stammt aus einer reichen Familie und gehört zu den mythischen 20 Familien, von denen man früher behauptete, dass sie die Hälfte Finnlands besäßen. Manche sind Einwanderer, die gar nichts haben, wenn sie nach Finnland einwandern. Manche sind dem Trinken verfallen. Die Menschen sind arbeitslos und auf sehr verschiedene Arten mit Unglück geschlagen. Für die Hässlichen läuft es nicht gut. Arm sind diejenigen, die ein für alle Mal keinen Zugang zu Geld oder Waren haben. Sie haben einen niedrigen persönlichen Lebensstandard. Auch sie gibt es.

Es ist noch ein weiter Weg zur wirtschaftlichen Gleichberechtigung, wenn damit Gleichverteilung gemeint ist. Das „Wacholdervolk" der Finnen hat immer daran geglaubt, dass die wirkliche Gleichberechtigung die Gleichverteilung des Geldes bedeutet. Allen das gleiche Gehalt, dann ist es eine gute Gesellschaft. Der ganze Jackpot möge verteilt und allen die gleiche Summe zugeteilt werden. Von allen nach ihrem Vermögen genommen, für alle nach ihren Bedürfnissen ausgeschüttet. Alle haben die gleichen Bedürfnisse, nur Familien mit Kindern etwas größere. Der Finne denkt wie ein russischer Anarchist im 19. Jahrhundert. Lenin sagte, dass beim Beginn der Revolution die Kanonen erst vor dem Hauptquartier der Anarchisten aufgestellt würden. Erst danach wird damit begonnen, die Bürgerlichen zu töten. Oder vielleicht ist der Finne genauso fromm wie die Urchristen, über die man im schulischen Religionsunterricht liest. Alles ist gemeinsames Gut, und die Brüder und Schwestern kann man nur mit bösem Willen voneinander trennen. Man strengt sich gemeinsam an und alles wird gleichmäßig geteilt. Jede Arbeit ist gleich wertvoll. Der gleiche Lohn ist aller Anteil und Anrecht. Und wenn man nicht in der Lage ist zu arbeiten, bekommt man seinen Anteil von Gottes Gnaden. Utopia ist noch nicht entstanden und entsteht auch vielleicht nicht, aber das Ideal lebt im Geiste der Menschen und im gemeinsamen Gewissen des Volkes. Keiner braucht sehr viel Geld. Und was man nicht braucht, das soll man auch nicht einfordern.

Die Armen sind immer in unserer Mitte, wie schon die Bibel weiß. Arme gibt es wirklich. Nicht alle haben Geld. Es ist also das Beste, sich mit dem Gedanken zu arrangieren, dass es die große Gleichverteilung nicht gibt und sie auch nicht kommen wird. Dennoch gehört der Lebensstandard Finnlands zu den höchsten der Welt. Wenn man Öl hätte, liefe es noch besser, so wie für Norwegen. Es würde auch helfen, ein Steuerparadies zu schaffen. Die Isle of Man und andere sind mit Geldwäsche sehr gut reich geworden. In Monaco gibt es nicht einmal eine Einkommenssteuer. Wir mussten uns mit Papierfabriken und Nokia und natürlich den Ålandinseln zufriedengeben. So hat man Geld bekommen, sogar um den Bauern auf die Beine zu helfen. Die ländlichen Gegenden erblühen, fern ist der von Veikko Vennamo (der charismatischen Leitfigur der inzwischen aufgelösten *Partei der ländlichen Gebiete Finnlands*) gefürchtete „Todeskurs der Landwirtschaft" (wie Vennamo die nicht besonders landwirtschaftsfreundlichen Umstrukturierungsmaßnahmen der Regierung Koivistos Anfang der 1970er Jahre nannte). Finnland ist das Idealland des hohen Lebensstandards. Hier stehen wir alle auf dem Gipfel unseres Glücks, zumindest wenn man an das ganze Volk denkt. Am Lebensstandard gibt es nichts mehr auszusetzen. Es gibt alles und man bekommt alles, wenn auch vielleicht nicht sofort. Man muss ein wenig warten und erst einige Dinge erledigen. Dann kriegt man ein anderes bzw. zweites Auto und das Sommerhaus so hin, dass es auch im Winter bewohnbar ist. Als nächstes geht es ab in die Tropen unter eine Palme.

3.1.2. Das P-Linkola-Phänomen

Die Menschen unterstützen das P-Linkola-Phänomen aus vielen verschiedenen Gründen, von denen ein Teil interessant ist, ein Teil nicht. Einige können aufgrund der eigenen Unwissenheit, Lustlosigkeit oder Faulheit nicht an einem Leben teilnehmen, das einem hohem Lebensstandard entspricht. Mein Vater weiß nichts über Computer und hat mit Verweis auf sein Alter keine Lust, sich Informationen zu beschaffen. Es ist völlig vergeblich, mit ihm über diese Sache zu reden. So bleibt er neben dem Zugang zu E-Mails auch von Pornokanälen und anderen angenehmen Dienstleistungen ausgeschlossen, die ein einsamer Mann braucht. Alte Menschen sind zum Teil gerade auf Grund ihrer Unwissenheit ein Problem für den Lebensstandard. Oft sagen alte Menschen auch, dass sie sich nicht um derartig Überflüssiges scherten. Sie leben in ihrer eigenen verkleinerten und vereinfachten Welt. Sie nehmen am Wettbewerb um Lebensstandard nicht mehr teil und das bedeutet nicht, dass sie nicht über Geld und die damit gebotenen Möglichkeiten verfügten.

Ich könnte mir vorstellen, dass die Jungen sich irgendwann gegen die Welt der Erwachsenen auflehnen, indem sie sich materiellem Gut verweigern. Die Welt ist so abscheulich und ungerecht, dass man irgendwie dagegen protestieren muss. Zumindest wird kein Auto gekauft. Am Sommerhaus kann man sehr gut rudern. Zur Arbeit kann man mit dem Fahrrad fahren. In England wurde übrigens das Fahrrad zur wichtigsten Erfindung der Welt gewählt. Dies drückt die allgemeine Ablehnung der Technik und des von ihr geschaffenen Lebensstandards aus. Das Fahrrad ist ein wichtiges Symbol für die Befreiung von der komplizierten, verschmutzenden und den Menschen versklavenden Technik. Gleichzeitig bedeutet es Freiheit, denn alle können sich unabhängig von Geld und Stellung fortbewegen. Ende des 19. Jahrhunderts versetzte das Fahrrad die Arbeiter in die Lage, sich aus eigener Kraft fortzubewegen. Die Frauen konnten sich nun in der Öffentlichkeit schnell und über große Entfernungen bewegen. Heutzutage ist das Fahrrad das Gegenteil vom Auto und das Auto wiederum steht für das globale Sterben der Umwelt. Aber das Auto ist auch ein Symbol von Lebensstandard. In Deutschland haben die Menschen die besten Autos.

Es gibt viele, die aus ideellen Gründen verzichten. Früher wurde Lebensstandard aus religiösen Gründen verachtet, heutzutage vor allem aus politischer, grüner Ideologie. Es fühlt sich falsch an, so viele Waren anzunehmen, wie verfügbar wären, weil die Natur unter der Verschwendung des Menschen leidet. Nachhaltige Entwicklung ist nicht möglich, wenn ein Lebensstandard vorherrscht, wie ihn die Menschen verlangen und aufrechterhalten wollen. Ein hoher Lebensstandard führt zu Luxus- und Protzkonsum. Man müsste sich mit so wenig wie möglich begnügen und auch das ist zu viel. Wir müssen den goldenen Mittelweg finden.

Religiöse Bewegungen verurteilen die den Lebensstandard ermöglichende Technik und andere materielle Güter, so zum Beispiel die Mennoniten im US-Bundesstaat Pennsylvania. Orthodoxe Juden üben am Sabbat keinerlei Arbeit aus. Dies setzt voraus, dass man sich der Benutzung von Technik kompromisslos enthält. Auf den Knopf des Aufzugs darf man nicht drücken. Deshalb fährt der Aufzug automatisch ohne Knopfdruck zwischen den Stockwerken hin und her. Der Gedanke ist, die echten und ursprünglichen Lebensformen nach den Vorgaben der Heiligen Schriften zu erhalten. Aber hier wendet man sich nicht gegen den Lebensstandard an sich, sondern gegen etwas, was Gott verboten hat, und er wird kaum den Lebensstandard verboten haben.

Ich finde es auf interessante Weise merkwürdig, dass der Mensch in einer reichen Gesellschaft in der Lage ist, auf alles irdische Gut zu verzichten, ohne dass sein Lebensstandard sinkt. Er ist freiwillig arm. Das ist etwas anderes als wirkliche Armut. Ein wirklicher Armer in einem reichen Land ist ein unglücklicher Mensch – er verflucht sein Schicksal. Er hätte lieber Anteil an all dem Guten, das um ihn herum wogt. Er würde einen Pelzmantel kaufen oder ein neues Auto, auf die Kanarischen Inseln fahren und in den Restaurants im Zentrum von Helsinki zu Abend essen. Er hätte auch Lust auf Wein und nicht die ihm im staatlichen Alkoholladen aufgedrängte rote Brühe im Weinschlauch. Es wäre auch schön, zum Friseur zu gehen. Nach der Definition bedeutet Glücklichsein „nicht aus der gegenwärtigen Situation fort zu wollen und dies auch nicht zu erstreben“. Der Glückliche gibt sich mit seiner Situation zufrieden. Als Glücklicher hat man es gut. Aber als Armer hat man es nicht gut, sondern der Arme will die ganze Zeit fort. Der Anhänger des P-Linkola-Phänomens wiederum ist glücklich. Er hat die Armut selbst gewählt und so ist es gut. Es gibt kein Bedürfnis zur Veränderung der Situation, wenn man sie nun einmal nicht ändert. Ein Drahtesel und ein Ruderboot reichen völlig aus. Den einzigen Anlass zur Klage bietet die Tatsache, dass sich nicht alle anderen genauso verhalten. Einige haben weiterhin zwei Autos und fliegen dreimal pro Jahr zum Spaß ins Ausland.

In Finnland steht dem Menschen alles Mögliche Gute zur Verfügung, das der hohe Lebensstandard mit sich bringt. Vielleicht verweigert der Mensch sich einem Teil davon, aber der Lebensstandard sinkt trotzdem nicht. Der Mensch ist wann auch immer in der Lage, ein Auto zu kaufen, er marschiert in den Laden und handelt die Ratenzahlung aus. Trotzdem fährt er mit einem alten Drahtesel. Das verschlechtert sein Schicksal in keinster Weise. Es ist genauso gut wie das von jemandem, der ein protziges Auto fährt und jemandem, der sich ein neues Mountainbike kauft. Alles hängt von der Freiwilligkeit ab. Niemand ist in der Lage, sein Schicksal freiwillig zu verschlechtern, außer er würde sein Geld zerreißen. Die Finnen haben ganz einfach deshalb einen hohen Lebensstandard, weil hier alles materielle Gut erhältlich ist. Man kann natürlich befürworten, dass in Finnland Einwanderern oder bestimmten Minderheiten kein Zugang zum gleichen Lebensstandard wie den anderen gewährt wird. Das ist kein Problem des Lebensstandards, sondern Mangel an Gerechtigkeit. Finnland könnte allen den gleichen Lebensstandard finanzieren, tut es aber nicht - wenn man mit Lebensstandard den Zugang zur Quelle des materiellen Gutes meint.

Nicht alle haben alles, aber man dürfte niemanden von der Verteilung des materiellen Gutes ausschließen. Der Lebensstandard gehört allen. Vom Zugriff darauf darf man sich selber ausschließen, aber man darf niemanden zwingen, nicht daran teilhaben zu können. Wirtschaftliche Diskriminierung ist ungerecht. In diesem Sinne ist Armut, so wie sie ist, ein Problem in einem Land mit hohem Lebensstandard wie Finnland.

Als Nächstes brauchen wir ein bisschen abstraktes Denken. Es tut mir leid, aber die Sache ist nicht zu ändern. Ich verspreche, dass sich diese Sünde nicht wiederholen wird.

Nehmen wir zwei Länder an, X und Y. In beiden kleinen Ländern gibt es 2000 Telefone. Die Länder sind gleich reich. In beiden gibt es in demselben Umfang Waren und Wohlstand. Aber nehmen wir an, dass im Land X die Hälfte des Volkes viele Telefone besitzt und der Rest leer ausgeht. Im Land Y wiederum sind die Telefone gleichmäßig verteilt, so dass keiner mehr als ein Telefon hat. In beiden Ländern haben manche kein Telefon, aber im Land X gibt es weniger Telefonbesitzer. Im Extremfall besitzt im Land X einer alle Telefone und die anderen haben keines. Beide Länder sind gleich reich, wie ich schon sagte, aber in welchem von beidem herrscht ein höherer Lebensstandard? Offensichtlich herrscht im Land Y ein höherer Lebensstandard, weil dort mehr Menschen die Möglichkeit haben, ein Telefon zu besitzen.

Dieses Gedankenexperiment zeigt, dass Lebensstandard und Reichtum zwei ganz verschiedene Dinge sind. Lebensstandard darf nicht anhand der Anzahl von Telefonen gemessen werden. Man muss fragen, wie viele Bürger ein Telefon haben. Erst dann sehen wir, dass im Land Y ein höherer Lebensstandard herrscht. Neben der Quantität der Waren muss außerdem ihre Verteilung berücksichtigt werden. Das Problem wird schwierig, wenn im Land X 2000 Telefone sehr ungleichmäßig und im Land Y 1000 Telefone gleichmäßig unter den Bürgern verteilt sind, also eins für jeden Glücklichen. In welchem von beiden Ländern herrscht dann höherer Lebensstandard? Auf diese Frage gibt es keine richtige Antwort. Es ist bestimmt angenehmer, im Land Y (zum Beispiel in Kuba) zu leben als im Land X (beispielsweise in Brasilien). Das nach Gleichheit strebende Y ist ein glücklicherer Ort als sein Gegenstück X. Wir sind an der Quelle einer sozialistisch-romantisierenden Rede angelangt.

3.1.3. Geschichte der Definition des Lebensstandards

Was gehört zum Lebensstandard? Dazu gehören materielle Güter. Lebensstandard ist ein eng gefasster Begriff, den man mit Überlegungen zu Lebensqualität sowie Wohlergehen, Wohlstand bzw. Wohlfahrt vervollständigen muss, wie es in den folgenden Kapiteln geschieht. Dennoch ist Lebensstandard ein nützlicher Begriff, der etwas Essenzielles über die heutige technisierte Gesellschaft und ihre Werte aussagt. Lebensstandard ist auch ein altmodischer Begriff, wenigstens in Finnland, wo es von allem zu viel gibt. Man kann beinahe sagen, dass unser Lebensstandard zu hoch ist, wenigstens aus der Perspektive der nachhaltigen Entwicklung. Die Natur verkraftet unseren Lebensstandard nicht, das ist die bedauerliche Wahrheit. Hoher Lebensstandard ist auch ein Problem, und genau in diesem Sinne ist es wichtig, sich das P-Linkola-Phänomen zu merken.

Der Gedanke des Lebensstandards und die Sorge darum erzählen von der Welt der 1950er Jahre, die von Mangel und Elend geprägt war, die aber gleichzeitig auf eine bessere Zeit als die vorangegangene hoffte. Damals gab es nichts, die gelenkte Wirtschaft schränkte das Leben ein und man war auf Marken bzw. Coupons angewiesen. Der Krieg hatte Finnland völlig niedergedrückt. Dennoch war die Gesellschaft bereit, sich demokratisch und wirtschaftlich zu entwickeln. Es war möglich, reich zu werden und die Verteilung des Reichtums an alle war ein Ziel, das als sinnvoll und möglich empfunden wurde. Das war wirklich etwas Neues. In der ehemaligen Ständegesellschaft waren die Pastoren und Adligen Parasiten, die sich ihren Anteil vom Ertrag der Arbeit anderer nahmen. Dies war seit Menschengedenken Recht. Die Bürger zahlten gemeinsam mit den Bauern die Zeche – oder eigentlich müsste man sagen, dass man von den Bauern nahm, was man brauchte, und sich den Rest von den Bürgern holte, wenn man an deren Geld überhaupt herankam. Das Bürgertum stieg genau deshalb zum Machtfaktor auf, weil es in der Lage war, seinen Besitz vor den Parasitenklassen zu schützen. Die Bauern waren dem ausgeliefert. Sie zahlten ihre Steuer und leisteten Wehrdienst in endlosen Kriegen in der Armee des Zaren. Der Adel bekam die Ämter in Leitungsfunktionen und die Vorrechte. Damals war das Schlüsselwort Vorrecht. Heute hat keiner Vorrechte. Alle haben die gleichen Rechte, wenigstens laut Gesetz.

In der Ständegesellschaft gehörte der Lebensstandard dem Klerus und dem Adel, obwohl es eigentlich überflüssig ist, in diesem Kontext von Lebensstandard zu sprechen. Besser ist es, von Vorrechten, Luxus und Elend zu sprechen. Der Luxus gehörte den Geistlichen und Adeligen, ihren Ernährern wiederum das Elend. Das Bürgertum siedelte sich dazwischen an, als es zahlenmäßig groß genug wurde und sein Vermögen es zuließ. Das Bürgertum begann, das Luxusleben des Adels nachzuahmen, obwohl Derartiges aus Sicht des Bürgertums lasterhaft war. Der Adlige verschwendete Geld und verschuldete sich, wenn keine auszunehmenden Bauern greifbar waren. Der Bürger arbeitete und sparte. Für den Adligen war Luxuskonsum eine Notwendigkeit und ein normaler Zustand. Für den Bürger bedeutete das Gleiche Sünde, Laster und eine zu vermeidende Lebensweise. Aber es ist schwierig, den Luxus zu vermeiden. Er ist zu schön und angenehm. Die Bürger erlernten das schlechte Benehmen. Heutzutage ist es schwierig, sich den Bürger als Inbegriff der Sparsamkeit vorzustellen, der bescheiden und unbescholten hinter seinen Geldsäckeln lebte.

Das Leben Carl Gustav Mannerheims, des späteren Marschalls von Finnland, am Ende des 19. Jahrhunderts in Sankt Petersburg ist bezeichnend. Seine Familie war verarmt. In Finnland gab es keine Landarbeiter mehr und der Gutshof der Familie, Louhisaari, musste verkauft werden. Dennoch war der Lebensstil Mannerheims luxuriös, wie auch der der anderen Offiziere des Zaren. Noblesse oblige – Adel verpflichtet. Der Adlige lebte auch als armer Mann luxuriös, auf der Basis von Krediten, Finanzspritzen auf Pump und Geschenken. Luxuriöse Armut war damals möglich. Letztlich fand sich auch für Carl Gustav eine Frau, die Geld hatte, das heißt auch

Landwirtschaft mit entsprechenden Einkünften. In Russland bedeutete dies, dass sie über Kätner oder Kötter verfügte, deren Arbeit ihren Herren zum Wohl gereichte. Geld war trotzdem niemals in ausreichendem Maße vorhanden, aber immerhin so viel, dass ein ausschweifendes Leben möglich war. Eine Ehe war kein Band der Liebe, sondern hatte auf eine seltsame Art mit den Wünschen der Familie und den eigenen wirtschaftlichen Möglichkeiten zu tun. Dennoch war es wohl kein Nachteil, wenn auch Liebe im Spiel war. Carl Gustavs Frau war nicht einmal schön und ihrem Ehemann zufolge sehr faul; sie ergriff selten die Initiative. Deshalb war Mannerheim wohl so überrascht und erschüttert, als seine Frau ihn einfach verließ, um als Krankenschwester am Russisch-Japanischen Krieg teilzunehmen. Auch eine Adlige konnte sich aufopfern, augenscheinlich aus christlicher Überzeugung. Eine gewisse Energie hatte die Frau, wenn sie eine solche Sache anpackte und verfolgte. Der Ehemann wurde schrecklich depressiv. Er heiratete danach nicht wieder. Ein intelligenter Mensch lernt seine Lektion beim ersten Mal.

Der Lebensstandard ist ein bürgerlicher und demokratischer Gedanke, der erst in der Mitte des 20. Jahrhunderts entstand, als das Bürgertum zur Mittelklasse wurde und die Bauern zu Fabrikarbeitern. Die Landbevölkerung floh in die Städte, musste sich in die Geldwirtschaft integrieren und geriet in das Rad der technischen Entwicklung. Auf dem Land lebte man so wie früher. Als die Ausbeutung durch den Adel und die Geistlichen nachließ und schließlich endete, ließ es sich in der Idylle von Niskavuori gut leben. Das ist eine Anspielung auf die von Hella Wuolijoki verfassten fünf Dramen rund um den großen Hof von Niskavuori und die dortigen Ereignisse in der Zeit von 1880 bis 1940. Als literarischer Ort gilt Niskavuori als wichtiger Faktor in der Herausbildung der finnischen Identität in der Zeit der verstärkten Migration in die Städte und der Landflucht. Dort war die Stadt nur als ein entfernter Albtraum präsent. In Helsinki war Sodom. Auf dem Land lebte man in der Unbescholtenheit des Herrn. In Wirklichkeit war das ländliche agrarische Finnland niemals in der Lage, die dort lebende Bevölkerung ordentlich zu versorgen. Finnland befand sich zu weit im Norden und die Felder waren zu steinig. Die Bevölkerung litt an Unterernährung und Rachitis. Auch meine Großmutter erzählte, dass sie in ihrer Jugend in Ilmajoki Rachitis gehabt habe. Es gab nicht genug Fett, doch die schwere Arbeit zehrte. „Brei und Magermilch hielten den Mann nicht auf dem Weg und die Frau nicht im Kuhstall", heißt es. Fett gab es nur zu den größten Festen so viel, dass es auch für den Tisch der arbeitenden Bevölkerung reichte. Es ist kein Wunder, dass die Finnen ihre Gesundheit mit Milch, Butter und Speck verdarben, als man diese nach dem Krieg bekommen konnte. Butter musste es geben und zwar viel, am liebsten besonders stark gesalzen, um die Wirkung zu steigern. Zu dieser Zeit gab es auch eine Phase, während der man von den nach Schweden fahrenden Schiffen Bregott-Butter mitbrachte – eine billige Mischung aus Butter und Margarine, die sich bei Rentnern großer Beliebtheit erfreut. Das ländliche agrarische Finnland war noch niemals überlebensfähig und ist es auch immer noch nicht. Gut, dass ein Teil der Landbevölkerung nach Schweden und in die Städte abwanderte, als die Modernisierung der Gesellschaft begann. Und sie setzte nach dem verlorenen Krieg erneut ein. Das gesegnete Schweden nahm die armen Finnen auf und erzählte ihnen, was Lebensstandard ist. Man lernte es schnell.

Die Mittelklasse trat als neue Form des Bürgertums in Erscheinung. Die Arbeiterschaft empfand das Bürgertum, also die besitzende Klasse, als Unterdrücker und Klassenfeind. Dieser Widerspruch betraf vor allem die Politik und die Gleichberechtigung. Diese Zeit ist ein für alle Mal vorbei. Jetzt gehören Arbeiter und Besitzende derselben Mittelklasse an und haben denselben Lebensstandard. Allen wird das gleiche materielle Gut angeboten, wenn man den Luxuskonsum außer Acht lässt. Die Zugehörigkeit zur Mittelklasse und die allgemeine Erreichbarkeit ihres Lebensstandards in der demokratischen technisierten Bildungsgesellschaft führten zum Untergang des Ideals der Arbeiterschaft. Wie würde sich jemand erdreisten, die besitzende Klasse zu schmähen, nachdem er für die Auffahrt seines Eigenheims ein zweites Auto gekauft und die Sommerresidenz auch winterfest gemacht hat. Es gibt dort eine elektrische Heizung und eine Geschirrspülmaschine. Die Tochter studiert Medizin und der Sohn ist Banker in New York. Der Lebensstandard gehört der Mittelklasse. Vor der Mittelklasse gab es keinen Lebensstandard. Und die Mittelklasse entsteht gerade in einer demokratischen Gesellschaft.

Der Lebensstandard gehört allen. Deswegen ist Lebensstandard ein wichtiger Begriff, obwohl er schon altmodisch ist. Lebensstandard macht keinen mehr glücklich. Aber er ist die Mutter der gesellschaftlichen Faktoren des Glücklichseins. Wenn der Lebensstandard nicht so gut ist, dass man ihn vergessen kann, sind die anderen Komponenten des Glücklichseins bedeutungslos.

Das Folgende vereinfacht all das, was ich bisher über Wohlstand gesagt habe: Wenn der Kätner bzw. Kötter des 19. Jahrhunderts etwas für sich selber wollte, was wollte er dann? Wer weiß das - vielleicht ist die ganze Frage sinnlos? Vielleicht wollte er nur ein Fass Butter? Was tat er, um das zu bekommen? Nichts, denn Butter war ein unerreichbarer Traum. Butter gab es nur im Pastorat in Unmengen. Es gab keinen Weg vom Kätner oder Kötter zur Butter. Butter war außerhalb der Reichweite in der Hand eines anderen Standes. Davon durfte man nicht einmal träumen. Und dort hatten die eigenen Kinder nichts zu suchen. Die Stände waren geschlossene Interessenkreise.

Wenn ein Zimmermann ein neues Auto haben möchte oder eine Krankenschwester eine Karibikkreuzfahrt, was wollen sie dann? Sie wollen etwas, was die Freunde schon haben und was viele der Bekannten schon erlebt haben. Es existiert ein Pfad, den entlang man ins Autohaus oder in die USA nach Miami gelangt. Man geht ihn dank der Kraft des Geldes entlang und Geld kann sich jeder beschaffen. Einfach ist das nicht, aber auch nicht unmöglich. Man muss sich einen zweiten Job suchen oder wieder zurück in die Schule gehen. Vielleicht macht man auch eine Erbschaft.

Wenn der Kätner bzw. Kötter Butter bekäme, wäre er glücklich. Sein Leben würde sich verändern. Er wäre ein neuer Mensch. Der Zimmermann und die Krankenschwester werden nicht zu jemand anderem, auch wenn sie ein neues Auto oder eine Karibikkreuzfahrt bekämen. Ihr Lebensstandard ist nicht gestiegen, das ist wahr und das ist alles. Die Benutzung des Autos und das, was in der Karibik passiert, machen den einen glücklich, den anderen wiederum nicht. Das Leben hat sich in letzter Zeit verändert.

Das Gleiche betrifft die Entwicklungsländer. Ich hörte einmal folgende Geschichte, die bestimmt nicht wahr ist, aber doch auch bezeichnend. Finnair dachte über die Zusammenarbeit mit einem indischen Kooperationspartner nach. Das Ziel war, der indischen Mittelklasse, deren Anzahl man mit mehreren Millionen berechnet hatte, Reisen anzubieten. In dem Land gibt es immerhin eine Milliarde Menschen. Das müsste ausreichend sein, um genügend Kunden zu gewinnen. Aber die Pläne scheiterten, als man bemerkte, dass die Kunden Probleme hatten, die Taxifahrt zum Flughafen zu bezahlen. Was lernen wir daraus? Der finnische Lebensstandard ist hoch. Das, was für uns schon Alltag ist, ist in Entwicklungsländern noch nicht einmal möglich. In vielen Ländern muss man sich mit viel weniger zufriedengeben als in Finnland. Man muss darauf warten, an den Freuden von Flugreisen teilhaben zu können, und sich mit anderen Vergnügungen zufrieden geben.

3.1.4. Welche Dinge braucht der Mensch?

Wenn der Inder ein Fahrzeug, eine Wohnung und einen Kühlschrank braucht, um zur Mittelklasse zu gehören, was braucht ein Finne? Am besten verwendet man eine wissenschaftliche Methode, um diese schwerste aller schweren theoretischen Fragen zu beantworten. Beginnen wir also am Anfang. Was braucht der Mensch am nötigsten, danach muss man zuerst fragen. Und wie wir uns erinnern, sprechen wir vom materiellen Lebensstandard – denn einen anderen gibt es nicht. Man unterscheidet die nötigsten, die wichtigsten und die Luxusgüter voneinander. Dann betrifft der Lebensstandard die Kategorie der mittleren Güter. Das Nötigste reicht nicht aus und Luxus ist zu viel. Aber beginnen wir am Anfang.

Viele Dinge braucht der Mensch unbedingt. Sie erheben ihn aus dem Elend hin zur Mittelklasse. Aber es gibt wirklich grundlegende Anforderungen. Wir brauchen Luft zum Atmen. Das ist das Allerwichtigste, denn sonst sterben wir innerhalb weniger Minuten. Dann braucht man Kleidung, zumindest im Winter. Ansonsten folgt ein paar Minuten nach dem Ersticken der Tod. Im Sommer kommt man auch im Badeanzug ziemlich weit. Dann muss man auch Wasser oder ein anderes wasserhaltiges Getränk bekommen. Alkohol zählt nicht, außer als sehr stark verdünnte Mischung. Am besten gibt man viel von einem alkoholfreien Erfrischungsgetränk dazu. Als nächstes bekommt man Hunger, obwohl konstatiert werden muss, dass man ziemlich lange ohne Nahrung auskommt, sicherlich viele Wochen. Ein verfetteter Vertreter des Lebensstandards trägt eine stabile Nahrungsreserve mit sich herum, ein bisschen wie eine Hottentottenfrau mit einem fetten Hintern. Bis das Fett verbraucht und die Schenkel sehnig geworden sind, ist der Finne auf der Suche nach Nahrung eine weite Strecke gelaufen. Aber Nahrung muss man haben und zwar nährwerthaltige. Auch ein Veganer muss sich herablassen, Schmalz in sich hineinzustopfen, wenn es nichts anderes gibt und der Tod droht. Hungersnot lehrt schlechtes Benehmen. Sogar zivilisierte Bürger wie die Leningrader Kameraden aßen einander während der wirklich langen Belagerung im Zweiten Weltkrieg auf. In der Südsee nannte man den Menschen auch ein langes Ferkel und so schmeckt Menschenfleisch angeblich auch. Kannibalismus ist auf unserem Erdball sehr verbreitet gewesen, bevor die bekehrten Kolonialherren diesen Brauch ausrotteten. Es ist interessant, dass der Kannibalismus vermutlich immer ein Teil religiöser Anbetungsriten und nicht der Nahrungsbeschaffung gewesen ist. Auch der Gedanke des Kannibalismus hat neben anderen rohen Erzählungen mit dem Christentum zu tun. Das Fleisch und Blut Jesu werden einmal wöchentlich den Abendmahlbesuchern in der Kirche zum Genuss angeboten.

Ich habe die Ideologie des Kannibalismus deshalb vorgestellt, damit wir sehen, wie relativ Notwendigkeit ist. Nahrung ist notwendig, damit unsere irdische Hülle bestehen bleibt. Aber Kannibalismus ist notwendig, damit die Götter uns nicht böse oder unserer überdrüssig werden. Im wissenschaftlich zivilisierten Finnland ist der mit materiellem Leben verbundene Aspekt unbedingt notwendig. Man muss essen, wenn man am Leben bleiben will. Alles andere ist relativ. So ist der Materialismus. Güter und Leben sind das Wichtigste. Alles andere ist Gerede und Glaube. Anders war es in jenen Zeiten, in denen die Götter richtig böse wurden, wenn sie unter ihrer Arbeitsbelastung zu ermüden drohten. Göttlicher Zwang ist aus ganz anderem Holz geschnitzt, als für das eigene Essen und Trinken zu sorgen.

Was wäre noch unbedingt nötig? Es ist schon überraschend, dass kaum etwas anderes aus der Sicht des Individuums unbedingt nötig ist. Der Mensch sehnt sich nach Gesellschaft, Sex, Drogen, kreativer Tätigkeit und anderen schönen Dingen. Aber nichts von diesen Dingen ist unbedingt nötig im grundlegendsten, dem vegetativen Sinn des Überlebens. Nicht an jedem Mangel stirbt man.

Vielleicht wage ich es, noch einen unbedingt nötigen materiellen Faktor vorzuschlagen. Eigene Kinder sind wichtig, wenn man sehr lange und bis ins hohe Alter leben muss. Wenn man Kinder hat, besteht zumindest die Möglichkeit, dass sie sich kümmern und die Alten am Leben erhalten. Das ist nicht wahrscheinlich. Vermutlich müssen sie viel zu viel über ihr eigenes Auskommen nachdenken, als dass sie Zeit hätten, die Alten zu pflegen. Aber dennoch sind Kinder unsere einzige Möglichkeit. Deshalb lohnt es sich, sich so viele Kinder wie nur möglich anzuschaffen. Aber dazu muss man sich erst den Mann/die Frau besorgen, mit dem/der die Kinder gemacht werden. Dann muss man zeugen, gebären und großziehen. Das nennt man Liebe. Ohne Liebe entsteht nichts. Wenn die Erziehung dann glückt, bringt man die Kinder dahin, gegen ihren eigenen Vorteil zu denken und zu glauben, dass sie sich um die Eltern kümmern müssen. Auch dieses gehört zur Liste der Notwendigkeiten des Lebens, wenigstens in den Entwicklungsländern, in denen es keine andere soziale Sicherung gibt. Aber in jedem Land ist es schön, wenn die Kinder ihren Eltern dann und wann einen Scheck schicken.

Der Mensch will mehr als das unbedingt Nötige. Das ist merkwürdig, aber offenkundig. Es ist sicher, dass die Befriedigung aller Notwendigkeiten nicht ausreicht. Hier kehren wir zur Bedeutung des Glücklichseins zurück. Der Mensch kann denken und sich daher auch Dinge vorstellen. Er kann sich eine bessere Welt vorstellen, eine, in der es sich schöner, einfacher, sicherer und luxuriöser lebt als in der vorhergehenden. Mit anderen Worten, er träumt vom Glück und vom Paradies. Denkt an einen Menschen, der ganz allein an einem Bachlauf wohnt. Im Bach ist das Wasser frisch und die saubere Luft verwöhnt die Lungen. Im Bach gibt es nahrhaften Fisch. Aber dann geschieht die Katastrophe. An den Oberlauf des Baches baut man eine Fabrik für Pommes frites. In der Fabrik werden Kartoffeln gewaschen, geschält und gekocht und zum Schluss werden alle Rückstände in den Bach gespült. Die Abgase der Firma verderben die Luft und die übrigen Abfallprodukte verunreinigen das Wasser und vertreiben die Fische und Vögel. Der Mensch wird aufgerüttelt. Er begreift, dass der alte Zustand besser war als der jetzige. Er denkt über die Rückkehr in die vorige bessere Welt nach. Er ist in der Lage, die Welten miteinander zu vergleichen. Deshalb kann er sich eine bessere Welt vorstellen. Von hier aus gibt es keine Rückkehr mehr in die Unschuld des Paradieses.

Die Vorstellungskraft hat den Menschen schon verdorben. Er muss sauberes Wasser bekommen. Vorher wollte er nur Wasser. Wasser bekam man aus dem Bach. Er beginnt, sich nach sauberer, frischer Luft zu sehnen. Und auch das Essen dürfte gern besser sein als die jetzige Suppe aus Wurzelgemüse. Welcher Fisch ist doch gleich der Beste? Wenn man den bekommen könnte. Das Gehirn des Menschen arbeitet fieberhaft. Ein Gedanke nach dem anderen entfaltet sich. Die Fantasien werden immer bunter und bunter. Es ruft die Tat. Irgendetwas muss getan werden. Das Wasser muss sauber sein und die Luft klar. Das Glück ist verschwunden und man muss es zurückbekommen.

Die Wohnung war früher ein reiner Schutzraum. Ein Zimmer, irdener Boden und ein undichtes Strohdach reichten völlig aus. Als Kleidung taugten die Felle erbeuteter Tiere. Mit ihnen kam man gut aus. Aber gleich, wenn einem der Gedanke von einer besseren Welt in den Sinn kommt und der Traum vom Glücklichsein entsteht, beginnt man, die Kleidung zu verbessern und die Renovierung der Wohnung wird ein Thema. Warum sollte man nicht die Umstände erneuern, wenn das nun mal Glücklichsein verspricht? Die bloße Existenz reicht nicht aus. Man wählt das Glück zum Ziel und das erfordert die Verbesserung der Welt.

Der Mensch befindet sich jetzt an der Schwelle zum hohen Lebensstandard. Er hat zunächst kraft seiner Fantasie und dann mit Blick auf die Ergebnisse seiner Arbeit verstanden, dass er möglicherweise einmal glücklich sein kann. Er will diesen neuen Zustand. Sauberes Wasser ist Glück und die Rückkehr zum Schlammwasser macht ihn sehr böse und unglücklich. Man muss nur die Kraft der Fantasie und Arbeit haben. Wie hat diese Geschichte mit dem Lebensstandard zu tun, den ich oben als materiellen Teil des Menschenlebens beschrieben habe?

In einer Gesellschaft mit hohem Lebensstandard müsste der Mensch glücklich sein. Vergleiche die oben gegebene Definition von Glücklichsein. Demnach ist der Mensch glücklich, wenn er nicht aus dem Zustand fortstrebt, in dem er sich befindet. Warum einen Zustand verlassen wollen, in dem man doch alles bekommt, was für den Menschen unbedingt nötig ist? Reicht die Befriedigung der Bedürfnisse nicht aus? Leider ist die Antwort negativ.

Der Fluch des Denkens in Bedürfnissen liegt darin, dass es so wenige Bedürfnisse gibt und dass sie so leicht zu befriedigen sind, zumindest im heutigen Finnland. Luft, Wasser und Essen sind ausreichend vorhanden. Kleidung kann man zum Beispiel im Laden des Roten Kreuzes kaufen. Ein Dach über dem Kopf findet sich sehr wohl, obwohl es im Winter auch ein bisschen kalt werden kann. Wenn als Messlatte gilt, dass man am Leben bleibt, reicht die Befriedigung der Grundbedürfnisse allein nicht aus, um das Problem des Lebensstandards zu erklären.

Andererseits gibt es endlos viele Bedürfnisse, wenn man anfängt, die Menschen selber zu fragen. Jeder sagt, dass er Gesellschaft, Liebe, kreative Arbeit, Entspannung, Ruhe und Frieden, Vergnügen, Erfrischung, Freude und Glück brauche. Niemand kann sich vorstellen, ohne sie zu leben. Hier werden Bedürfnisse mit Lüsten verwechselt, und Lüste wurden bereits weiter oben behandelt. Viele brauchen einen akademischen Abschluss. Ein anderer braucht einen Betreuungsplatz für das Kind. Noch ein anderer braucht eine größere Wohnung als bisher. Wieder ein anderer benötigt einen neuen Herd, weil der alte so lange braucht, bis er warm wird. Das Spektrum der Bedürfnisse ist breit und ihre Zahl grenzenlos. Nur ein Mangel an Fantasie setzt dem wollenden Geist Grenzen. Lebensstandard hängt nicht von Bedürfnissen und ihrer Erfüllung ab, das ist klar. Wovon hängt der Lebensstandard dann ab?

3.1.5. Anständiger Lebensstandard

Es wäre wahrscheinlich das Beste zu sagen, dass hoher Lebensstandard all das materielle Gut bedeutet, das der Mensch mit Anstand und Verhältnismäßigkeit will. Es wäre schön, wenn man Lebensstandard als Forderung nach einem menschenwürdigen Leben definieren könnte. Aber das ist ein zu niedriges Ziel. Es verscheucht zwar das Gespenst der Armut, aber zum Lebensstandard braucht es mehr. Die Forderung nach einem menschenwürdigen Leben ist eigentlich das Gleiche wie der Gedanke der Befriedigung der Grundbedürfnisse, ein zu bescheidenes Ziel. Wir müssen über verhältnismäßige Lüste nachdenken, da kann man nichts machen. Und was verhältnismäßig ist, hängt von Zeit, Ort und Kultur ab. Verhältnismäßigkeit ist das Schlüsselwort, und wir müssen uns mit Verhältnismäßigkeit zufriedengeben, wenn wir vom Lebensstandard sprechen. Hieraus folgt wiederum, dass es in Finnland schon jetzt einen sehr hohen Lebensstandard gibt. Ein den Lebensstandard betreffendes Problem gibt es nicht mehr. Es ist einfach nicht verhältnismäßig, nach noch höherem Lebensstandard als dem zu streben, den wir jetzt haben. Wir haben schon alles. Trotzdem ist Armut ein Problem, wie ich oben ausgeführt habe. Es ist nicht widersprüchlich zu sagen, dass es bei uns Armut gibt, obwohl der Lebensstandard so hoch ist, wie er höher kaum sein könnte. Für jeden ist alles im Angebot, allerdings nicht für jeden sofort.

Hier ist ein Wort der Warnung angebracht. Ich sage nicht, dass wir in Finnland schon jetzt von allem genug haben. Ich habe gesehen, dass dies behauptet wurde. Die Behauptung ist fehlerhaft. Wir haben genug Lebensstandard. Aber es gibt Dinge, die zu verbessern sind. Die Altenpflege und Kindergärten brauchen Geld. Wissenschaftliche Forschung verlangt mehr und mehr Ressourcen. Es wird immer nur mehr Geld gebraucht. Aber niemand kann Mäßigung und gleichzeitig einen höheren Lebensstandard für Finnland fordern. Lebensstandard ist eine Ware.

Was kann man wohl an Mäßigung wollen? Die Frage ist extrem heikel, wenn man auch nur ein bisschen gründlicher darüber nachdenkt. Eigentlich geht es um die Definition der Mittelklasse. Auf dieser Basis ist die Mittelklasse das Maß für Anstand und Mäßigung. Ihre Mitglieder sind genau diejenigen, die hohen Lebensstandard genießen und sich für glücklich halten. Sie wollen, was sie wollen, gemäßigt – sie wollen nicht zu viel und werden deshalb glücklich. Glücklichsein ist, dass man nicht aus dem eigenen Zustand fortstrebt. Und die Mittelklasse eines Landes mit hohem Lebensstandard bekommt das, was man mit Mäßigung wollen kann. Nur die Unverhältnismäßigen sind unglücklich und das ist ihre eigene Schuld. Niemand empfindet Mitleid mit denen, die wegen ihrer eigenen Unverhältnismäßigkeit unglücklich sind. Man kann die Gesellschaft nicht nach ihren Wünschen gestalten. Nichts ist für sie ausreichend und die Situation verschärft sich ins Unmögliche. Nur den Gemäßigten hört man zu und der Verhältnismäßige ist glücklich.

Ich schlage folgende Liste von Eigenschaften der Mittelklasse vor. Als Fortbewegungsmittel taugt dem Vertreter der Mittelklasse ein Auto. Es muss sowohl in der Anschaffung als auch im Unterhalt so billig sein, dass ein normaler Lohnempfänger oder zumindest eine Familie, der zwei Einkommen zur Verfügung stehen, sich eines zu kaufen vermag. Darin besteht eines der Probleme mit dem Lebensstandard in Finnland. Die Autos sind wegen der Autosteuer zu teuer. Nach dem Krieg musste man die Währungsflucht einschränken und deshalb dem Enthusiasmus, Autos zu importieren, Grenzen setzen. Diese Grundlage der Autosteuer ist schon vor langer Zeit verschwunden. Man hat neue Gründe gefunden: Verkehr verschmutzt und tötet, Straßen müssen gebaut und instand gehalten werden und endlos und noch mal endlos so weiter. Es mag zu dieser Sache Stellung nehmen, wer will.

Eine Wohnung muss man bekommen, um ein Dach über dem Kopf zu haben. Sie muss über eine Toilette, einen Wasseranschluss und ein Zimmer verfügen, am liebsten in der Liisankatu – Straße bekannt aus dem in den 1970er Jahren vertonten Gedicht von Pentti Saarikoski (1937-1983) – in der Nähe des Bestattungsinstituts von Matti Makkonen. Die Wohnung muss geheizt oder wenigstens zu gemäßigtem Preis heizbar sein. Für jeden Bewohner sollte es ein eigenes Zimmer geben und die Küche muss mit Haushaltsgeräten ausgestattet sein. Eine Klimaanlage, womit eine Abkühlung während der sommerlichen Hitze möglich ist, soll auch bald eingebaut werden. Babys und Alte brauchen sie, denn ihr körpereigener Wärmeausgleich ist geschwächt. Die Wohnung darf nicht zu laut und muss in ordentlichem Zustand sein. Die Wände müssen gerade sein und die Decke darf einem nicht auf den Kopf fallen. Der Wohnungsbestand Finnlands erfüllt nicht notwendigerweise alle diese Kriterien. Die Wohnungen sind zu klein. Es wäre im Namen der Mäßigung am besten, sie zu vergrößern. Auch sind Wohnungen teuer, besonders in Helsinki.

Als Kommunikationsmittel reichte früher das Telefon aus, aber heute muss man vom Handy aus telefonieren. Eigentlich hat jeder

Mensch das Recht auf ein Handy, und keiner muss sich mit seinem Schicksal zufrieden geben, der kein Handy besitzt. Was die anderen Kommunikationsmittel angeht, so verlangen wir dafür eine Breitbandverbindung in jedes Heim. Ein menschenwürdiges Leben ist nicht möglich ohne das Internet, das das Surfen, verschiedene Downloads und das Googeln ermöglicht. Mit Hilfe eines Computers kann man außerdem spielen und billige Auslandstelefonate führen.

Essen und Trinken muss ausreichend im Angebot und die Auswahl umfassend sein. Ausländische Produkte, besonders Wein und Käse, müssen angeboten werden. Ausländische Biere vervollständigen das recht knappe Angebot der finnischen Brauereien bestens. Das dunkle Porter-Bier der Brauerei Koff hebt den finnischen Lebensstandard schon seit sehr vielen Jahrzehnten an. Das Angebot an frischem Fisch muss garantiert werden, und es wäre gut, wenn auch Wild je nach Saison angeboten würde. Gutes Steakfleisch kommt aus Südamerika, obwohl böse Zungen vor dessen möglicher Verseuchung mit Salmonellen warnen. Aus England dürften gar keine Lebensmittel importiert werden. Die Qualität von Gemüse ist in Finnland ein wirkliches Problem für den Lebensstandard. Wenn die Tomaten nach reinem Wasser schmecken und zwischen den Zähnen knacken, ist die EU-subventionierte überstaatliche Lebensmittelproduktion in Schwierigkeiten. Was das Gemüse angeht, sinkt der Lebensstandard beständig. Der Zugang der Bürger zu ordentlichem Gemüse ist zu schwierig. Brot ist in Finnland gut und hebt den Lebensstandard, obwohl es zu salzig ist. Im Allgemeinen ist das Nahrungsangebot jedoch einseitig und die Auswahl klein. Außerhalb von Helsinki ist die Beschaffung von Nahrung bestimmt sterbenslangweilig, wenn man immer Hühnerbrustfilet kaufen muss. Heutzutage schmeckt Hühnchen jedoch nicht mehr nach Hering. Der Zorn des Volkes veranlasste den Züchter, den Geschmack zu korrigieren. In Helsinki gibt es wenigstens die Markthalle von Hakaniemi und andernorts einige Feinkost-Schmankerln, zum Beispiel im Kaufhaus Stockmann, obwohl eine Schwalbe noch keinen

Sommer macht. Das Essen ist nicht geeignet, den finnischen Lebensstandard zu heben, wie schon Berlusconi sagte. Er kennt nur das, was beim Präsidenten serviert wurde, so dass man darauf schließen kann, dass nicht einmal im Präsidentenpalast gut gegessen wird. Ich glaube, dass es so ist. Helsinki ist auch sonst voll von Restaurants des schlechten Essens. Um den Rest des Landes steht es noch schrecklicher.

Auch die Kleidung muss betrachtet werden. Wie ich oben festgestellt habe, ist der Badeanzug nur an ein paar Tagen im Jahr ausreichend, ansonsten braucht man dicke Strumpfhosen und Alpaka-Hemden bzw. -Pullover. Die Ausstattung des Finnen leidet nicht unter einer Krise, was den Lebensstandard angeht. Kleidung ist im ganzen Land ausreichend erhältlich. Was den Luxuskonsum angeht, mag es Probleme geben und die Moden kommen, verglichen zum Beispiel mit Neuseeland, sehr spät in Finnland an, aber das liegt an der weiten Entfernung der Siedlungszentren unseres Landes von Paris, Rom und London. Aus der Perspektive der Diskussion um den Lebensstandard sind diese Aspekte unbedeutend, aber ich erwähne sie dennoch. In Finnland braucht man oft eine Steppjacke und das Vorbild dafür bekommt man aus den Alpenländern schnell. In der alten Zeit kam diese Mode aus Russland. Aber dort waren die Jacken mit Stroh gefüttert, das man in Finnland kaum noch bekommt. Über Pelze müsste man lange reden, weil sie ein traditionelles finnisches Kleidungsstück sind. Jetzt sind sie eine unethische Wahl. Auch Marimekko drohte nach dem Ankauf einer pelzverarbeitenden Firma zu Mördermekko oder Blutmekko zu werden. Aber die Angelegenheit konnte ohne große Schäden in Ordnung gebracht werden, glücklicherweise. Marimekko repräsentiert ja doch im Hinblick auf Kleidung in unserem Heimatland und auch anderswo Lebensstandard. Pelz hat natürlich mit dem nach Luxus strebenden Leben der adligen Elite zu tun. Ich nehme nicht weiter Stellung zu dieser Sache. Ich stelle nur fest, dass Bewerfen von Pelzen anderer mit Farbe oder andere entsprechende Gewalt kein zivilisiertes Verhalten ist und niemanden glücklich macht.

Wenn diese gemäßigten Voraussetzungen erfüllt sind, nimmt man an, dass der Finne im Namen der Mäßigung glücklich ist. Sein Mittelklasseleben ist in Ordnung und Klagen muss man keine Beachtung schenken. Der Bürger ist mit seinem Land zufrieden und sein Land mit ihm. Den Luxus muss man vergessen. Daran zu denken, macht unglücklich. Niemand bekommt jemals genug Luxus für sich und das schürt bittere Unzufriedenheit.

In diesem Zusammenhang möchte ich noch auf ein gewisses bemerkenswertes gesellschaftliches Experiment zurückkommen. Meiner eigenen Generation sind die folgenden Wahrheiten bekannt, aber an den jungen Leser und vielleicht auch den erwachsenen Stalinisten gerichtet, lohnt es sich, darüber zu schreiben. Die Sowjetunion und der Mangel an Konsumgütern sind eine Herausforderung für die Theorie des Lebensstandards. In der UdSSR wollte man schnell und effektiv eine fortschrittliche Gesellschaft aufbauen. Schon Lenin kam zu dem Schluss, dass man damit anfangen müsse, das ganze große Land zu elektrifizieren. Damit begann man, ohne Mühen zu scheuen. Zum Schluss baute man Atomkraftwerke, und davon baute man viele. Dem sozialistischen Realismus entsprechend malte man Bilder von schönen jungen Männern beim Bau von Staudämmen und Kraftwerken. Die Frauen brachten mit flatternden gelben Zöpfen gereiftes Getreide von den prächtigen Feldern der Ukraine ein. Dann musste Eisen hergestellt werden und auch davon brauchte man viel. Aus Polen bekam man Steinkohle, mit der die Eisenherstellung flink von der Hand ging. Das Eisen verwendete man zuerst für Panzer, aber der Plan war, es auch nutzbringend einzusetzen, sobald die Grenzen des friedliebenden Landes erst einmal gesichert wären.

In den 1950er Jahren, nach Stalins Tod, wurde man von der schrecklichen Wahrheit wachgerüttelt, dass im Westen dennoch ein höherer Lebensstandard herrschte als in der UdSSR, weil es in den Geschäften keine Waren gab oder wenn doch, dann waren es Waren, die keiner wollte.

Als Nikita Chruschtschow an die Macht kam, versprach er, dass es in den Geschäften bald hübsche Damenunterwäsche geben werde. Damit begann es, mit Nikitas Karriere abwärts zu gehen, war doch das Versprechen unverhältnismäßig schwer einzuhalten. Nach dem Krieg wunderte man sich in der UdSSR über die dumme Wirtschaftspolitik Polens, da der erste Wirtschaftszweig, der dort in Schwung kam, Damenkosmetik war. Das war im Gelobten Land des Eisens und der Stromproduktion schwer zu verstehen. Polen existiert nach wie vor und ist als Mitglied der EU wirtschaftlich gut aufgestellt. Die UdSSR hat aufgehört zu existieren. Das kann schon mal passieren. Aber jetzt verkauft Russland so viel Gas in den Westen, dass die Frauen in der Lage sind, so viel schöne Unterwäsche zu kaufen, wie ihr Herz begehrt, zumindest wenn sie in Sankt Petersburg oder Moskau wohnen. Auch der Markt von Viipuri bzw. Wyborg schien sehr gut ausgestattet zu sein, als ich vor einigen Jahren dort war. All dies zeigt die Bedeutung der Analyse des Lebensstandards für das Schicksal von Staaten und Völkern. Eisen ist nicht die einzige wichtige Sache der Welt. Man braucht auch Lebensstandard. Die UdSSR war ein seltsames Land, ein reicher Staat ohne jeden Lebensstandard. Nichts gab es, nichts durfte man kaufen, nur von Touristen bekam man Dinge. Als die Sturmtrupps und Heldenbürger der UdSSR schließlich nach Finnland kommen konnten, musste man ihnen irgendwie das große Warenangebot der Läden erklären. Die Gäste aus dem Osten glaubten, dass die Schaufenster nur Täuschung waren. Niemand wäre angeblich in der Lage, diese Waren zu kaufen. Die Werbefigur Väiski der K-Ladenkette war ein dicker Metzgermeister, der auf dem privaten Fernsehsender MTV so große Steaks präsentierte, dass es im estnischen Tallinn beinahe zu einem Aufstand gekommen wäre. Das Schaufenster eines Bekleidungsgeschäfts und die im Fernsehen gezeigte Fleischtheke sind die wirklichen Gradmesser des Lebensstandards. Kein Wunder, dass der Lebensstandard in diesen Zeiten des Überflusses kein besonders interessanter Gedanke ist.

3.2. LEBENSQUALITÄT

3.2.1. Was ist Lebensqualität?

In einem reichen Land interessiert der Lebensstandard niemanden mehr. Das Problem ist die Lebensqualität. Mit Lebensqualität meint man nicht den materiellen Wohlstand bzw. das Wohlergehen. Beides wird durch einen ausreichend hohen Lebensstandard ermöglicht. Es geht darum, wie wir unsere materiellen Ressourcen des Lebensstandards, unser Geld und Gut, verwenden. Wir fragen, was für eine hohe Lebensqualität verlangt wird. Meiner Ansicht nach ist es klar, dass eine hohe Lebensqualität eine Komponente des Glücklichseins ist. Der Mensch hat keinen Grund zu klagen.

Heutzutage hat man begriffen, dass Lebensstandard alleine nicht ausreicht, sondern dass man außer der Lebensqualität auch berücksichtigen muss, wie man lebt, und nicht nur, welche materiellen Ressourcen zur Verfügung stehen. Wenn man ein Telefon hat, aber niemanden, den man anrufen kann, ist das Leben nicht qualitativ gut. Wenn man ein Auto hat, aber so krank ist, dass man keinen Führerschein bekommt, hat man keine Freude am Auto. Über Qualität kann man sehr leicht auf einem allgemeinen Niveau sprechen und Lebensqualität betrifft jeden. Wir alle können unser Leben verbessern. Jeder von uns kann die Mängel seiner Lebensweise korrigieren, indem er oder sie die Ressourcen seines Lebensstandards besser verwendet als vorher.

Was tut ein ordentlicher Finne der Mittelklasse, wenn er ein qualitativ gutes Leben führt? Wie ist unser gutes Leben beschaffen? Gibt es für verschiedene Gruppen ein unterschiedliches gutes Leben - oder wenigstens eine unterschiedliche Auffassung von gutem Leben? Darf jeder für sich selber das gute Leben definieren, das der Leitstern für die Handhabung des eigenen Lebens ist? Oder existiert eine einzig richtige Auffassung vom guten Leben? Wer definiert sie und mit welchen Begründungen? Ich würde glauben, dass das gute Leben ein typischer Mittelklassebegriff ist, mit dessen Hilfe wir zu einem gleichförmigen und nicht voneinander abweichenden Leben nach wissenschaftlichen Regeln geleitet werden. Damit geben wir uns zufrieden und werden auf diese Weise glücklich. Es ist gut, auf die richtige Weise zu leben. Genau das ist Lebensqualität. Die Mittelklasse vertraut auf die Wissenschaft und die darauf basierenden Erkenntnisse über Lebensqualität und lässt sich gerne in die vorgegebene Richtung lenken. Aber worum geht es dann eigentlich?

Lebensqualität setzt Gesundheit, Erholung, sinnhafte Arbeit, zwischenmenschliche Beziehungen, kreative Tätigkeit und ein gutes Umfeld voraus. Wenn man die Ressourcen des Lebensstandards dazu verwendet, diese Umstände herbeizuführen, verbessert sich die Lebensqualität. Dies alles sind Werte, deren Verwirklichung die Lebensqualität der Menschen hebt. Wir müssen jeden dieser Werte einzeln betrachten, um die Spreu vom Weizen zu trennen. Wir müssen sagen, welche Art von Erholung wir wollen, und fragen, was ein gutes Umfeld ist. Nur arbeiten reicht nicht aus. Wir verlangen eine sinnhafte Arbeit, bei der wir unser eigenes Ego entfalten können. Die Rede von Lebensqualität betont die Bewertung der Zustände und Lebensumstände und deren Veränderung in eine bessere Richtung.

3.2.2. Gesundheit

Ohne Gesundheit gibt es kein qualitativ gutes Leben. Gesundheit ist die Grundlage für alles. Wenn die Leber versagt, verliert der Weinliebhaber den Boden unter den Füßen. Für Sex hat man keine Kraft, wenn man nicht fit ist. Zur Arbeit geht man nicht krank. Ein schlechter Gesundheitszustand verkürzt das Leben, was traurig ist. Heutzutage stützen wir unser Leben auf die Gesundheitsreligion; deren Pastoren sind die Ärzte. Wir sind uns die ganze Zeit der Forderungen der Gesundheit bewusst, so dass wir unser Leben entsprechend anpassen. Mit Gesundheit meint man heute ein allseits gutes Befinden und volle Leistungsfähigkeit. Früher wurde Gesundheit als Abwesenheit von Krankheit definiert. Wenn man keine diagnostizierte oder erlebte Krankheit hatte, war man gesund. Heutzutage kommen wir nicht mit so wenig davon. Eigentlich ist keiner mehr gesund. Jeder könnte ein bisschen energischer und frischer sein, sich bewegen und seine Aufgaben besser bewältigen. An jedermanns Verfassung gibt es etwas zu optimieren. Jeder profitiert von Bewegung und gesunder Ernährung. Unser Leben ist ein Kampf gegen einen schrecklichen Feind, den wir niemals besiegen können. In diesem Sinne macht Gesundheit uns nicht mehr glücklich. Früher war ein gesunder Mensch mit seinem Zustand zufrieden, jetzt hat jeder irgendeine Schwäche, die man optimieren müsste. Gesundheit bedrängt uns und zwingt uns zu handeln. Gesundheit verspricht Glück und Erfolg. Das ist Lebensqualität, aber die Gesundheit flieht vor uns wie ein Irrlicht und veranlasst uns, uns zu sorgen und zu grämen. Hier liegt der Widerspruch der Gesundheit: Gesund lässt es sich gut leben, aber niemand ist jemals gesund.

Wenn die Not am größten ist, klopft die Lösung des Problems an die Tür. Man muss nicht nach Gesundheit streben, man muss danach streben, gesund zu leben. Das sind zwei verschiedene Dinge, wie leicht zu bemerken ist. Gesundheit ist ein unmöglicher Traum. Niemand von uns ist perfekt, zumindest nicht für sehr lange. Das heutige Gesundheitswunder ist der Kranke von morgen. Aber jeder von uns ist in der Lage, gesund zu leben. Jeder kann sein Leben so gestalten, dass die Gesichtspunkte der Gesundheit im Vordergrund stehen. Man muss das Leben der Gesundheit opfern, die nie erreicht wird. Genau deshalb ist Gesundheit Lebensqualität: Gesundheit ist eine Lebensweise. Und diese Lebensweise ist untersucht und für gut befunden worden. Sie gehört uns allen, den aufgeklärten Bürgern. Wenn wir nicht nach den Regeln leben, sind wir eine Belastung füreinander und für die ganze Gesellschaft. Wir erkranken an einer richtigen Krankheit.

In Europa sind die Dänen ein gutes Beispiel für das unterschiedliche Denken über Lebensqualität. Die Dänen rauchen, essen fette Mahlzeiten und trinken Alkohol. Große Mengen Bier, Wein und Aquavit fließen die Kehlen hinunter. Eine dänische Kneipe in den letzten Abendstunden ist ein äußerst munterer Ort, wenn die Kunden anfangen, immer härtere und härtere Getränke zu kippen, um betrunken zu werden, bevor sie nach Hause gehen. Die dänischen Schinken und Salamis triefen vor Fett, und die roten Pölser-Würstchen verkaufen sich gut. Das fröhliche und sorglose Leben fordert seinen Tribut: Das Durchschnittsalter der Dänen ist sogar niedriger als das der armen Finnen. Man würde denken, dass dies die Dänen wachrüttelt, aber das ist nicht geschehen. Ihre Lust am Genuss besiegt das Streben nach Gesundheit. Der Däne glaubt auch sonst nicht an Autoritäten, wie es der Finne tut, und Aufklärer sind ja explizit Autoritäten.

Die hervorragende gesunde Lebensweise funktioniert auf zwei Arten. Erstens hält sie Krankheiten fern und zweitens sorgt sie dafür, dass wir aktive Arbeiter und nette Freunde sind. Jeder von uns hat die Verantwortung für seine eigene Gesundheit, und wenn wir erkranken, richtet sich der vorwurfsvolle Blick auf unsere Lebensweise. Der Vertreter des guten Lebensstandards hat wieder etwas falsch gemacht und ist in Schwierigkeiten geraten. Nun rufen wir in der Not die Krankenpflege und verschwenden die Mittel der Gesellschaft. Das darf man nicht tun. Man muss gut für sich selber sorgen.

Wie werden Krankheiten vermieden? Man muss an das Kondom denken, wenn man Sex hat. Auch mit der eigenen Frau sollte man immer ein Kondom benutzen; vielleicht ist sie fremdgegangen. Wenn man selbst fremdgegangen ist, braucht man es auf jeden Fall. Man muss sich über die Sache nur einigen, damit es keinen Streit gibt. Zu essen macht man sich am besten gedämpftes Gemüse. Es ist schön, etwas Warmes in den Bauch zu bekommen. Fleisch sollte man nicht essen und möglichst auch Fisch vermeiden. Die Tiere sterben qualvoll und dadurch gelangen Gifte ins Fleisch. Das Gift schadet dem Menschen, so dass es das Beste ist, sich mit Gemüse zufrieden zu geben. Nahrungsergänzungsmittel lohnt es sich reichlich zu nehmen, angefangen mit Vitaminen. Auf diese Weise bleiben die Spurenelemente im Gleichgewicht. Auch sonst ist es nicht gut, die ganze Zeit ans Essen zu denken. Die Geschäfte drängen einem vielerlei Kost auf, aber man muss stark bleiben. Der Mensch lebt nicht, um zu essen. Man muss nur so viel Nahrung zu sich nehmen, dass man in guter Verfassung und schlank bleibt. Das Gewicht und der Fettanteil des Körpers müssen die ganze Zeit überwacht werden. Man darf nicht zulassen, dass der Blutdruck steigt. Dem Dicken droht Diabetes im Erwachsenenalter. Und Fettleibigkeit ist hässlich. Keiner will mit einem Dicken ins Bett gehen.

Bewegung ist aus der Perspektive der Gesundheit essenziell. Jeden Tag muss man eine Runde machen. Gehen, Laufen, Schwimmen, Radfahren und *Nordic Walking* sind zu empfehlen. Die Jüngeren rollerbladen und tun andere spannende Dinge. Es ist schön, ins Fitnessstudio zu gehen, aber wenn dort Steroide und andere Mittel für das Körpertuning zum Kauf und Konsum angeboten werden, darf man auf das Angebot nicht eingehen. Solche Mittel sind Teufelszeug; mit ihnen gerät man geradewegs in die Hölle. Wenn man zu Wettkämpfen tendiert und seine Leistung verbessern will, muss man das auf natürlichem Wege tun. Größere Gewichte an die Stange, das reicht. Auf jeden Fall ist Bewegung wichtig. Man darf nicht zu lange vor dem Fernseher ausharren, nicht einmal um Sportprogramme anzusehen. Denn es ist besser, sich selber zu bewegen, als anderen beim Bewegen zuzusehen.

Wenn die Krankheit dann eintritt - und sie tritt bei jedem von uns über kurz oder lang ein - muss man sich an die folgenden Regeln erinnern. Die Gesunden und die gesund Lebenden wollen nicht, dass man sie an Krankheiten erinnert. Der Kranke muss dem Streben des Gesunden nach Lebensqualität und Kontrolle über die Qualität Ehre erweisen und aus der Lebenswelt des Gesunden verschwinden. Wenn man Krebs hat, sollte man darüber niemandem erzählen, da diese Information die Mitmenschen erschüttert und ihnen das Leben verdirbt. Wir wollen doch nicht die Lebensqualität des anderen verschlechtern. Deshalb muss man sich zurückziehen und sich darauf konzentrieren, die Qualität des eigenen Lebens zu verbessern, was doch auch dem Kranken möglich ist. Wenn man im

Krankenhaus ist, darf man keine Besuche früherer Freunde erwarten, das Krankenhaus deprimiert jeden, der dort nicht arbeitet, und das ist hinsichtlich der Lebensqualität schädlich. Es ist also das Beste, die ehemaligen Freunde und auch die Familie ihr eigenes Leben in Ruhe leben zu lassen. Sie sind dankbar dafür, dass du sie nicht an dich erinnerst. Sie lassen dich nicht im Stich. Sie erinnern sich wohl an dich und grüßen, wenn sie dich noch sehen, aber sie wollen ihre Ruhe haben. Das Leben eines Kranken gehört nicht zur Lebensqualität eines gesunden Menschen. Das ist die grundlegendste Vorgabe der Ethik der Krankheit. Krankenhäuser und andere Institutionen existieren genau deshalb, damit der Kranke die Gesunden nicht ärgern kann.

Besonders problematisch sind psychische Störungen. Wenn man wirklich verrückt wird und in die Psychiatrie kommt. In Vaasa ging man zum SÖD. (SÖD ist die Abkürzung für Södra Österbottens Distrikt. Dies bezeichnet den Verwaltungsbezirk, zu dem die Psychiatrie gehörte.) Jeder wusste, was es bedeutet, zum SÖD zu müssen. In Alt-Vaasa gibt es auch eine Gefängnispsychiatrie, aber das ist ein so geheimer Ort, dass nur die Mauern zu sehen waren. Auf jeden Fall ist echte Verrücktheit ein leicht erkennbarer Fall. Es ist eine Krankheit und sie wird im Krankenhaus und mit Medikamenten behandelt. Aber alle anderen Formen von Verrücktheit sind auch problematisch.

Es gibt Verrückte, Halbverrückte und Viertelverrückte. Bei den Viertelverrückten gibt es zwei Arten: diejenigen, die wissen, dass sie verrückt sind, und diejenigen, die es nicht wissen. Erstere schaden sich selbst und Letztere anderen. Man muss sich dennoch daran erinnern, dass der größte Teil der Menschen Verrückte sind, wenigstens Viertelverrückte. Diejenigen, die behaupten, nicht verrückt zu sein, sind genau jene Verrückten, die anderen zur Last fallen. Diejenigen, die zugeben, verrückt zu sein, leiden vor sich hin und stören andere gar nicht so sehr. Ganz harmlose Verrückte gibt es jedoch nicht. Das darf man nicht vergessen.

Es ist empfehlenswert, die eigene Verrücktheit nicht zu erkennen, weil es dann leichter ist, glücklich zu sein. Ein bekennender Verrückter ist im Allgemeinen wegen seiner Verrücktheit unglücklich. Es ist nicht schön zu wissen, dass man verrückt ist. Manche glückliche Menschen scheinen gerade deshalb verrückt zu sein, weil sie glücklich sind. Darum sind sie unerträglich, aber es ist schwer, sie loszuwerden.

Von der Viertelverrücktheit gibt es laut der modernen Medizin nur eine Art, die Depression. Was für ein deprimierender Gedanke, dass der Verrückte nur eine Möglichkeit zu leben hat, Depression. Was kann denn deprimierender sein? Schon das Bewusstsein dessen deprimiert, zumindest mich selber. Für Depressionen gibt es jedoch so gute Medikamente, dass niemand darunter leiden muss. Man möge sich auch daran erinnern, dass die gute alte Alkoholkur nur noch deprimierter macht. Wenn man feststellt, dass man ein verkaterter alter Säufer ohne Geld ist, dessen Schläfe blutig ist und der morgens den Geschmack von Blut im Mund hat, deprimiert einen das mit Sicherheit. Der Dauertrinker wiederum leidet die ganze Zeit, weil die Portionen zu klein sind und das Gehirn nicht richtig vernebelt wird.

Früher war es viel interessanter, ein Viertelverrückter zu sein, als man neurotisch und hysterisch sein durfte (die Frauen). Es gab zwanghafte Vorstellungen, Phobien und Perversion. Das ganze Spektrum seelischer Qualen stand zur Verfügung. Heutzutage ist man nur depressiv und nimmt Medikamente. Das Ausbrennen, also Burn-out, droht, aber wer hat die Kraft, sich dafür zu interessieren? Man arbeitet einfach weniger, dann löst sich das Problem schon von selbst.

Die psychische Gesundheit ist deswegen eine merkwürdige Art der Gesundheit, weil es schwer ist, sie selber zu behandeln. Wenn man dazu tendiert, sich sehr stark zu ärgern oder zu Zwangsvorstellungen neigt, was tut man dann dagegen? Viele Frauen in diesem Land sind phänomenal neurotische Putzerinnen und Pflegerinnen des Umfeldes. Die ganze Zeit muss das Heim sauber und aller Orten Ordnung gehalten werden. Der eigene Habitus gehört in das Feld der gleichen Manie. Jedes Körperhaar muss richtig angeordnet sein und die Unterhose zweimal täglich gewechselt werden. Das Heim muss geputzt und sauber gehalten werden. Gegenüber einer meiner früheren Frauen erklärte ich mich bereit, immer dann zu staubsaugen, wenn sie mir sagt, es sei nötig. Ihre Antwort war typisch: „Wenn man dir erst sagen muss, wann du Staub saugen sollst, dann ist alles zu spät." Ich sollte ohne jeden Hinweis wissen, wann ihrer Meinung nach Staub gesaugt werden musste. Das ist gefährliche Viertelverrücktheit, die dem gemeinsamen Glück der Partner nicht dienlich ist. Wie könnte die Frau ihr Leid erkennen? Und wie würde sie sich selber helfen?

Die kleinen Mängel der psychischen Gesundheit verringern die Lebensqualität, aber es ist schwierig, sie zu korrigieren oder wenigstens festzustellen. In vielen gesunden Körpern wohnt ein kranker Geist. Und welche Freude hat man dann am gesunden Körper? Die Qualen des Geistes sind schwer wieder zu richten. Dagegen kann man nicht wirklich etwas tun. Zum Therapeuten zu gehen, lohnt sich keinesfalls. Eine Freundin von mir tat dies, als sie sich schrecklich bedrückt fühlte. Der Grund war, dass sie einen Mann und zwei Liebhaber hatte. Sie empfand es als problematisch und wollte einen Rat, wie sie sich verhalten solle. Das ist verständlich und akzeptabel. Der Therapeut hörte mit geneigtem Kopf zu und ließ dann seinen diesbezüglichen Rat verlauten. Dessen Inhalt war: Behalte alle drei. Meine Freundin sagte, dass die drei doch genau das Problem und keine Lösung seien. Sie ging und kam nicht mehr wieder. Wie kann man sicherstellen, dass der Therapeut nicht genauso verrückt oder verrückter ist als sein Klient – das ist die Frage. Ich selber gehe nicht zum Therapeuten, weil ich überzeugt davon bin, dass ich, so verrückt wie ich bin, über meine eigene Verrücktheit mehr weiß als er. Der Therapeut empfiehlt der Schwester eines Krebspatienten, die Verbindung sofort zu kappen, wenn der Patient sie zu Hause anruft und reden will. Gerade dann verbringt der andere qualitativ hochwertige Zeit mit sich selber. Es entsteht eine Störung. Was ist zu tun? Ein verrückter Therapeut gibt natürlich den Rat, gemeine Briefe zu schreiben, in denen klar gesagt wird, welches Verhalten man vom Patienten erwartet. Es ist das Beste, das Anrufen sein zu lassen, auch wenn sonst die guten Beziehungen bestehen bleiben.

3.2.3. Erholung und Unterhaltung

Gesundheit macht glücklich, wenn man gesund ist. Aber wenn man nicht gesund ist, macht die Rede von Gesundheit unglücklich. Man versucht, die Lebensqualität zu heben, indem man sich erholt und vergnügt. Wenn Vergnügungen nicht glücklich machen, was dann? Wenn es schwierig ist, glücklich zu sein, muss man sich vergnügen. Zum Glück existiert ein großartiger, breitgefächerter Wirtschaftszweig, dessen Aufgabe es ist, den Menschen zu unterhalten und zu seiner Erholung beizutragen. Ein arbeitender Mensch hat Freizeit und die nutzt er zur Erholung. Dann hat er wieder Kraft zum Arbeiten. Die andere Möglichkeit ist natürlich die, dass der Mensch sich in seiner Freizeit zu Tode langweilt. Die Aufgabe der Unterhaltung besteht dann darin, die Freizeit so auszufüllen, dass man sie gar nicht bemerkt. Auch das ist erholsam, weil man dann nicht dazukommt, depressiv zu werden. In jedem Fall sehnt sich der Mensch nach Unterhaltung und sucht sie.

Unterhaltung macht glücklich – aber hebt sie die Lebensqualität? Die Frage ist interessant. Wenn Unterhaltung glücklich macht, ohne zugleich die Lebensqualität anzuheben, ist Lebensqualität keine besonders interessante Sache. Warum sollten wir uns für Qualität interessieren, wenn sie nichts mit dem Glücklichsein zu tun hat? Das Beste ist es, sich in dem kurzen Moment, der für diesen Überfluss überhaupt zur Verfügung steht, gut zu unterhalten und glücklich zu sein. Es ist fraglich, ob Unterhaltung die Lebensqualität hebt. Jedenfalls macht sie glücklich.

Im Folgenden konzentriere ich mich auf die Unterhaltungsindustrie. Jeder von uns kann mit eigenen Händen für Unterhaltung sorgen, aber das gehört in den Bereich des kreativen Lebens. Das untersuchen wir weiter unten. An dieser Stelle reicht es, darüber zu sprechen, wie man unterhalten wird. Ich komme hier nicht auf die Art von Erholung zurück, die gut für die Gesundheit ist. Erholung macht gesund, aber Unterhaltung als Erholung ist eine ganz andere Sache.

Ein rechtschaffener Mittelklassebürger kehrt jeden Tag um sechs Uhr von der Arbeit nach Hause zurück. Die Wochenenden sind frei und Urlaub hat man ein paar Monate. Was soll man nur in seiner Freizeit tun? Kreative Beschäftigung fühlt sich zu sehr wie Arbeit an, daher muss man sie vermeiden. Die Rituale zur Gesundheitspflege sind absolviert, aber was dann? Es ist noch beängstigend viel Zeit übrig. Auf dem Land und in Kleinstädten gibt es zwei Möglichkeiten, Lesen und Fernsehen. Großstädte bieten mehr Spielraum. Alle Finnen sind in der Lage, zur Urlaubszeit auf Reisen zu gehen, weil in Finnland der Lebensstandard ausreichend hoch ist. Nun nur noch die Unterhaltung ausgesucht. Weil die Aufgabe nicht einfach ist, gebe ich dazu einen Rat. Dieser Rat betrifft nicht die Jugend, weil ich über das Leben der Jugend nichts weiß. Es tut mir leid, dass es so ist, aber zum Glück weiß ich ein wenig über das Leben erwachsener Mittelklassemenschen, oder zumindest glaube ich, etwas darüber zu wissen.

Der Fernseher ist ein äußerst empfehlenswertes Gerät. Erst als Generator von Unterhaltung wird er übermächtig, weil er sich zu Hause befindet; er macht passiv und man kann in keiner Weise darauf einwirken. Die Macht des Fernsehers über den Menschen gründet sich auf die einfache biologische Tatsache, dass der Mensch ein Beutetier ohne schützenden Panzer ist. Das Auge des Menschen ist so konstruiert, dass es auch am Rande des Gesichtsfelds Bewegung wahrnimmt. Wenn die Bewegung wahrgenommen wird, richtet sich der Blick darauf. Es ist schwierig, den Blick nicht auf eine Bewegung zu richten, die sich von einer statischen Umgebung abhebt. Wenn ein Mensch in einem Raum ist, in dem sich ein Fernseher befindet, richtet sich sein Blick ganz reflexartig auf den Bildschirm. Er muss bewusst den Blick auf den Bildschirm vermeiden und das kostet Energie. Es ist leichter hinzusehen als wegzusehen, und deswegen sieht der Mensch fern. Viele bilden sich ein, wegen der Sendungen fernzusehen, aber das ist ein naiver Fehler. Ein bewegtes Bild wirkt anziehend und hypnotisiert den Zuschauer, der die Zeit, den Ort und sich selber vergisst. Wenn das Gerät ausgeschaltet wird, erwacht der Zuschauer wie aus einer Trance und hat das Gefühl, ein ganz neues Leben zu beginnen. So hoch ist der Grad der Erholung. Das Bewusstsein ist für die Zeit des hypnotischen Zustands auf null gesetzt worden. Genau das bezeichnet man als Erholung. Ein Fernseher ist also ein für jedes Heim empfehlenswertes Gerät. Eigentlich braucht man für jedes Heim viele Empfangsgeräte.

Die besten Sendungen sind Gewaltsendungen, in denen ein bisschen Sex vorkommt. Davon gibt es genügend. In ihnen wird gewöhnlich mit Gewehren gespielt. Das Gewehr ist ein Symbol für den Penis, und deshalb bringt auch die erwachsene Frau Interesse dafür auf. Der Mensch interessiert sich nur für Sex und den Tod, das habe ich oben schon bewiesen. Das Fernsehen lässt auch die starken Gefühle zu, die den Geist von Gefühlsschlacken reinigen und wunderbar erholsam wirken. Die emotionalsten Situationen sind diejenigen, in denen richtige Menschen zusammengerufen werden und ihnen mitgeteilt wird, dass einer aus der Gemeinschaft ausgeschlossen wird. Die Idee zu einer solchen Sendung ist wirklich genial und der Zuschauer müsste ihrem Erfinder dankbar sein. Der Mensch ist ein Hund, der im Rudel, vom Rudel und für das Rudel lebt. Jede Individualität ist Täuschung und Betrug. Ein erwachsener Mittelklassebürger ist ein Rudeltier, das das Gleiche will wie die anderen. Sich zu unterscheiden, ist für ihn ein gefährlicher Stressfaktor, der mit allen Mitteln vermieden werden muss. Deshalb verfolgt er das Ausschlussspiel im Reality-TV unter großer Anspannung. Wer wird aus dem Rudel ausgeschlossen? Wen lässt das Rudel im Stich? Es ist einfach, sich mit dem Ausgeschlossenen zu identifizieren, denn er steht genau dafür, wovor ich mich am meisten fürchte, nämlich im Stich gelassen zu werden. Die positive Auslese ist nicht in gleichem Maße interessant. In Schönheits-Wettbewerben um den Titel einer Miss werden Mädchen ausgewählt und auf einen Platz in der Sonne gehoben. Das versetzt den Zuschauer in gute Laune, aber die Qual über den brutalen Ausschluss aus der Gemeinschaft ist als Gefühl viel klarer und stärker.

Die Unterhaltung hat Einfluss auf die Zeit, die Gefühle und das Glück des Menschen. Es ist gut, sich einen Kinofilm anzusehen, wenn es vor Ort noch ein Kino gibt. Kinofilme sind jedoch Unterhaltung für das einfache Volk. Vielleicht ist es lohnender, so richtig in die Oper zu gehen oder sich ein Ballett anzusehen. Wenigstens die *Salome* von Strauss muss man sehen. Darin entblößen sich einige mutige Soprane. Da sie nicht besonders jung sind, empfehle ich, kein Opernglas mitzunehmen. Erinnern wir uns noch daran, dass in *Tosca* eine richtig schöne Folterszene vorkommt und dass Tosca sich am Ende von der Mauer in den Tod stürzt. In vielen Opern singen auch die Sterbenden noch laut und hoch. Wenn das keine Unterhaltung ist, dann ist gar nichts Unterhaltung.

In ein Sinfoniekonzert muss man sich nicht bemühen. Der Unterhaltungswert einer solchen Musik ist nicht besonders hoch. Auf dem Feld der Musik ist es gut, sich auf Pavarottis Stadionkonzerte zu konzentrieren, bei denen der dicke Mann den Mund bewegt und die Musik von hinten von einer Schallplatte kommt. Er ist der weltgrößte Tenor und deshalb muss man ihn wenigstens einmal im Leben live sehen. Das gibt die Mittelklassenorm vor. Es ist auch gestattet, einen Blick auf irgendeine alte Rockband zu werfen. Aber dieses alles sind nur Höhepunkte der Unterhaltung, die sich im Leben nicht besonders oft wiederholen. Auf sie kann man kein Glücklichsein gründen. Unterhaltung muss fortlaufend, vertraut, leicht zugänglich und billig sein. Das Fernsehen ist unschlagbar. Dort gibt es alles. Man muss nicht zu Sportwettbewerben oder Fußballspielen gehen, da man sie alle direkt in die heimische Ecke und an die Wand geliefert bekommt. Die Wahrheit ist: Die beglückende Wirkung der Unterhaltung und ihre die Lebensqualität erhöhende Natur kommen nicht zur Wirkung, wenn einem Unterhaltung nur ab und zu und unter großen Mühen zuteilwird. Unterhaltung muss die ganze Zeit verfügbar sein. Sie füllt die Freizeit aus. Sie hilft, die karge Wirklichkeit zu vergessen und die Welt auf neue Weise zu verstehen. Die Welt ist ein Ort, den wir im Rahmen der Unterhaltung besuchen, dann wenn das Glück und das Leben am schönsten sind, das ist wirkliche Lebensqualität. Die finnische Welt wird in Pasila geschaffen. Die Baumaterialien kommen aus Fabriken, die über die Welt verteilt sind. (Pasila ist ein Stadtteil von Helsinki. Dort befinden sich ein Messezentrum (*Messukeskus*) und die Radio- und Fernsehstudios des öffentlich-rechtlichen Senders.)

Unterhaltung gibt es jeder Art. Die Presse tut alles, um das Leben der Menschen zu verbessern. Sehen wir uns als Nächstes die Welt der zwischenmenschlichen Beziehungen und die Lebensqualität an.

3.2.4. Zwischenmenschliche Beziehungen

Der Mensch ist ein Hund und kann nicht ohne andere Menschen leben. Daraus entstehen zwischenmenschliche Beziehungen. Sie bereichern das Leben, aber sie verderben es auch. Aber welche Art zwischenmenschlicher Beziehungen hebt die Lebensqualität? Muss man sich auf „One-night-Stands" konzentrieren? Wie kommuniziert man mit seinen Mitmenschen? Ist es ein Segen oder Fluch, sich auf die Familie zu konzentrieren? Alle diese Fragen sind belastend und verlangen schnelle und überzeugende Antworten.

Von den zwischenmenschlichen Beziehungen ist die Familie die wichtigste. Ihre Bedeutung für die Lebensqualität ist enorm, allerdings nicht nur im positiven Sinne. Familie verschlingt zu viel Zeit, Ehescheidungen sind schwierig und schrecklich, und die Familie verkompliziert das Sexualleben. Viele Männer heiraten, um Kinder zu bekommen, merken aber, dass in einer Familie mit Kindern kein Platz für Sex bleibt, zumindest nicht für richtige Ausschweifungen. Die Frau möchte eine Familie, um Sicherheit und eine anerkannte

Position in der Gesellschaft zu bekommen, aber sie bekommt Geschrei, Geschimpfe, Geschubse, Schläge und Todesdrohungen. Dann und wann wird auch eine Frau getötet. Das ist der absolute Tiefpunkt der Lebensqualität. Ungleichheit besteht darin, dass es für eine Frau schwierig ist, ihren Mann zu töten. Ihn zu verprügeln mag noch gelingen, besonders wenn der Mann so betrunken ist, dass seine Bewegungen verlangsamt sind.

In England gab es Anfang der 1990er Jahre eine Reihe von Prozessen, in denen die Frauen ihre Männer getötet hatten. Die Schuldige bekam entweder lebenslänglich oder wurde freigesprochen. Um ihren Mann umzubringen, muss die Frau die Tat überdenken und planen, so dass es anstelle von Totschlag ein Mord wird. Der Mann ist in der Lage, die Frau auf der Stelle totzuschlagen, ohne darüber nachzudenken. Die Tat ist reiner Totschlag. Die Frau nörgelte über das Kleckern mit dem Senf, das der Mann beantwortete, indem er sie totschlug. Das Urteil war mild. Eine Frau wartete, bis der Mann betrunken eingeschlafen war und erstickte ihn dann gemeinsam mit der Tochter mit einem Kissen. In einem anderen Fall trennte eine Frau den Kopf ihres Mannes ab und stellte ihn sechs Wochen im Bücherregal zur Schau. Für diese Taten droht eine Verurteilung wegen Mordes. Das Nachdenken kommt die Frauen teuer zu stehen, aber was kann sie machen, wenn der Mann doch kaltgemacht werden muss.

Ernsthafte familiäre Gewalt ist glücklicherweise sogar in Finnland ziemlich selten. Im Allgemeinen herrscht in der Familie Frieden und Harmonie. Die gegenseitige Liebe ist das Allerwichtigste. Auch die Kinder brauchen sie, obwohl sie zumindest als Teenager dies nur schwer zugeben können. Die Familie befindet sich jedoch wegen der haltlosen Sexgelüste der Partner immer in der Gefahrenzone. Im Namen der offiziellen Lehre gehört Sex nur in die Ehe. Vor der Ehe kann man auch Sex haben, um die eigenen Lüste und das eigene Vermögen sowie die des zukünftigen Partners auszuprobieren. Wenn das Spektrum der Lüste nicht zusammenpasst, lohnt es sich überhaupt nicht, die Ehe einzugehen. Mag der Mann es gerne ausschweifend und wollüstig und ist die Frau in ihrem Naturell keusch und zurückhaltend (oder umgekehrt), bietet die Zukunft nichts als Heulen und Zähneklappern. Es herrscht beim Sex ständiger Streit. Die Lebensqualität leidet.

Als Problem der Ehe und eheähnlicher Beziehungen erweist sich der Umgang mit Nebenbeziehungen und heimlichen Geliebten. Ich kann mir nicht vorstellen, wie sich dieses Problem in einer langen Beziehung vermeiden ließe. Die Medien und die Werbung unserer Zeit triefen vor Erotik. Die Werbung schürt richtiggehend Geilheit. Der Zeitgeist ist toleranter als jemals zuvor. Sex gehört allen und seine Qualität ist ein essenzieller Teil der Lebensqualität. Wenn man keinen Sex hat, ist es durchaus begründet, die Schlechtigkeit des Lebens und das Unglück zu beklagen. Sex ist eine so rasende Lust, dass es davon niemals zu viel und selten wenigstens genug gibt. Man muss die Qualität des eigenen Lebens mit Hilfe einer Nebenbeziehung heben. Das trägt zur Lebensqualität bei, aber der Preis ist hoch.

Dieses zwischenmenschliche Beziehungsproblem wird in einer Kleinstadt, in der die Sache schnell die Runde macht, bald enthüllt. Ein paar Treffen mit der/dem Geliebten führen zur Entdeckung und einem schrecklichen Streit zu Hause. In Helsinki kann man die Sache einfacher regeln, weil die Stadt so groß ist, dass man dort für einen Moment untertauchen kann. Zu einem speziellen Problem hat sich das Handy entwickelt, dessen Ausschalten von 16.00 bis 18.00 Uhr dreimal in der Woche mehr verrät als tausend Worte. E-Mail-Adressen und im Handy gespeicherte Daten über geführte Telefonate lassen sich sehr leicht aufrufen. Wieder einmal ist die Gefahr der Entdeckung nah. Es wäre das Beste, eine faire Vereinbarung zu treffen, dass beide fremdgehen dürfen, aber die Gefühlswelt weniger Menschen verkraftet diese Lösung. Eine Partnerschaft oder Ehe hält auf eine Lüge gestützt am besten.

Eine gute Lösung ist auch, keine feste Geliebte zu haben, sondern sich um seine zwischenmenschlichen Bedürfnisse kurzfristig jeweils nur einen Abend lang zu kümmern. Das setzt allerdings

Reisen und Arbeiten am Abend voraus, so dass man einen Abstecher in ein passendes Restaurant machen kann, um sich Gesellschaft zu suchen. Lapplandreisen sind, wie man hört, beliebt, aber selber habe ich das nie ausprobiert. Auf mich wirkt Lappland wie ein frostiges Gebüsch. Eine Möglichkeit ist, kurzfristige menschliche Beziehungen mit einer Sexarbeiterin auszuleben. Das gehört in den Bereich der Lust und Begierde, denn es handelt sich nicht um eine zwischenmenschliche Beziehung im eigentlichen Sinn. Die finnischen Männer wollten, zumindest früher, nicht verstehen, dass eine bezahlte Frau sie eigentlich nicht mag, obwohl sie es vorgibt. So arme Jungs sind wir. Die mit einer Sexarbeiterin eingegangene menschliche Beziehung ist wie die Unterhaltung, die ein Rentner im Geschäft beim Gespräch mit dem Verkäufer erfährt. Wenn kein anderer da ist, ist es gut, wenn man wenigstens von irgendjemandem Aufmerksamkeit bekommt. Im Supermarkt der K-Ladenkette sind die Mitarbeiter an der Kasse oftmals ganz nett, obwohl sie sich tendenziell kurzfassen. Auch eine kleine an einen einsamen Menschen gerichtete Aufmerksamkeit bedeutet für diesen eine Verbesserung der Lebensqualität.

Die Familie unterstützt, pflegt und bietet Fürsorge. Die Liebe hilft und gibt Kraft. In Zeiten von Krankheit ist die Familie unersetzlich. Aber der Mensch sehnt sich auch nach anderen zwischenmenschlichen Beziehungen. Man braucht Freunde, sonst lässt die Lebensqualität zu wünschen übrig. Dennoch sind Freunde ein seltenes Gut, wenn wir an richtige Freunde denken.

3.2.5. Kreative Tätigkeit

Kreative Tätigkeit ist ein wichtiger Teil der Lebensqualität. Der Mensch langweilt sich ohne Kreativität und das Leben scheint dann keinen Sinn zu haben. Ich frage mich nur, wie man Lebensqualität in die Sprache kreativer Tätigkeit übersetzt. Kreative Tätigkeit verlangt Lebensstandard, obwohl man einräumen muss, dass manchmal die Kunst ganz besonders in Armut, Elend und bei Unterdrückten blüht. Warum das so ist, kann ich nicht erklären. Es bleibt mir ein Rätsel. Vielleicht braucht Kreativität kein Geld? Dann könnte Kreativität die Antwort auf die Herausforderung sein, die das Elend darstellt. In Finnland glaubt man jedoch, dass Künstler und andere kreative Menschen Stipendien brauchen. Ich bin der gleichen Meinung, aber warum bringt das Elend so spannende Kunst hervor? Das mag der Leser beantworten.

Wenn man von Lebensqualität spricht, meint man damit die auf den Lebensstandard gesetzte Extraschicht. In ihr wird Quantität zu Qualität. Geld und Ressourcen werden in Kreativität verwandelt, die wirklich wertvolles Handeln ist. Ein kreativer Mensch ist besser als die anderen und sein Leben ist besser als das der anderen. Sein Glücklichsein ist eine andere Geschichte. Das Schwein ist zufriedener als Sokrates. Untersuchen wir die Sache im Lichte von Beispielen.

Ein Mensch, der einen gewissen Lebensstandard hat, möchte in fremde Länder reisen. Dieses ist die am meisten bewunderte Form kreativer Tätigkeit. Eigentlich ist man heutzutage nur auf das Reisen neidisch. Jeder andere Konsum wird gering geschätzt und es ist das Beste, Einzelheiten darüber vor den Augen der Neider zu verbergen. Aber das Reisen ist hervorragend und wichtig. Es lohnt sich, Kalevi Keihänens dankbar zu gedenken, der als Pionier auf dem Gebiet der Gesellschaftsreisen die Finnen in den Süden flog. Dort bekamen die Jungs Alkohol und die Mädels testeten die Manneskraft richtiger Machos. Ein Italiener, der in den1980er Jahren an der Costa del Sol gelebt hatte, sagte mir ein wenig schüchtern seine Meinung dazu. Die finnischen Frauen griffen beidhändig zu – „if you know what I mean“. Ich sagte, dass ich ihn verstünde. Zumindest verstand ich die Bedeutung der Anspielung. Es ist Kreativität *par excellence*, wenn man ins Ausland reist, um Alkohol und Sex zu bekommen. Ich empfehle Bangkok. Dort gibt es Mädchen und Jungen und jede Bar ist proppenvoll von ihnen in verschiedenen Mischungsverhältnissen. Ich warne gleichzeitig davor, dass die

Flüge von Finnair überfüllt sind. Man muss die Reise möglichst früh buchen, damit es keine Enttäuschung gibt.

Eine Reise, die eine Idee feiner ist, ist ein Opernbesuch in Wien oder Mailand oder zu einem Fußballspiel in London. Echter Elitismus ist den niederen Lüsten des einfachen Volkes und deren animalischer Befriedigung überlegen. Es ist wirklich schick, sich eine Krawatte umzubinden und einen Hut aufzusetzen und in die Galerien von Florenz zu gehen, in diejenigen, deren Farbaufnahmen gerade in der Frauenzeitschrift *Gloria* abgedruckt waren. Auch der Ehefrau gefällt es, wenn ich eine Galerie besuche und nicht eine Hure. Shopping kann man nicht als Kulturreise betrachten, leider. Es hebt die Lebensqualität nicht, da es sich nur um die Anschaffung von Dingen handelt. Wenn der Leser droht, sich über diese These zu ärgern, relativiere ich sie etwas, indem ich sage, dass – wenn die Geschäfte wirklich fein sind – der Lebensstandard durch das Shopping doch steigt. Aber dann geht es auch gar nicht mehr um den Einkauf, sondern das Bewundern dieser feinen Geschäfte. Wenn man Wein für sein großes Hobby hält (Trinker), so ist ein Besuch der Weinhandlung der Berry Brothers in der St. James´s Street in London eine beeindruckende Erfahrung. Die Ausstattung des Ladens erinnert an das 18. Jahrhundert, und die Verkäufer tragen dunkle Anzüge. Man darf dort in Ledersesseln sitzen und Weine von der Karte bestellen. Die Weine sind die gleichen, die man auch anderswo bekommt, aber der Verkaufsraum selbst ist das Sahnehäubchen. Die Lebensqualität steigt für einige Minuten, die man dort sitzt. Die Frauen dürfen an dieser Stelle ihre eigenen Beispiele einfügen.

Es finden sich auch andere Beispiele für das Steigern der Lebensqualität. Das Internet bietet die Möglichkeit, neue Informationen zu bekommen und auf den Informationsautobahnen rund um den Planeten zu surfen. Je mehr man das tut, desto klüger wird man und man muss sich nicht viel Mühe machen. Das Essen im Restaurant hebt die Lebensqualität ganz mächtig. Erst muss man das modernste Restaurant in Helsinki finden. Das ist im Allgemeinen neu und schön eingerichtet. Es wird in den Zeitungen erwähnt und gelobt. In diesen Speisesaal kommen Leute aus ganz Finnland. Schon der Weg dahin ist ein Erlebnis. Das Essen wird dort aus besonderen Zutaten bereitet und gut gewürzt. Die Portionen sind klein und schön dekoriert. Sie sind Kunst. Der genussvolle Verzehr des Essens wird mit Wein unterstrichen, der im staatlichen Alkoholhandel *Alko* sechs Euro und in diesem Speisesaal 40 Euro kostet. So darf der Kunde die kreative Preisgestaltung genießen; seine Lebensqualität steigt bis in die Stratosphäre. In der folgenden Woche ist ein anderes Restaurant in Mode und man muss dorthin gehen. Die Welt der Restaurants in Helsinki ist wirklich ein fantastisches Erlebnis.

Wenn die Lebensqualität hoch ist, lohnt es sich nicht zu klagen, denn dazu gibt es keinen Grund. Es ist überflüssig und langweilig zu klagen. Klagen hört sich niemand lange an. Genau deshalb sprechen wir vom Glücklichsein. Lebensqualität ist Glück. Qualität macht nicht glücklich, sondern ist selber Glück. Und kreatives Handeln ist höchste Lebensqualität.

3.2.6. Ein gutes Umfeld

In die Natur geworfen zu sein, senkt die Lebensqualität, denn die Definition von Lebensqualität ist in der Natur nicht anwendbar. In der Natur zu sein, ist jämmerlich. Der Naturzustand ist schrecklich. Die Natur kümmern weder Lebensstandard noch Lebensqualität des Menschen. Der Mensch flieht die Natur überallhin, wenn er nur kann. Man muss die Natur für die Bedürfnisse und Lüste des Menschen einspannen, wenn man den Lebensstandard pflegen möchte. Dies ist eine ernsthafte Warnung an alle grünen Naturmenschen, die in Töölö, Kruununhaka oder Kaivopuisto wohnen. In diesen Stadtteilen Helsinkis lässt sich gut wohnen. Auch denjenigen, die in den Stadtzentren von Tampere und Turku wohnen, würde man es gönnen, das Folgende zu lesen. Die anderen, die auf dem Land leben, können sich entspannen.

In der Natur ist es für den Menschen jämmerlich. Auch wenn man eine noch so teure Ausrüstung hat, droht die Bequemlichkeit zu leiden. Die masochistischen Lüste wurden oben bereits behandelt, so dass ich in diesem Zusammenhang nicht mehr auf sie zurückkomme. Sogar das Fischen im Oktober ist maßlos kalt und schwer. Es ist viel besser, die Jagdzeitschrift *Erä* zu kaufen und nur über die großen Fischzüge zu lesen. Dennoch ist es wahr, dass Natur und Lebensqualität in enger Beziehung zueinander stehen.

Der Städter sehnt sich nach der Natur wie auch der Landbewohner, der die Lebensweise der Städter und ihre Werte in allem nachahmen möchte. Zum Städter gehört das Bewundern der Natur, denn nur in seinem Falle hebt die Natur die Lebensqualität. Dem Landbewohner ist die Natur immer eine Last. Der Städter empfindet die Steinwüste der Stadt und ihren Verkehr zumindest zeitweise als bedrückend und beginnt, sich nach Abwechslung zu sehnen. Im Allgemeinen zieht es ihn in den Süden unter Palmen, aber keineswegs immer. Manchmal erwachen seine atavistischen Instinkte und er beginnt, sich wie verrückt nach der ländlichen Umgebung zu sehnen. Seine Wurzeln sind auf dem Land, zumindest beim größten Teil der Finnen. Im Sommer leert sich Helsinki entlang der Route über Lahti und Heinola in die Region Savo. Auch sich auf das Land zu begeben, mag die Lebensqualität erhöhen. Ich weiß nicht, wie und warum es so sein sollte, aber ich räume ein, dass das möglich ist. Es ist jedoch nicht dasselbe, sich auf das Land zu begeben wie in die Natur zu gehen. Es gibt in Finnland ländliche Städte, in denen es viele Bäume und Büsche gibt. Dann gibt es Sommerhäuser mit zerstörten Ufern und niedergetrampeltem Hof- und Gartengelände. Sie befinden sich am Rande der Natur und durch das Saunafenster schimmert der Waldrand. Auch der Wald ist keine Natur, sondern eine Waldanpflanzung, also ein Baum-Acker der Landbewohner, wodurch sie etwas mehr Lebensqualität erhalten. Aber der Wald ist dennoch schon fast Natur. Unsere Gewässer sind in vieler Beziehung naturähnlich, doch der Mensch hat die Chemie des Wassers verändert und die Fischbestände sind Vergangenheit.

Weil es die Natur nur noch in den Träumen der Grünen gibt, muss sie neu erschaffen werden. Es lohnt sich, im Fernsehen Naturdokumentationen anzuschauen. In ihnen sieht man noch ursprüngliche Natur und das echte Leben ihrer Bewohner. Das Lesen von Zeitschriften ermöglicht es, zu fischen und zu jagen und auf diese Weise in die Nähe der Natur zu gelangen. So steigt die Lebensqualität.

Wenn man über Lebensqualität spricht, sollte man nicht über Natur sprechen. In Europa hat der Mensch die Natur schon vor Hunderten von Jahren getötet. An ihre Stelle ist eine Ansammlung von den menschlichen Bedürfnissen und Lüsten entsprechenden natürlichen Phänomenen und Formationen getreten, die für verschiedene Zwecke zur Verfügung stehen. Das Umherstreifen, das Verirren, Sport, Fischen und Ernten fallen einem dazu ein. Ich empfehle eine völlig neue und meiner Ansicht nach geeignete Positionierung. Man sucht die Lebensqualität nicht in der Natur, denn sie ist so schwer zu finden (also ohne Fernsehen). Es ist das Beste, Bäume, Vögel, die Sonne, Fische, Blumen, Fledermäuse und Gras einfach zu genießen. Wenn man einen Baum sieht, muss man denken, wie schön es doch ist, dass da ein großer Baum steht, der viele Blätter hat und im Wind rauscht. Wenn man eine Krähe sieht, muss man mit der Krähe genießen und sie dort auf dem Asphalt mit dem senfbeschmierten Papier im Schnabel herumhüpfen lassen. Das Schilf biegt sich anmutig im Wind und kitzelt an den Zehen. Die Fledermaus fliegt nachts im Kreis zwischen den Bäumen herum. Mal sieht man sie, mal nicht. Mit ihr zu fliegen ist schön. Und die Sonne des Herrn scheint für die Bösen wie auch für die Guten.

Was hat das mit Lebensstandard zu tun – oder hat es überhaupt damit zu tun? Jeder darf die Bäume und die Sonne genießen. Das ist die reine Wahrheit, aber Naturerlebnissen kann man am besten begegnen, wenn der Bauch voll und der Geist sorglos ist. Wenn der Lebensstandard in Ordnung ist, sucht man Lebensqualität. Qualität muss man nicht mehr kaufen, sondern sie fällt demjenigen kostenlos zu, bei dem für die Befriedigung der Bedürfnisse gesorgt ist. Dann hat man Zeit, Bäume und Büsche zu genießen. Auch den Gesang der Vögel hört man besser. Lebensqualität bekommt man oft kostenlos. Dem Hungrigen und Bedrängten fällt es schwer, irgendetwas zu genießen. Es ist überflüssig, von Qualität zu sprechen, wenn die grundlegenden Dinge nicht in Ordnung sind. Erst wenn sie das sind, kann man eine Zen-Haltung einnehmen und Bäume umarmen, oder mit einem gedankenleeren Kopf auf dem Steg sitzen und die Füße im Wasser baumeln lassen. Glück ist, dass man an nichts denken muss. Und dabei helfen diese kleinen natürlichen Dinge. Die Japaner sehen sich Kirschblüten oder den Vulkan Fuji an. Beides sieht man nur zu einer bestimmten Zeit des Jahres, aber gerade dann will jeder vor Ort sein.

Das Erreichen von Lebensqualität hängt vom Lebensstandard ab. Aber Lebensstandard reicht nicht aus. Das verfügbare Geld und die materiellen Ressourcen sind natürlich wichtig, aber das Leben ist so unvorhersehbar, dass man auch Wohlstand, Wohlergehen und Wohlfahrt braucht, die der Finne im Wort hyvinvointi zusammenfasst. Mit anderen Worten, wenn die Finnen auch noch so reich wären, gäben sie das Ideal von hyvinvointi und damit Wohlstand, Wohlergehen und Wohlfahrt nicht auf. Was sind Wohlstand, Wohlergehen und Wohlfahrt, wenn sie nicht das Gleiche sind wie Lebensstandard und Lebensqualität? Die Frage wird im nächsten Kapitel beantwortet, in dem von unserem geliebten Wohlfahrtsstaat und der Wohlstandsgesellschaft berichtet wird.

3.3. Wohlstand, Wohlergehen und Wohlfahrt

3.3.1. Wohlstand, Wohlergehen und Wohlfahrt für alle

Das Wort hyvinvointi, Wohlstand, Wohlergehen und Wohlfahrt, gehört zum allgemeinen Vokabular der finnischen Sprache. Die Menschen lieben hyvinvointi. In diesem Zusammenhang gehört die Bezeichnung für Wohlstand, Wohlergehen und Wohlfahrt nicht zur Terminologie der Sozialwissenschaften. Lebensstandard und Lebensqualität sind wissenschaftliche Termini, deren Bedeutung aus dem Blickwinkel der Alltagssprache nicht immer klar ist. Gleichwohl haben sie in der Rede eine mitreißende Wirkung, so dass sie benutzt werden, ohne größer darüber nachzudenken. Aber ihre wirkliche Bedeutung ist in den kranken Gehirnen der Soziologen entstanden. Das Gleiche gilt für hyvinvointi im Sinne von Wohlfahrt und Wohlstand, wenn die Rede von Wohlfahrtsstaat und Wohlstandspolitik ist. Beginnen wir mit der alltäglichen Bedeutung und Verwendung von Wohlstand und Wohlfahrt. Sie steht in enger Verbindung zum Glücklichsein, ganz im Gegensatz zu dem Verständnis der Sozialwissenschaftler. Das Glücklichsein interessiert sie nicht besonders.

Den Blumen geht es gut, wenn man ihnen Liebe und Substral gibt, das behauptete eine frühere Fernsehwerbung. Mit den Blumen muss man sprechen, damit sie sich wohlfühlen. Wissenschaftlich bedeutet dies, indem durch das Ausatmen des Menschen Kohlendioxid freigesetzt wird, geht es den Blumen besser. Die so gepflegten Blumen sind glückliche Blumen. Nur schlechte Menschen leugnen das Wohlbefinden von Blumen. Wenn man sagt, dass der Begriff des Wohlbefindens nicht auf Blumen anzuwenden sei, entzieht man ihnen die Möglichkeit zum Glück. Das ist unnötig und grausam. Blumen haben am Wohlbefinden teil. Sie sind in den großen Kreis der glücklichen Wesen aufgenommen. Blumen machen den Menschen glücklich und der Mensch muss die Blumen glücklich machen. Alles Gute ist gegenseitig. Blumen heben die Lebensqualität. Sie bilden entweder als Naturblumen oder gezüchtete und nach Hause getragene Blumen einen essenziellen Teil der Ästhetik des Umfeldes. Ein Heim ohne Blumen ist ein trostloser, abstoßender Ort. Lebensqualität setzt Blumen voraus. Die Blume ist der Freund des Menschen. Auch solche Grünpflanzen, die nicht blühen, heben die Lebensqualität, sogar Kakteen sind toll. Lasst uns unsere grünen Freunde glücklich erhalten.

Tieren geht es gut, wenn man sich um sie kümmert. Tiere, denen es gut geht, sind der Stolz ihres Besitzers. Über etwas anderes zu reden, lohnt gar nicht. Tierquäler und andere böse Menschen sind in unserer Mitte ein Problem, gegen das man etwas unternehmen müsste. Konzentrieren wir uns hier auf die guten Menschen und die Tiere, denen es gut geht. Es scheint, als ob das Wohlergehen der Tiere vor allem Haus- und Nutztiere betrifft. Das Wohlergehen ist eine Folge der Pflege und Strukturierung der Lebensumstände durch den Menschen. Der Mensch erzeugt das Wohlergehen der Tiere, das diese glücklich macht. Was die Tiere in der Natur angeht, kann und darf der Mensch keinen Einfluss nehmen. Man muss die Tiere in ihrem eigenen Lebensumfeld belassen, dass der Schöpfer ihnen zum Schicksal bestimmt hat. Irgendetwas kann man natürlich tun. Der Hasenbestand darf nicht so stark anwachsen, bis er schließlich durch schreckliche Krankheiten dezimiert wird. Wenn es keine natürlichen Feinde gibt, muss man den Bestand durch Jagd verringern. Diese Wahrheit kann wehtun, aber was soll man sonst dagegen machen, dass der Bestand in den Gebüschen der Städte zu groß wird. Man müsste mehr Füchse an die Peripherie der Städte bringen. Aber auch die Füchse vermehren sich zu stark. Wenn sie räudig und krank werden, sind sie schrecklich bemitleidenswert. Es geht ihnen nicht gut. Der Mensch muss auch ihnen helfen, indem er den Bestand dezimiert.

Manchmal wird das Glück der Tiere durch Winterfütterung vergrößert, wie man es offensichtlich erfolgreich mit den Seeadlern getan hat. Es ist gut für die Vögel und Insekten, dass morsche Baumstämme und große Büsche in den Wäldern belassen werden, in denen die Lebewesen nisten können. Der ästhetische Sinn des Menschen verkraftet ein solches Durcheinander nicht leicht, aber des Menschen ästhetische Bedürfnisse weichen vom Wohlergehen der Tiere ab. Die Sache ist nämlich so, dass es desto besser ist, je weniger Notwendigkeit besteht, sich in das Leben der Tiere in der Natur einzumischen. Jede Einmischung bedeutet, dass vorher schon etwas verpatzt wurde und man nun versucht, es zu reparieren. Der Wert der Natur ist ihre Unversehrtheit. Das Leben in der Natur ist hart und brutal. Die Natur kennt kein Erbarmen, jenes beste aller menschlichen Gefühle, aber die Wesen der Natur haben dennoch ihre eigenen Möglichkeiten des Wohlergehens. Wenn sie den Gesetzen der Natur entsprechend leben, sind sie glücklich. Sie fressen einander bei lebendigem Leibe, aber das müssen sie auch tun. Das Glück des Menschen ist nicht so einfach zu erklären.

Das Wohlergehen der Nutztiere liegt in der Verantwortung des Besitzers, weil die Tiere ihm komplett ausgeliefert sind. Das Tier ist unfähig, sich gegen den Menschen zu verteidigen, und gleichzeitig in der Hand des Menschen. Deshalb ist die Verantwortung des Besitzers und Pflegers groß. Die Tiere haben ein Recht auf Wohlergehen. Der Gedanke des Wohlergehens trifft in diesem Zusammenhang gut auf sie zu, weil man sie der Möglichkeit eines natürlichen guten Lebens beraubt hat. Sie haben beinahe Zugang zum Lebensstandard. Ein neuzeitlicher, sauberer und heller Kuhstall, in dem klassische Musik erklingt, bedeutet für die Kuh Lebensstandard und dort ist die Lebensqualität am höchsten. Wenn nun in jedem von uns eine kleine Kuh wohnt, lohnt es sich, über die Sache genauer als gewöhnlich nachzudenken. Da die Nutztiere in einer vom Menschen geschaffenen hoch technifizierten Umgebung leben, kann man vom Lebensstandard der Nutztiere und die dadurch ermöglichte Lebensqualität sprechen. Die Qualität von Katzenstreu bedeutet für die Katze Lebensstandard.

Ich glaube, dass wenigstens Lieblings-, Haus- und Nutztiere ein Recht auf Wohlergehen haben. Zumindest haben sie das Recht auf die Vermeidung unnötigen, also unnatürlichen Leidens. Sie haben also ein positives und ein negatives Recht auf Tierglück. Wohlergehen und die Vermeidung von Leiden gehören beide zum Interessen- und Wirkungskreis der Tiere. Es ist natürlich etwas schwierig, über die Rechte von Tieren zu sprechen, weil das Tier auf so andere Weise lebt, denkt und kommuniziert als der Mensch. Dem Tier fehlt auch jede Verantwortung und jedes Verantwortungsgefühl, oder vielleicht kann ein sehr gut ausgebildeter Hund sein Fehlverhalten tatsächlich bereuen. Eine Katze hat in keinem Fall auch nur die leiseste Ahnung von Verantwortung. Das Gleiche gilt für eine Rennmaus. Die Scham des Hundes erinnert zu sehr an die Angst vor Bestrafung, als dass man sie für besonders ethisch halten könnte. Aber in jedem Fall haben Tiere gewisse Rechte. Die Tierfreunde müssten sich nur die Mühe machen, eine vernünftige Theorie über das Wesen und die Begründungen dieser Rechte zu verfassen. Die Versuche, die ich gesehen habe, waren nicht besonders überzeugend. Die Philosophin Leena Vilkka zum Beispiel hat über das Thema viel Bedeutendes geschrieben. Die Theorie der Rechte ist bekanntermaßen eine der schwierigsten Zweige der Ethik.

Um die vom Menschen gekauften Tiere muss man sich gut kümmern. Viele der Lieblingshaustiere haben sich so sehr an das Leben mit dem Menschen angepasst, dass sie in der Natur nicht alleine zurechtkommen würden. Man darf sie nicht aussetzen. Sie beteiligen sich gemeinsam mit den Menschen an den Aufgaben der freien und technisierten Gesellschaft. Daraus ergibt sich ihre Forderung nach Wohlergehen und Glück.

Wenn das Tier ein Teil des Wohlergehens ist, verschafft es dem Menschen Wohlergehen und bekommt dieses als Lohn. Aber wie weit gehen die Leistungen für das Wohlergehen beim Tier? Die Frage präzisiert sich besonders auf die Handhabung von Krankheit und Tod. Erkrankt und stirbt ein Tier, dem es gut geht, auf die gleiche Weise wie ein Mensch? Ich glaube nicht, dass die Antwort positiv sein muss. Der Wert eines Tierlebens ist nicht gleich dem des Menschen, vor allem deshalb nicht, weil das Tier nicht auf gleiche Weise wie der Mensch an den Tod denkt, ihn voraussieht und Angst vor ihm hat. Das Tier meidet den Tod, aber wenn es stirbt, stirbt es auf natürliche Weise und ohne Panik. Ein Tier fürchtet sich nicht vor der Strafe des Himmels und träumt nicht vom Paradies. Das Tier hat keine Sehnsucht nach seinen Kindern und sorgt sich nicht um die Aufteilung des Erbes. Das Tier macht kein Testament. Das Tier geht nur hin und stirbt, wenn seine Zeit kommt.

Ein Tier kann man töten, ohne dass sein Glück und Wohlergehen darunter leiden. Das Töten muss so vor sich gehen, dass sich das Tier nicht vor der Situation fürchtet und deswegen unnötig leidet. Das Ende muss schnell und schmerzlos kommen und mit dem Kadaver des Tieres muss man respektvoll umgehen. Das ist die irdische Hülle eines Lebewesens. Ein Tier hat nicht das gleiche bedingungslose Recht auf Leben wie der Mensch. Aus dieser These folgt ein wichtiges Problem, dass die Tierkrankenpflege betrifft. Einem Tier steht die Hilfe der modernen technischen Medizin zu, wenn diese zur Verfügung steht. Manchmal kann der Arzt das Tier heilen und das Tier lebt nach der Krankheit sein glückliches Leben weiter. Eine wichtige Frage ist die, welche Pflegemaßnahmen ergriffen werden. Der Mensch muss qualvolle Tests über sich ergehen lassen und in der finalen Phase in hoffnungslosem Zustand ausharren, weil er nicht das Recht hat zu sterben. Sein Wohlergehen ist von der Krankheit zerstört, vom Leben ist nichts zu erwarten, die Qualen zehren an ihm und die Hoffnungslosigkeit nagt am Geist. Ein Recht zu sterben, hat er nicht, wenn er nicht zu einem Selbstmord in der Lage ist. Nur Wenige bringen es fertig, Selbstmord zu begehen, solange dazu noch Zeit wäre. Sich selbst ein Ende zu setzen, ist nicht ganz leicht. Es ist schwierig, die Methode zu finden. Freud wurde auf eigene Bitte von seinem Arzt getötet. George Eastman, der Gründer des Kameraherstellers Kodak, erschoss sich, weil er nicht von der Gnade anderer abhängen wollte. Er hatte zur Sicherheit zwei große Revolver versteckt, falls die tyrannische Krankenpflegerin einen fände. Ich bewundere seine Zielstrebigkeit. Der Mensch ist in der Lage, vergebliches Leiden zu vermeiden. Wenn alles vorbei ist, ist es Zeit zu gehen. Ein Tier ist nicht in der Lage, so zu denken. Ein Tier kann keinen Selbstmord begehen. Es lässt sich nur zum Sterben nieder und wartet.

Wie lange sollte man den Tod des Tieres hinauszögern? Wenn man das Leben des Tieres verlängern kann, aber das Tier deutlich leidet, bedeutet der Tod Wohlergehen. Für das Tier ist der Tod in einem ganz anderen Sinne eine Befreiung als für den Menschen, außer wenn der Mensch schon im Koma liegt oder sonst komplett aus dem Spiel ausgestiegen ist. Deshalb sollte man den Tod eines Tieres nicht hinauszögern. Die Besitzer von Lieblingstieren und Haustieren gewinnen diese oft so lieb, dass sie sich keinesfalls von ihnen trennen möchten. Sie verlängern das Leiden der Tiere ganz unnötig, weil sie selber nicht bereit sind, loszulassen. Das ist ethisch falsch. In dieser Situation ist ein Tod ohne Qualen das Recht des Tieres und Teil seines Wohlergehens. Der egoistische Vorteil des Menschen ist zweitrangig. Der Tod des Tieres ist beneidenswert einfach. Wer von der Natur bestimmt lebt, stirbt leicht. Der Tod des Menschen ist in der Hand von Medizin und Technik nicht immer einfach. Die Medizin pflegt, aber den Tod kann man nicht pflegen. Die Frage ist kompliziert. Es wird wohl kaum einer ohne schmerzstillende Medikamente sterben wollen.

3.3.2. Wohlstand, Wohlergehen und Wohlfahrt und das Glücklichsein

In der erbärmlichen Welt des Menschen hat die Rede vom Wohlergehen oft mit den weniger vorteilhaften Situationen des Menschen zu tun. Man spricht vom Wohl(ergehen) des Kindes. Das Kind ist noch nicht in der Lage, sich um sich selber zu kümmern. Jemand muss sich um sein Leben und sein Wohl kümmern. Das Wohlergehen der Behinderten ist ein wichtiges soziales Thema. Auch für sie ist jemand verantwortlich, wenn die Art der Behinderung ausreichend schwer ist. Das Wohlergehen der Alten ist nicht selbstverständlich. Ein aktiver und gesunder alter Mensch wird mit der Zeit schwach und braucht Hilfe und Pflege. Auch hier muss die Frage nach dem Wohlergehen gestellt werden.

Wohlergehen ist etwas anderes, als dass es einem gut geht. Wenn man an eine oder einen 30- bis 40-Jährige(n) gesunde(n), sozial und beruflich erfolgreiche(n) Mann oder Frau denkt, ist es uninteressant, nach ihrem oder seinem Wohlergehen zu fragen. Warum etwas bestreiten, das augenscheinlich klar ist? Einem gesunden, normalen und erfolgreichen Erwachsenen geht es einfach gut - das ist alles. Früher betraf das nur Männer, heute betrifft es auch erwachsene Frauen. Bei einem magersüchtigen Mädchen im Teenageralter stehen die Dinge nicht gut und das Niveau seines Wohlergehens ist alarmierend gesunken. Man muss ihm im Namen des Wohlergehens helfen, damit es dem Mädchen in der Zukunft wieder besser gehen möge. Aber die erwachsenen Frauen sind, wenigstens in Finnland, selbstständig. Ihr Wohlergehen ist ihre eigene Sache, für die zu sorgen sie ganz allein oder mit Unterstützung aus ihrem näheren Umfeld in der Lage sind. Männern steht eine solche unterstützende Gruppe offenbar nicht oft zur Verfügung.

Früher war die Frau das ursprünglich aus der Rippe des Mannes gemachte Frauchen, um deren Wohlergehen sich erst die Mutter und dann ihr Ehemann kümmerten. In einer Familie von Stand achtete der Mann darauf, dass die Frau so viel Geld hatte, dass sie es standesgemäß mit vollen Händen ausgeben, ihren Mann repräsentieren und ein schönes Heim einrichten konnte. Arbeiten durfte sie nicht gehen. Die Arbeit gehörte den Arbeiterfrauen, in deren Leben sich eine Frau von Stand am Ende des 19. und Anfang des 20. Jahrhunderts nicht einmischte. Ein bisschen Unterstützung musste man ihnen aber schon bieten, damit das Gewissen sich nicht regte. Der Umgang mit Geld, Überwachung des Hauspersonals, Kindererziehung und gesellschaftliches Leben waren die Basis des Wohlergehens und Wohlstandes der reichen Frau. Vielleicht ging es ihr schlecht, war sie sexuell unbefriedigt, vom Ehemann unterdrückt, in Angst um die eigene und die Gesundheit der Kinder und von der Schwiegermutter bedrängt. Möglicherweise war das Leben kein Zuckerschlecken. Aber dennoch war der Grad ihres Wohlstandes einwandfrei. Heutzutage würde man von Lebensstandard sprechen, aber im Leben dieser Frauen gab es keinen Lebensstandard. Wohlstand hatten sie mehr als genug. Und für all dieses Gute war der Ehemann verantwortlich, der das Leben der Familie am Laufen hielt. Die Dinge und die Umstände haben sich geändert. Heutzutage ist die Frau für sich selbst verantwortlich.

Das Wohlergehen ist eine wichtige Komponente des Glücklichseins. Das sieht man am besten, wenn man über die Hühner im Hühnerstall nachdenkt. Die Eier freier Hühner sind die Eier glücklicher Hühner. Wenn sich das Huhn frei bewegen und selber seine

Nahrung vom Boden aufpicken kann, sind die Faktoren des Wohlergehens erfüllt. Dem Huhn geht es gut und es ist glücklich. Deswegen legt es, anders als seine im Käfig gefangenen Kolleginnen, als glückliches Huhn Eier. Ich zumindest kaufe Eier von glücklichen Hühnern. Hühner gehören nämlich zu den einzigen Wesen, deren Glücksgaranten bekannt sind. Bei anderen Wesen ist es schwieriger, Informationen zu erhalten, lasst uns deshalb das Wohlergehen und Glücklichsein der Hühner fördern. Ich kaufe immer die teuersten Eier, die sich im Regal finden. Meiner Meinung nach garantiert dies das Glück der Legehenne. Der Bauer würde die Eier nicht so teuer verkaufen, wenn er sich damit nicht irgendwie für das Glück der Hühner rächen wollte. Deshalb sind Eier der Glücklichen so teuer, wenn man sie kauft.

Wohlergehen zu erfahren bedeutet, dass die Probleme der Sonderstellung, die in der eigenen schwachen Position oder in unglücklichen Umständen begründet liegen, korrigiert wurden oder wenigstens zu korrigieren sind. Sie bereiten keine Sorge und in diesem Sinne geht es der Pflanze, dem Huhn oder dem Menschen gut. In diesem Sinne hat er nichts zu beklagen. Das Huhn wird sich kaum einen besseren Platz zum Leben suchen als den eigenen Hof- und Gartenbereich. Deshalb ist das Huhn nach der Definition glücklich. Aber erinnern wir uns daran, dass das Huhn unglücklich sein kann, obwohl die äußeren Faktoren in Ordnung sind. Von seinen inneren Empfindungen her ist es unglücklich. Was kann das Huhn für seine Gefühle?

Wohlergehen ist dennoch nur äußerlich. Alles ist in Ordnung, was der Elende sich nur wünschen kann. So wie man über Finnland sagt: In einem Wohlfahrtsstaat lebt ein Mensch, dem es schlecht geht. Darin liegt nichts Bemerkenswertes, nicht einmal darin, dass 83 Prozent der Finnen auf Nachfrage angeben, glücklich zu sein. Natürlich sagen sie das. Wer würde schon wagen zu klagen, wenn alles so gut ist? Alles, was ein vernünftiger Mensch mit Mäßigung erwartet, ist zu haben. Dann wird noch extra nachgefragt, ob es schön ist. Dann ist es erst recht schön, dass man wirklich nach dem Wohlbefinden des kleinen Mannes fragt.

Natürlich gibt es Situationen, in denen es sich nicht lohnt, über Wohlergehen zu sprechen. Das Schicksal eines schwerkranken Menschen und seiner Angehörigen ist hart, wie auch immer das Niveau des Wohlergehens sei. Für den Nerz auf einer Pelztierfarm wäre es besser, tot zu sein, als die langen Tage in einem Drahtkäfig zu sitzen. Den Nerzen geht es gut, das ist klar. Sonst würde ihnen kein so schönes Fell wachsen. Und wenn es nicht wüchse, würde der Züchter die Umstände so lange verbessern, bis das Fell in Ordnung wäre. Aber dennoch sollte man nicht von Wohlergehen sprechen. Ein Schwerbehinderter ist sein ganzes Leben lang in seiner Behinderung gefangen, auch wenn er seine Qual nicht beklagen würde. Ein hartes Schicksal lässt einen zögern, von Wohlergehen zu sprechen. Häftlinge sind in einer schwierigen Situation. In Finnland sorgt die Häftlingsfürsorge augenscheinlich verhältnismäßig gut für sie. In anderen Ländern mag die Situation schwierig sein. Aber auch wenn man sich noch so gut um die Häftlinge kümmert, ist es übertrieben, von ihrem Wohlergehen zu sprechen. Hier ist man in einer Situation, in denen es den Häftlingen vielleicht den Umständen entsprechend gut geht, aber von Wohlergehen sollte man nicht sprechen. Ein Häftling ist niemals glücklich, weil es immer etwas gibt, nach dem er sich sehnt, nämlich die Freiheit. Der Häftling wäre lieber irgendwo anders als im Gefängnis. Er ist deshalb unglücklich. Das mag auch der Zweck der Bestrafung sein. Es gibt natürlich Häftlinge, die am liebsten im Gefängnis sind. Die Tatsache, dass es ihnen im Gefängnis gut geht, erlaubt auch ihr Glücklichsein. Sie haben Angst vor Vergeltung oder sind im Gefängnis komplett hospitalisiert. Es ist schon seltsam, aber ein amerikanischer Häftling, der zu lebenslanger Haft verurteilt ist und dessen Strafe niemals zur Bewährung ausgesetzt werden wird, mag möglicherweise im Gefängnis glücklich sein. Wenn die Umstände gut sind, kann es sein, dass sich der Häftling nach nichts sehnt. Er hat keine Alternative. Er ist sein ganzes Leben lang im Gefängnis inhaftiert und es wäre dumm, sich nach der Freiheit zu sehnen, die man niemals bekommt. Wenn er dieses erkennt und sein Schicksal akzeptiert, ist er ein glücklicher Mensch. Etwas an dieser Schlussfolgerung ist seltsam und ironisch – aber was? Wie könnte ein Gefangener sich nicht nach dem sehnen, was die anderen haben und ihm selbst für immer versagt bleibt? Erinnern wir uns daran, dass der Mensch ein Hund ist, der sich selber immer mit den anderen Mitgliedern des Rudels vergleicht. Die Mängel im Leben eines Menschen definieren sich immer danach, was die anderen haben. Der Mensch will das Gleiche wie die anderen, nicht weniger und auch nicht mehr. Darin liegt das Geheimnis des Glücks.

3.3.3. Die Aufgaben der Wohlstandsgesellschaft

Ich entschuldige mich beim Leser dafür, dass ich ein so langweiliges und gewöhnliches Thema wie den Wohlfahrtsstaat und die Wohlstandsgesellschaft behandle. Ich nehme es nicht übel, wenn der Leser diese Stelle überspringt. Andererseits kann man vielleicht auch diesem Thema wenigstens irgendetwas Lustiges abgewinnen. Obwohl es sich um ein Ideal handelt, auf dessen Grundlage man Präsidenten wählt und das der finnischen Staatsreligion zugrunde liegt, verteilt der Wohlfahrtsstaat an niemanden Glück. Es lohnt sich darüber nachzudenken, in welchem Sinne man das finnische Wort hyvinvointi – Wohlstand, Wohlergehen und Wohlfahrt – verwendet, wenn man vom Wohlfahrtsstaat spricht. Ich habe das Gefühl, dass Wohlstand, Wohlfahrt und Wohlergehen im gewöhnlichen Sinne sehr entfernte Dinge bleiben. Wenn man richtigen Wohlstand, richtige Wohlfahrt und richtiges Wohlergehen durch Handeln des Staates vorantreibt, kommen Fragen über Wissen, Können und Befugnisse auf. Woher weiß der Staat, was für die Menschen von Vorteil und gut ist? Dieses Wissen müsste man von irgendwoher bekommen. Andererseits muss man zugeben, dass die finnische Wohlstandsgesellschaft ein Erfolg geworden ist. Hier haben die Menschen ein gutes Leben, fast wie in Schweden. In Norwegen wäre es noch besser.

Der Wohlfahrtsstaat hat drei sehr unterschiedliche Aufgaben. Zu deren Verwirklichung setzte er seine Macht ein:

1. Das Schaffen von Sicherheitsnetzen
2. Allgemeine und gleiche Dienstleistungen und
3. Einkommensausgleich

Die Gesellschaft ist in der Lage, die ersten beiden genannten Aufgaben zu bewältigen. Die dritte Aufgabe verlangt einen Staat, denn nur der Staat hat die Macht und die Kraft, Maßnahmen durchzusetzen, die die Menschen gegen ihren Willen zu etwas zwingen. Untersuchen wir jeden Teil des Wohlergehens und die Voraussetzungen einzeln.

Sicherheitsnetze sind nötig, da dem Menschen allerlei widerfährt. Den Menschen widerfährt eigentlich alles Mögliche. Der Mensch ist, wie Mark Twain bemerkte, das British Museum der Fehler und Mängel. Der Mensch ist schwach und für Unfälle, Krankheiten und Katastrophen verschiedenen Ausmaßes empfänglich. Es ist völlig überflüssig, wenn der Mensch denkt, dass er weit kommt ohne Unterstützung. Zudem können Unfälle wirklich teuer werden und das Beheben ihrer Folgen sehr arbeitsaufwändig sein. Außerdem werden die Reichen und die Armen von denselben Katastrophen bedroht. Es ist natürlich wahr, dass Reiche weniger Misserfolge und Unfälle erleben, weniger krank sind und in höherem Alter sterben als die Armen - oder eigentlich die Mitglieder unterer sozialer Gruppen. Vielleicht brauchen die Reichen kein Sicherheitsnetz, wenigstens dann nicht, wenn sie reich genug sind. Die Mittelklasse schließt verschiedene Versicherungen ab, wenn die Prämienzahlungen die Steuerlast reduzieren und auch Geld für etwas anderes als Milch und Hackfleisch da ist. Nicht alle haben Geld übrig für Versicherungen. Gerade die Ärmsten sind in der größten Gefahr. Denn sie besitzen die wenigsten Ressourcen für eine freiwillige Versicherung. Sie schließen keine Versicherungen ab, sondern vertrauen auf ihr Glück – was sollten sie auch anderes tun. In Texas sind Autoversicherungen teuer, wenn man jung ist oder ein Delikt als Ballast hat. Was tun? In Texas fährt man ohne Versicherung. Die Mittelklasse schließt Versicherungen gegen Nichtversicherte ab. Bei einem Unfall mit einem Armen, der nicht versichert ist, hat man besser eine solche Versicherung, soll das Auto jemals wieder fahrtauglich sein.

Man braucht Sicherheitsnetze. Krebsbehandlungen sind teuer. Wenn man sich selber bei einem Unfall oder beim Abfahrtsski Schaden zufügt, ist kostenlose medizinische Behandlung nicht mit Gold aufzuwiegen. Negative Lottogewinne sind nicht selten. Der Partner lässt einen im Stich, die Kinder hassen einen, der Alkoholismus schlägt zu und die Arbeitslosigkeit ist eine Tatsache. Was soll man tun, wenn man keine Wohnung hat und die Gesundheit zusammenbricht? Man müsste irgendwo Hilfe bekommen, und zwar schnell. Es ist das Beste, ein Sicherheitsnetz zu haben. Es macht niemanden glücklich. Die erste Hilfe der Gesellschaft ist hektisch und gering und sie zu bekommen, fühlt sich vielleicht nicht besonders würdevoll an. Jeder Empfänger von Sozialhilfe kennt unzählige bessere Schicksale als seines. Er weiß, dass die Dinge besser sein könnten und wünscht sich, den Weg in die bessere Welt zu finden, wie schwierig dieser auch sein mag. Wenn das Glück darin besteht, dass man sich nicht aus dem gegenwärtigen und zukünftigen Zustand fort sehnt, ist derjenige, der auf ein Sicherheitsnetz zurückgreift, nicht glücklich. Ein Sicherheitsnetz bedeutet Unglück, vielleicht das Abfedern der schlimmsten Seiten des Unglücks, aber dennoch Unglück.

Das Sicherheitsnetz erreicht nicht alle. Die unterprivilegierten Männer in den Städten erfahren keine Hilfe. Sie haben möglicherweise einen kriminellen Hintergrund, Ehescheidungen hinter sich, sind Alkoholiker und ohne festen Wohnsitz. Die Gesundheit ist ein Problem oder gerade dabei, ein Problem zu werden. Wo bekommt man für diese Männer eine Wohnung? Auch wenn die Stadt für Miete und Renovierungen bürgen würde, bekommt man keine

Wohnung. Es wird vermutet, dass diejenigen, die am meisten Hilfe brauchen, sie nicht bekommen, da sie zu viele Probleme haben und es deshalb schwierig ist, ihnen zu helfen. Was auch immer man für sie tut, es gibt dennoch genug Probleme. Es ist besser, denjenigen zu helfen, die von der Hilfe profitieren. Eine vernünftige Planung setzt voraus, dass denjenigen geholfen wird, die im Verhältnis am meisten davon profitieren. Mit anderen Worten: Man betrachtet die Größe des Einsatzes und vergleicht sie mit den erzielten Ergebnissen. Demgemäß muss man die mit multiplen Problemen belasteten Männer in Ruhe lassen. Und als Hilfsbedürftige sind sie nicht einmal sexy Bedürftige. Niemand bemerkt es, wenn man sie ihrem Schicksal überlässt. Sie sind dreckig, gefährlich und zu alledem noch Trinker. Mütter unehelicher Kinder und auch die Alten sind bessere Ziele, um die Hilfe darauf zu richten.

Aber gerade das Fehlen der Sicherheitsnetze kann diese Menschen möglicherweise glücklich machen, oder wenigstens lässt es die Möglichkeit des Glücklichseins zu. Wenn sich ein Mann von der Gesellschaft entfremdet hat und der Ansicht ist, dass er sein Leben im Griff hat, dann will oder kann er vielleicht nicht seiner Situation entfliehen wollen. Aus der Perspektive eines außenstehenden Beobachters, der der Mittelklasse angehört, kann das Leben des Mannes schrecklich aussehen, aber die Wahrheit ist überraschend. Wie überzeugt der Beobachter auch sein mag, dass das Leben des Penners in keinster Weise glücklich zu nennen ist, kann dies vielleicht nur eine klassenabhängige Täuschung sein. Wenn man keinen Wunsch hat, der Situation zu entfliehen, ist auch das Glücklichsein möglich. Das mag sich komisch anhören. Aber wenn wir an der Definition von Glücklichsein festhalten, ist die Schlussfolgerung logisch. Ich wäre nicht überrascht, wenn diese Männer sagen würden – sofern sie meinten, es wäre der Mühe wert –, dass sie genau deshalb in dieser Situation sind, weil sie frei und ohne Kontrolle sein wollen. Der Preis, den sie dafür zahlen, ist natürlich hoch, aber nichts ist umsonst. Wahrscheinlich sind die meisten der Vergessenen müde und glücklich. Es verlangt Energie und Trotz, sich damit zufriedenzugeben, dass man unterprivilegiert ist, wenn sich der Wohlstand allerorten aufdrängt. Wenn man alt, krank, müde und obdachlos ist, hat man wenig Trotz und Wut, außer dann, wenn der Soziologe vorbeikommt und abwegige Fragen stellt.

Die allgemeinen und für alle gleichen Dienstleistungen sind ein uninteressantes Thema. Alle erhalten die gleiche Ausbildung vom Kindergarten bis zum Doktortitel. Alle bekommen die beinahe kostenlose Krankenpflege – obwohl sie nicht so kostenlos ist, wie man es sich vorstellen könnte. Alles Gute wird mit Mitteln des Staates und der Kommunen so passend unterstützt, dass die Idee von Wohlfahrt und Wohlergehen erhalten bleibt. Es ist gut, kostenlose Leistungen zu bekommen. Das Volk ist bereit, mehr Steuern zu zahlen, wenn nur die Leistungen garantiert werden. Man kann sich immer vorstellen, dass man selber profitiert, wenn die anderen zahlen. Die relativ jungen Familien mit Kindern und niedrigem Einkommen werden wohl die Leistungsempfänger sein. Die hoch ausgebildeten Singles zahlen die Zeche. Gut so, es zahlen diejenigen, die Geld haben, und diejenigen, die keines haben, bekommen Leistungen. Freilich gehören die Leistungen allen, auch den Reichen, deren Kinder kostenlos an den Eliteuniversitäten Finnlands studieren. Die Universität Helsinki hat sich selbst zur europäischen Eliteuniversität ernannt. Der Witz ist sehr gut. Nur der Staat übertrifft das. Der Staat ist, wie man hört, ein guter Arbeitgeber. Dies wurde doch in Amerika als „spin-doctoring“ bezeichnet, in Finnland handelt es sich um Eigenlob. Auf jeden Fall blüht und gedeiht die Leistungs-Rallye. Die Mehrheit des Volkes kennt nichts Besseres. Etwas Besseres gibt es vielleicht auch nicht. Gibt doch der warme Schoß des Staates dem elendigen Menschlein das Gefühl von Sicherheit.

Kostenlose Leistungen machen niemanden glücklich. Ganz gleich, was man bekäme, immer könnte man etwas mehr und etwas Besseres bekommen. Andererseits vermitteln die Leistungen ein Gefühl von Sicherheit und machen es leichter, in Finnland zu leben. Dort verbringt ja doch der größte Teil seinen Tag. Es ist keineswegs bedeutungslos, dass die mit Geldern des Staates und der Kommunen bereitgestellten Dienstleistungen das Leben in Finnland etwas erträglicher machen. Auch wenn sie kein Glück bringen, so vergrößern sie auch das Unglück nicht. Es ist nicht leicht, ein Land und eine Gesellschaft hinter sich zu lassen, von der man so viel bekommt, obwohl man gar nicht viel Steuern zahlt. Auch für einen Reichen ist es angenehm, in Finnland zu leben, denn die Reichen zahlen in Finnland auf jeden Fall wenig Steuern. Niedrige Steuern und große Dienstleistungen bedeuten ein ideales System. Die Mittelklasse bezahlt Steuern und bekommt auch Leistungen. Manche profitieren, manche sind die Zahlmeister. Erst wenn man seinen Geist aushaucht, ist es Zeit, Ausgaben und Einnahmen zu saldieren. Man kann nicht im Voraus wissen, wie der Saldo am Ende aussieht. Erst fühlt es sich so an, als ob man zu viel zahlt, und dann erkrankt man oder heiratet die bzw. den mittellose(n) Ernährerin bzw. Ernährer einer Großfamilie. Die Rechnungen beginnen sich auszugleichen.

Die Leistungen sind wie eine Versicherung. Man weiß nicht im Voraus, was man braucht. Und wenn man dann etwas braucht, ist die Freude groß. Wenn man nichts braucht, lohnt es sich, auf dem Sterbebett daran zu denken, was hätte passieren können. Dazu muss man sich ein bisschen bemühen. Auch wenn im Leben nichts Schlimmes passiert und auch die Todesart billig ist, hätte etwas passieren können. Die Schlüsselformulierung lautet: Es hätte passieren können, obwohl es nicht passiert ist. Deshalb schließt man eine Versicherung ab und deshalb ist es gut, dass die Leistungen zur Verfügung stehen. Es ist ein viel zu großes Risiko, sich ganz der glücklichen Fügung anzuvertrauen. Deshalb lohnt es sich, die Sozialdemokraten zu wählen. Sie garantieren den Wohlfahrtsstaat, was immer auch in der Welt passieren mag. Die Steuern werden angehoben und Gebühren erhöht. Allen geht es gut. Sicherheit ist eine Bedingung für das Glück. Nur die Sozialdemokratie ist dazu in der Lage, sogar im rechtsorientierten Finnland. Die Zentrumspartei und die Nationale Sammlungspartei vermögen dies nicht. Schade nur, dass die Kommunisten keine Rolle mehr spielen.

3.3.4. Der Einkommensausgleich und das Problem der Entfremdung

Die letzte der Aufgaben des Wohlfahrtsstaates ist der Einkommensausgleich. Er bedeutet, dass die Besserverdienenden im Verhältnis mehr Steuern zahlen. Das finnische Volk hat an diesem Gedanken besonderen Gefallen gefunden, denn er beruhigt auf wundersame Weise den neidischen Geist. Für einen neidischen Menschen ist es gut zu wissen, dass ein Privilegierter nicht so sehr privilegiert ist, wenn die Steuer erst mit ihm fertig ist. Bedauerlicherweise bleiben nur die Kapitaleinkünfte Stiefkinder der Versteuerung. Mit seinem Lohn wird niemand reich, das ist das Hohelied des Einkommensausgleichs im Wohlfahrtsstaat. Optionsscheine und Aktien hingegen machen reich, aber das scheint eine ganz andere Sache zu sein. Den Neid müsste man auch darauf ausdehnen. Das ist schwierig, weil bedrängtes Geld aus dem Land flieht. Der Lohnempfänger geht nirgendwohin. Er ist nicht in der Lage, sein Geld irgendwie zu schützen. Er zahlt und bekommt Leistungen.

Das Verhältnis vom Einkommensausgleich zum Glücklichsein ist interessant. Die Menschen beneiden einander permanent, besonders wenn sie einen erfolgreicheren Menschen ausgemacht haben, der ungefähr derselben gesellschaftlichen Klasse angehört wie sie selber. Völlig fremde Gauner kann man verabscheuen und geringschätzen, aber nicht beneiden. Neid ist ein Gefühl unter Gleichen, was vermutlich seine Wurzel in Geschwisterbeziehungen hat. Das machen schrecklich brutale Erbstreitigkeiten deutlich, in denen allen alten Ressentiments freier Lauf gelassen wird. Sei es, wie es sei, die Menschen beneiden einander und fordern das Einhalten der einen gemeinsamen Norm. Allen das Gleiche, so heißt das Ideal. Dann ist keiner besser als der andere.

Leider verlangt der Kapitalismus auch Einkommensunterschiede und produziert sie nicht nur. Es ist leicht zu verstehen, dass ein anderer mehr Gehalt bekommt als ich. So ist die Gesellschaft. Der andere ist besser ausgebildet, ein größerer Streber und hat auch sonst mehr Glück. Seine schlechten Charakterzüge wurden fürstlich belohnt. So ungerecht ist die Gesellschaft bei uns. Der Gute wird unterdrückt, der Böse bekommt als Lohn Geld und zusätzliche Vorteile. Es ist hingegen schwer zuzugeben, dass Einkommensunterschiede und andere Motivationsfaktoren auch gebraucht werden. Wer hat schon die Kraft zu studieren, zu schuften, zu streben, zu konkurrieren und Risiken einzugehen, wenn es zusätzlich nichts Gutes im Angebot gäbe? Nur Wissenschaftler an der Universität sind so dumm. Ihnen genügt ein niedriges Gehalt und eine Kammer, in der sie sich aufhalten dürfen. Freilich träumen auch sie von großen Dingen. Jeder ist ein Spitzentalent, das bald zur Blüte reift und auf einen Posten nach Amerika gerufen wird. Oder, wenn es nicht ganz so fantastisch kommt, dann erkennt dennoch die Wissenschaftsgemeinschaft Finnlands den Wert der Arbeit des Wissenschaftlers an und lädt ihn mit offenen Armen ein, der Elite anzugehören.

Der Neid ist weit vom Glück entfernt. Er gehört zu den gleichen nagenden Qualen wie Heimweh und Eifersucht. Der Neid gehorcht nicht der Vernunft. Er verwässert nicht mit der Zeit. Er fordert Handlung, Kompensation. Er führt zu Selbstbetrug, Übertreibung sowie Verfälschung von Werten und Fakten. Die ganze Welt des Neiders verändert sich durch die Wirkung dieses schrecklichen Lasters. Er verbreitet Gift um sich herum und niemand ist in seiner Gesellschaft sicher. Ein neidischer Mensch schürt Hass in anderen. Er führt sie in einen gemeinsamen Kampf gegen die Vorrechte der anderen und für die Gleichberechtigung. Ein neidischer Mensch kann leicht agitieren, denn er spricht die Sprache der Gerechtigkeit und Gleichberechtigung. Dieses sind große und edle Ideale, deren Zerstörung eine unverzeihliche Sünde ist. Das Handeln ist berechtigt. Falls keine Gerechtigkeit entsteht, lohnt es sich nicht, die

Grenzen des Handelns im Voraus zu definieren. Aufstand und Revolution sind nötig. Die Glücklosigkeit hat die Menschen in ihre Gewalt gebracht und fordert von ihnen, zu handeln. Ihr Streben, der gegenwärtigen Situation zu entkommen, zwingt sie zu fast allem, zum Lärmen, Tumult, Gewalt und anderem störenden Verhalten. So sagt es die amtliche Ideologie, die, wie man hört, das historische Wissen und die gesellschaftliche Erfahrung stützen.

Vielleicht ist es überflüssig, über den Neid ausgegrenzter und entfremdeter Menschen zu sprechen. Für den Neid gibt es dennoch eine ziemlich einfache psychologische Erklärung. Der Mensch hat ein gewisses negatives Gefühl, von dem geleitet, er schlechte Taten begeht und böse Gedanken hegt. Einen Menschen des Neides zu bezichtigen bedeutet oft, dass es keine Möglichkeit mehr gibt, das Problem zu erklären und so die Situation auf ein normales Maß herunterzuschrauben. Es wäre vielleicht besser, von der Entfremdung, also der *Alienation*, zu sprechen, der der Marxismus seinerzeit viel Aufmerksamkeit gewidmet hat.

Entfremdung ist ein hoffnungsloser und unglücklicher Zustand, von dem der Mensch unbedingt wegkommen muss. Entfremdung bedeutet einen Zustand, in dem der Mensch sich im wahrsten Sinne des Wortes allem gegenüber fremd fühlt, was echt, real, wünschenswert und wertvoll ist. Er nimmt sich selbst als im Abseits befindlich wahr, wenn man die Terminologie von Ballsportarten gebrauchen darf. Er sieht um sich herum eine Welt, zu der er gehören könnte, aber dennoch nicht gehört. Deshalb ist seine Außenseiterrolle qualvoll. Er sehnt sich nach der Rückkehr in diese Gemeinschaft mit anderen, die ihm versprochen ist und die er verloren hat. Jeder Arme empfindet dieses Gefühl, aber so empfinden es auch die Hospitalisierten. Frauen beklagen, dass es für sie keinen gleichberechtigten Platz in der Gesellschaft gibt. Sie gehören zur Gesellschaft, aber ohne Macht und deren typische Positionen. Sie sind entfremdet.

Wir glauben, Einkommensausgleich hilft gegen Entfremdung. Wenn die Einkommensunterschiede ausreichend gering sind, empfindet niemand mehr die wirtschaftliche Situation eines anderen als überlegen und unmöglich zu erreichen. Ich kann allerdings nicht verstehen, warum es so ist, dass gerade die wirtschaftliche Ungleichheit zur Entfremdung führt. Warum ist gerade Geld so wichtig, dass mit der gleichmäßigen Verteilung des Einkommens und Vermögens die zerstörerischen Wirkungen der Entfremdung vermieden werden? Ich überlasse die Behandlung dieses Problems den Soziologen. Hier reicht es aus zu verstehen, dass die Entfremdeten zornig sind und Zorn kein Gefühl der Glücklichen ist. Die entfremdeten Menschen wollen etwas, das sie nicht erreichen können, und deswegen sind sie unglücklich. Sie kompensieren ihre Gefühle mit Verbrechen, Gewalt, Trinken und Drogen. Sie sind eine Gefahr für die ganze Gesellschaft. Eigentlich ist der Gedanke ziemlich interessant: Wenn alle Menschen derselben Randgruppe angehören, sind sie glücklich. Dies ist so, weil alle zur gleichen Gemeinschaft gehören, aus der fortzustreben es keinen Grund gibt. Ein Entfremdeter ist unglücklich, weil er in einer Situation am Rande steht, der er entkommen muss. Denn dort ist er nichts und niemand. Das Leben ist woanders. Aber reicht es aus, Geld zu verteilen, um einen solchen Zustand zu korrigieren? Wenn es ausreicht, macht Geld und nichts anderes glücklich. Die Einkommensunterschiede sind das Tor zur finnischen Hölle.

3.4. Das gute Leben

3.4.1. Sokrates und Aristoteles über die Tugend und Glück

Das gute Leben hat ein anderes Format. Das gute Leben ist ein Begriff der Ethik, der ungefähr so viel bedeutet wie ein wertvolles und bewundernswertes Leben. In der alten Philosophie wird ein gutes Leben mit tugendhaftem Leben gleichgesetzt, das ein Leben nach den Vorgaben der Tugenden ist. Zum Verständnis des guten Lebens braucht man den Begriff der Tugend. Der ist eigentlich aus der finnischen Sprache verschwunden, so dass auch das gute Leben schwer zu verstehen ist. Genau deshalb spricht man von Wohlstand, Wohlergehen und Lebensqualität. An die Stelle des großen und kollegialen Ideals sind wirtschaftlich-soziale Ziele getreten. Sie sind wenigstens verständlich, wenn auch nicht besonders edel. Dennoch glaube ich bemerkt zu haben, dass die Sehnsucht nach dem guten Leben existiert, obwohl man sie nicht in Worte zu kleiden vermag. Die Menschen empfinden ihr Leben als leer und sehnen sich nach etwas Erhabenerem, Beständigeren, ohne zu wissen, was das sein könnte. Im Folgenden gebe ich in klarer und einfacher Form Ratschläge für ein gutes Leben. Damit ist jeder in der Lage, sich aus den Fallstricken der Glorifizierung des Lebensstandards zu befreien und zum guten Leben zu gelangen.

Nach den Lehren der Antike macht ein gutes, also tugendhaftes Leben den Menschen glücklich. Eigentlich ist nur die Tugend dazu imstande. Jedes andere Glücklichsein ist nur Vergnügen oder eine andere Täuschung. Nur der Tugendhafte ist glücklich.

Sokrates sitzt im Gefängnis. Er ist dafür verurteilt, den Geist und die Meinungen der Athener Jugend verdorben und andere Vergehen begangen zu haben, bei denen es auch um Missbrauch der freien Meinungsäußerung geht. Er wurde zum Tode verurteilt, weil er diese Strafe in seiner Verteidigungsrede beinahe für sich selber forderte. Außerdem lehnt er es ab zu fliehen. In seiner Zelle erwartet er im Kreise seiner Freunde den Tod. Er ist der glücklichste Mensch von Athen – weshalb? Deshalb, weil er tugendhaft ist. Obwohl er verhaftet und auf falscher Grundlage zum Tode verurteilt wurde, ist er dennoch glücklich. Seine Tugend macht ihn glücklich.

Sokrates Situation ist nicht so eindeutig, wie man meinen könnte. Er hat es abgelehnt, sich auf eine Weise zu verteidigen, die zu seiner Freilassung führen könnte. Er ist nicht ins Exil gegangen oder aus dem Gefängnis geflohen. Er sucht geradewegs den Tod. Wenn er das Urteil und den Tod akzeptiert, hat er keinen Grund zu klagen und ist glücklich. Aber das ist ganz deutlich eine andere Sache als das Glücklichsein, das die Tugend mit sich bringt. Wenn man, wie Jesus, den Tod gewählt hat, gibt es nichts zu klagen. Aber wenn man tugendhaft ist, ist man glücklich, wie viel auch immer es in der gegenwärtigen Situation zu klagen gäbe. Sokrates ist auf beide Weisen glücklich.

Aristoteles vermittelt ein etwas anderes Bild von der Beziehung zwischen Tugend und Glücklichsein. Ihm zufolge ist die Tugend für das Glück des guten Lebens unabdingbar, aber sie reicht nicht aus. Man braucht noch etwas anderes als Tugend. Laut Aristoteles muss man ein gut aussehender, wohlhabender, freier Mann sein, sonst gleitet einem das gute Leben aus den Händen. Ich würde glauben, dass dieser Standpunkt unserer eigenen Zeit näher steht als Sokrates fanatische Bewunderung der Tugend. Aristoteles sieht, dass die Tugend gute Umstände erfordert, um Quelle des Glückes sein zu können.

Man muss ein Mann sein, weil eine Frau nicht zu vollkommener Tugend in der Lage ist. Die Frau ist ein unvollständiger Mann, weil ihr etwas fehlt, die Eier. Die Frau ist ein verstümmelter Mann, der ewig unter seiner Unvollständigkeit leiden muss, so wie man unter Mängeln leidet. Aristoteles spricht an verschiedenen Stellen etwas unterschiedlich über die Frau, aber selbst die harmlosesten Äußerungen besagen, dass es der Frau an den Tugenden Edelmut und Erhabenheit mangele. Über die anderen Tugenden mag die Frau wohl verfügen, aber eine fehlt und damit alles, die Möglichkeit zum vollen guten Leben und zum Glück, das dieses mit sich bringt.

Der Mann muss wohlhabend sein, sonst muss er arbeiten. Arbeit bedeutet Mangel an Unabhängigkeit. Sie bindet den Menschen an Erwerbstätigkeit, Zeitpläne und vor allem an denjenigen, der die Aufsicht führt und den Lohn zahlt. Der Arbeiter ist nicht selbstständig, unabhängig und frei. Es ist ein schreckliches Schicksal, das man bis zum Schluss vermeiden muss. Für die Griechen bedeutete Arbeit schlechtes Leben und machte die Entwicklung von Tugend oder ein tugendhaftes Leben unmöglich. Arbeit war das Schicksal von Sklaven. Aristoteles sagt, dass es für die Bauern das Beste wäre, Sklaven zu sein, weil die Plackerei auf dem Feld so hart sei. In Hella Wuolijokis Niskavuori dachte man nicht so. Santeri Alkio hatte die *Politik* von Aristoteles nicht genau genug gelesen. Freiheit bedeutet die Möglichkeit, sich an der Politik zu beteiligen, was der beste Zweck des Lebens ist. Der Mensch ist ein politisches Tier, das sich gemeinsam mit den anderen um die Angelegenheiten der eigenen Stadt kümmert. Politik ist das gemeinsame Erledigen gemeinsamer Angelegenheiten. Weil der Mensch ein Hund ist, hat Aristoteles Recht. Freiheit und Unabhängigkeit sind nur dazu da, dass man in der Lage ist, zusammenzuleben. Der Mann muss gut aussehend sein, weil dann seine Anziehungskraft groß ist und er Einfluss und Bewunderung bekommt. Dem Schönen fällt es leichter, mit den Menschen zurechtzukommen als dem Hässlichen, der sich immer einschmeicheln und lieb Kind machen muss.

Wer von beiden hat Recht, Sokrates oder Aristoteles? Bestimmt letzterer. Es ist unmöglich, sich vorzustellen, dass ein unschuldig im Gefängnis schmachtender Mensch nur deshalb glücklich ist, weil er selbst ein guter Mensch ist. Wenn das nicht überzeugt, kann man das Beispiel ausbauen. Der Besitz wurde beschlagnahmt und vernichtet, die Ehefrau vergewaltigt, die Jungen umgebracht und die Mädchen in Bordelle verkauft. Dennoch ist der Gefangene der glücklichste Mann der Welt, weil er selbst so tugendhaft ist.

Erinnern wir uns, wie das Glücklichsein definiert wurde. Glücklichsein ist, dass man nicht an einem anderen Ort sein wollte, als man ist. Der Gefangene will bestimmt, dass sich die Welt so ändert, dass er frei ist und seine Familie intakt bleibt. In diese Welt zu gelangen, würde er sich wünschen. Er ist also nicht glücklich. Aber das gute Leben im Sinne eines den Tugenden entsprechenden Lebens ist nicht von äußeren Umständen abhängig. Glücklichsein ist auch kein Gefühl von Vergnügen. Im Gefängnis ist es nicht schön. Vor uns liegt eine neue Auffassung von Glücklichsein. Es hängt nicht von den Umständen des Lebens ab, sondern ist eine ganz und gar in der eigenen Psyche angesiedelte Sache.

Die Tugend betrifft die menschliche Natur und das Wesen des Menschen. Der Tugendhafte hat ein gutes Wesen, der Lasterhafte ein schlechtes. Der tugendhafte Mensch ist vollkommen. Er ist, wie der Mensch sein muss, wenn man den Geist und das Wesen des Menschen betrachtet. Auf jeden Fall ist klar, dass man die Güte des Menschen vom Standpunkt seines Wesens aus beurteilen muss. Kein anderer Aspekt ist von Bedeutung. Deshalb ist Sokrates auch im Gefängnis ein guter Mensch. Der Mensch verändert sich in keiner Hinsicht, nur weil er vom Marktplatz in die Zelle musste.

Wenn sich die Natur des Menschen vervollkommnet, ist er so, wie er sein muss. An ihm gibt es nichts zu verändern, außer zum Schlechteren. Jetzt können wir die Definition von Glück auf Sokrates im Gefängnis anwenden. Er ist glücklich, weil man ihn nicht ändern kann, ohne ihn zu verschlechtern. Er kann sich auf keinen Fall wünschen, sich zu ändern, weil dies eine Veränderung zum Schlechteren bedeuten würde. Eine derartige Veränderung kann man vernünftigerweise nicht wollen. Sie würde Selbstzerstörung bedeuten. Sokrates ist im Gefängnis ein glücklicher Mensch, weil er keinen Grund sieht, sich zum Besseren zu verändern. Er strebt nicht von dort fort, wo er ist. Er ist zufrieden mit sich selbst, so wie er ist. Aber diese Art des Glücklichseins betrifft nur seinen Geist und sein Wesen.

Warum flieht er nicht? Wenn er fliehen würde, würden wenigstens seine Lebensumstände besser. Aber weil er richtig zu denken in der Lage ist, kommt er zu dem Schluss, dass Flucht keine Lösung ist. Ich will hier nicht erklären, warum Sokrates so denkt. Es reicht zu konstatieren, dass er über die Sache nachdenkt und feststellt, dass es keinen Grund zur Flucht gibt. Am besten ist es, den Becher mit dem Gift zu nehmen, ihn zu trinken und zu sterben. Wichtig ist, dass der tugendhafte Mensch korrekt schlussfolgert, was getan werden muss, und es auch tut. Wenn er weiß, was zu tun ist, dann tut er das auch. Tugend ist Wissen.

3.4.2. Die Kontrolle über den Lasterhaushalt

Sokrates und Aristoteles geistern durch die Seiten der Lehrbücher und erwecken bei immer neuen Studentengenerationen Verwunderung. Die Geschichte ist aus heutiger Sicht abwegig und überflüssig, aber gerade deshalb so fesselnd. Sie öffnet ein Fenster zu vergangenen Denkweisen. Die Vorstellung von vollkommener Tugend und einem fehlerfreien, tugendhaften Leben klingt gut. Dennoch fesselt auch das Laster und verspricht, das Salz des Lebens zu sein. Es ist aufregend, dem Laster zu frönen, aber nur in Maßen. Wir sind an den Gedanken gewöhnt, dass die Tugend ihren Platz hat, aber den hat auch das Laster. Manchmal macht es Spaß, zu lügen und zu betrügen. Drogen auszuprobieren lohnt sich. Eine flüchtige Berührung der Ehefrau des Nachbarn eines Nachmittags ist der Traum vieler. Wenn nur Haltung gewahrt bleibt und die schlimmsten Gesetzwidrigkeiten vermieden werden, ist das Laster eigentlich ziemlich angenehm. Lange aufzubleiben und zu rauchen, wenn die Mutter einen nicht mehr ständig kontrolliert, sind Zeichen von Unabhängigkeit. Die Selbstdarstellung beruht weitgehend auf dem Laster. Es versieht den Menschen mit den Brüchen und Kanten, die die Individualität voraussetzt. Jemand ohne Laster ist wie ein Hefezopf ohne Rosinen. Wer wollte mit einem völlig lasterfreien Menschen zu tun haben? Er müsste sein wie Matti Vanhanen vor seiner Scheidung und den Gerüchten um Tanja und das Verhältnis, das den beiden angedichtet wurde. (Matti Vanhanen war finnischer Ministerpräsident 2003-2010. Tanja Karpela, ehemalige Miss Finland, war Kultusministerin in den Jahren 2003-2007.)

Was würde man zu dem Gedanken sagen, nach dem ein gutes Leben in vollendeter Tugend unmöglich ist, so dass das gute Leben Laster verlangt? Aus diesem Blickwinkel bedeutet das gute Leben die Fähigkeit, das Laster zu kontrollieren und zu beherrschen. Man muss das Laster als Entwicklungsfaktor und bestimmendes Element der eigenen Lebensweise und dem eigenen Wesen unterordnen. Gutes Leben ist in richtiger Weise kontrolliertes Laster. Schlechtes Leben ist Verantwortungslosigkeit, was das Laster betrifft, und dieses führt ins Unglück. Kontrolliertes Laster wiederum bereichert das Leben und gibt ihm Ecken und Kanten. Ein solches Leben und ein solcher Mensch werden bewundert, beneidet und von allen beobachtet. Er weiß zu leben. Er geht seine eigenen Wege und die anderen folgen, wenn sie es können und wagen.

Der Lasterhaushalt muss kontrolliert werden. Dennoch ist die Basis von allem die Tugend. Wenn es keine Tugend gibt, macht das Laster Angst. Das Laster eines tugendhaften Menschen wiederum ist interessant. Das kann man in eine faszinierende Richtung entwickeln. Wenn ich die Kontrolle über mein eigenes Leben habe, kann ich sehr gut dann und wann einen Joint rauchen. Das Laster ist fesselnd.

Es ist wichtig, die Gesetze der Entwicklung und Beherrschung des Lasters zu kennen. Genauso wichtig ist es, die Tugend zu kennen. Der Lasterhaushalt des guten Lebens funktioniert so, dass man zuerst die Tugend und das tugendhafte Wesen entwickelt. Es bildet eine glaubwürdige Grundlage für den Umgang mit anderen Menschen. Die anderen haben keine Angst vor einem, vertrauen einem sogar. Der Mensch verfügt über Rückgrat, ein sympathisches Wesen und andere positive Eigenschaften. Er ist ein ordentlicher Mensch und Bürger, den man nicht sofort ins Irrenhaus, die Erziehungsanstalt oder das Gefängnis sperren muss. Das ist das Grundgerüst, das den Hintergrund für die Laster schafft und sie trägt. Wie oben schon festgestellt, sind Laster unabdingbar und es lohnt sich nicht, in dieser Hinsicht schüchtern zu sein. Am besten macht man von ihnen reichlich Gebrauch. Mein Motto ist: Bring den Lasterhaushalt in Ordnung und alles ist in Ordnung. Das gute Leben entsteht so. Ich bin sicher, dass meine Hinweise niemanden überraschen, im Gegensatz zu Sokrates Rede im Gefängnis vom Glücklichsein. Ich denke, dass es den Menschen im Gefängnis im Allgemeinen ankotzt, obwohl ich selber noch nicht eingesessen habe. Einige meiner Kollegen sind wohl im Gefängnis gelandet. Sie erzählen darüber nicht viel. Mein Schwiegervater war seinerzeit Polizist in Turku und deshalb konnte ich einen Blick in den Knast werfen. Mein eigenes Lasterleben ist also relativ harmlos gewesen. Eigentlich würde ich sagen, dass ich überhaupt keine Laster habe.

Zwei Theorien bieten sich dem Eifrigen an, der sich selber entwickeln will. Die erste ist so, dass man zuerst die Tugenden in Ordnung bringt und dann die Laster drauflegt. Die Tugend hat Vorrecht. Die andere Theorie ist so, dass Tugend und Laster ineinander verzahnt und verfugt entwickelt werden. Ob das zulässig ist, sehen wir bald. Es sei noch angemerkt, dass eine Marschordnung, bei der zuerst das Laster entwickelt wird, unmöglich ist. Wenn zuerst das Laster entwickelt wird, wird es wild und nimmt der Tugend den ganzen Raum. Die Tugend muss das Laster kontrollieren; ohne diese Kontrolle tobt sich das Laster aus und übernimmt die Herrschaft. Das gute Leben kann nicht entstehen. Vielleicht bringt es den psychopathischen Mörder hervor, mit dem niemand befreundet sein will. Das Laster ist ein Teufel, der die ganze Zeit an seinen Fesseln zerrt.

Wir sind bei den Grundfragen der Erziehungsphilosophie angekommen. Ich finde es sehr schade, dass unsere Erziehungswissenschaftler und Lehrer nicht über die großen Fragen des guten Lebens nachdenken wollen. Früher tat man das – jetzt jedoch nicht mehr. Warum soll man die Anordnung der Pulte im Klassenzimmer und die Lesefähigkeit der Kinder untersuchen, wenn sich das Problem des richtigen Verhältnisses von Tugend und Laster bei der Entwicklung einer spannenden Gesamtpersönlichkeit und deren Suche nach dem Glücklichsein als Frage stellt? Erziehung ist eine völlig andere Angelegenheit als Unterricht. Es ist gut, Unterricht zu erfahren, damit man wichtige Dinge weiß und einen Arbeitsplatz bekommt, aber Erziehung erzieht zum guten Leben und zum Glücklichsein. Das Laster ist eine Sache der Erziehung. Die Erziehungswissenschaftliche Fakultät könnte einen von der Kirche finanzierten Lehrstuhl der Lasterlehre erhalten. Viele Kirchenmänner und Kirchenfrauen haben es hervorragend verstanden, das Laster zu kultivieren.

Wir denken also über zwei Theorien nach, über die Verzahnung von Tugend und Laster und deren Abfolge (Tugend zuerst). Ich würde glauben, dass die Theorie der Abfolge nicht sehr gut ist. Wenn die Tugend erst zu ihrem vollen Ausmaß entwickelt wird, kann das Laster nicht mehr in Erscheinung treten. Die Tugend erstickt das Laster, das dann notwendigerweise leb- und farblos bleibt. Oder das Laster bricht dann unter großem Druck wie aus dem Krater eines Vulkans ungezügelt hervor. Das Laster fordert seinen Teil, aber das erbarmungslose Schicksal lässt es nicht hervortreten. Deshalb entsteht Druck, der zum Ausbruch des Lasters führt. Nehmen wir als Beispiel das Trinken. Es ist übrigens das empfehlenswerte und angenehmste Laster, aber es verstärkt sich zum Quartalssaufen, wenn die Tugend es die ganze Zeit mit ihren Vorwürfen bedrängt. Der Trinker kann sein Laster überhaupt nicht genießen und es seinen Freunden nicht in einem unbesorgten Tonfall präsentieren. Das schlechte Gewissen ist ein Produkt der Tugend und das macht das Trinken qualvoll. Viele Finnen trinken deshalb so lange Alkohol, bis das Gewissen einschläft und sie zufrieden einschlafen können. Eine zu stark entwickelte Tugend setzt das Laster schlimm unter Druck. Deshalb ist es keine gute Idee, die Tugend gleich am Anfang besonders auszubilden. Mit einer Sexarbeiterin bekommt man keine Erektion, wenn es sich die ganze Zeit so anfühlt, dass man dabei ist zu sündigen. Aber wenn man in einer Nacht in Sankt Petersburg einmal richtig in Schwung kommt, nimmt man fünf Mädchen am Abend und es reicht nicht aus. Die Frauen können sich hier ihre eigenen Beispiele ausdenken. Einkaufen kommt einem wie Verschwendung vor, aber wenn man einmal damit anfängt, kann man nicht mehr aufhören. Weitere Beispiele gäbe es genug.

Die Tugend verursacht auch andere Schäden. Sexuelle Impotenz ist das Problem vieler Männer. Besonders in Kuopio ist der Absatz von Potenzmedikamenten hoch, in Vaasa niedrig. Bei uns Männern aus Vaasa läuft es von Natur aus besser. Aber wenn einen Impotenz quält, kann das an der durch die Tugend ausgelösten Beklemmung liegen. Wenn man die richtige Frau gefunden hat und das lasterhafte Treiben beginnt, unterbricht es die Tugend. Die Frau muss man belügen; Man muss sie glauben lassen, dass man nicht verheiratet ist. Man muss ihr schmeicheln und sagen, dass sie klug und attraktiv ist – um sie dann richtig ranzunehmen. Oralsex gibt es einseitig, so dass die Frau einem zwar einen bläst, selbst aber keinen Oralsex bekommt. Der Mann strebt danach, der Frau lasterhaft auf den Hintern zu klatschen und spielt durchtrieben auf anale Genüsse an. Man kann auch versuchen, die Frau dazu zu bringen, zum Sex billige Kleidung anzuziehen, die lasterhaft, aber sonst keineswegs schön ist. Auf diese Weise löst sich der Sex aus der Gewöhnlichkeit des ehelichen Geschlechtsverkehrs und erhebt sich in den Kreis des Lasters. Und das ist gut. Aber wenn man von Anfang an zugelassen hat, dass die Tugend zu stark ist, droht Impotenz. Die Fantasie zaubert wollüstige Bilder hervor, dagegen kommt die Tugend nicht an. Die Erregung ist stark und das Bedürfnis wird zwanghaft. Genauso muss ein gut gepflegtes Laster funktionieren. Der Mann ist in der Lage, frivole Vorstellungen zu entwickeln, die ganz knapp an der Grenze der Legalität angesiedelt und daher realisierbar sind. Dennoch sind sie vom Gewöhnlichen weit entfernt und als solche lasterhaft. Ihr Zweck ist es, den sonst so langweiligen und mühsamen sexuellen Akt des Menschen auszuschmücken. Dabei legt man sich aufeinander und macht, die Geschlechtsorgane ineinander gepasst, in unterschiedlicher Geschwindigkeit eine Bewegung, die aneinander reibt. Das Laster erzeugt Kreativität und Spannung. Der Akteur ist überzeugt, dass er davon mehr bekommen muss.

Wenn die Tugend zu stark ist, glückt der wollüstige Akt vielleicht nicht mehr. Es entsteht der Zustand der Impotenz, in dem das Organ des Mannes nicht mehr so steif wird, dass er es in verschiedene Öffnungen einführen könnte. Es kann auch passieren, dass der Lüstling komplett verlegen wird und nichts mehr hinkriegt. Dies liegt an den Wirkungen der Tugend. Die Tugend dürfte das Denken nicht kontrollieren, aber das Denken ist schwer zu beherrschen.

Manche sind natürlich so neurotisch, dass sie es nicht einmal fertigbringen, an Analverkehr oder das Ansehen eines Pornos zu denken. Aber die Tugend ist keine Neurose und Neurose keine Tugend. Die Tugend versucht vorzugaukeln, dass wollüstige Gedanken nicht interessant und es nicht wert sind, gedacht zu werden. Das sagt, worum es geht und warum gerade jene Gedanken in den Mülleimer der Seele gehören. Eine Neurose ist eine Krankheit, die manchmal an die Tugend erinnert und sie simuliert. Aber eine Neurose ist nur eine Blockade. Sie bedrängt so sehr, dass man nichts hinbekommt, egal was man denkt. Ein Neurotiker ist nicht glücklich, das ist klar und sein gutes Leben gelingt nicht.

3.4.3. Das Zähmen der Tugend

Es ist schwierig, das Denken zu beherrschen. Es läuft, wie es will. Das Denken ist geheim und privat. Niemand hilft einem, wenn die bösen Gedanken hervordrängen. Niemand weiß, was man im Sinn hat. Deshalb braucht man die Tugend, die gute und richtige Art zu denken. Dann können die bösen Gedanken den Geist des tugendhaften Menschen nicht beherrschen. Das hat man uns alle als Kinder gelehrt und uns dorthin geführt. Man darf keine unartigen Dinge sagen, denn Gott im Himmel sieht auch die Gedanken. Nirgendwo sind wir in Sicherheit, sondern die ganze Zeit unter Beobachtung. So haben wir gelernt, uns vor Trieben und seltsamen Gelüsten vorzusehen. Aber in jedem Falle sind wollüstige Gedanken in einem ganz anderen Sinne frei als Taten, die richtig bestraft werden können. Das Denken erfindet Unmögliches. Und Sex, Alkohol, Pornos und Zeitungen helfen und machen den Geist wild. Deswegen plant man allerlei. Aber nicht alles kann man einfach umsetzen. Impotenz schlägt gerade dann zu, wenn alles vorbereitet und der Partner in Stimmung gebracht ist. Der Gedanke reicht nicht aus, wenn der Körper sich widersetzt. Die Tugend hat ihre Aufgabe erfüllt. Ein tugendhafter Mensch ist nicht zu Bösem in der Lage, auch wenn er noch so wollte.

Es existiert nur ein Mittel. Die Tugend muss auf die gleiche Weise gezähmt werden, auf die man sie erworben hat. Aristoteles sagt, dass man Tugend erwirbt, indem man tugendhaft handelt. Die Tugend der Mäßigung erwirbt man, indem man maßvoll lebt, zunächst unter Zwang und dann aus der Natur heraus. Es braucht Wiederholung, aber am Ende ist man tugendhaft und folglich maßvoll, wie Aristoteles es fordert. Mutig wird man, indem man mutig handelt. Reinheit ist eine kleine Tugend, aber dennoch eine Tugend. Also putzt und wäscht man die ganze Zeit und so ist man reinlich. Gerechtigkeit ist die Königin der Tugenden und sehr schwer zu erreichen. Zunächst ist es schwierig zu wissen, was Gerechtigkeit ist. Theorien gibt es genauso viele wie Menschen, die darüber reden. Die beste Definition ist die einfachste: Jedem seinen Anteil. Anders gesagt, jeder bekommt das, was ihm zusteht. Den Feind hasst man und den Freund liebt man. Das hört sich einfach an, ist es aber nicht. Das muss man üben. In jedem Moment, in dem man eine Wahl treffen muss, muss man darüber nachdenken, wer denn wer ist und wie man sich verhalten sollte.

Nehmen wir ein philosophisches Beispiel. Dein eigener Sohn ist gemeinsam mit einem Freund im Eis eingebrochen. Du kommst ans Ufer und stellst fest, dass es einfach ist, sie zu retten. Aber dann wird dir bewusst, dass du nur einen von beiden retten kannst. Wenn du versuchst, beide zu retten, sterben auch beide. Was tun? Du hast drei Möglichkeiten. Erstens: Du überlegst, was zu tun ist, und würfelst aus, welchen von beiden Jungen du rettest. Vielleicht stirbt dein eigener Sohn, aber du hast richtig gehandelt. Das möge dich trösten. Zweitens: Du überlegst, welchen von beiden du rettest und kommst natürlich auf deinen Sohn. Du befreist ihn aus dem Eis und siehst, dass das Kind des Nachbarn stirbt. Drittens: Du denkst gar nichts, sondern rettest deinen eigenen Sohn - und das Kind des Nachbarn stirbt. Welches ist die richtige Weise zu handeln? Nach der Tugendethik ist die dritte Situation die tugendhafte Wahl. Ein Vater kann niemand anderes als sein eigenes Kind retten, wenn er wählen muss, und weil es so ist, ist das Nachdenken überflüssig.

Das Nachdenken zeugt nur davon, dass der Denkende noch nicht völlig tugendhaft ist. Die Situation ist natürlich schwierig, denn kaum einer hat die Gelegenheit, diese Situationen oft genug zu üben. Aber der Gedanke müsste dennoch klar sein. In der Möglichkeit zwei ist ein Gedanke zu viel.

Die Ausübung des Lasters gelingt auf die gleiche Weise. Man handelt lasterhaft. Das ist nicht besonders schwer, denn das Gute des Menschen sitzt oftmals ziemlich locker und man kann es auf angenehme Weise loswerden. Betrunken Auto zu fahren wird leicht zur Gewohnheit. Das Lügen zu üben ist fast überflüssig und Gleiches gilt für Eigenlob, Arroganz und die Tendenz, andere zu unterschätzen. Faulheit, Impertinenz, Feindseligkeit und andere abstoßende Wesenszüge treten schnell hervor und sie werden zu einem zweiten Wesen. Jetzt kann man versuchen, zu größeren Dingen überzugehen. Viele wären gerne roh und gewalttätig, wenn sie nur wüssten wie. Andere würden sich komischen Perversionen hingeben, wenn sie es nur wagten. Die Grenzen sind weit entfernt, wenn man beginnt, sich mit den Dingen zu befassen. Richtige Enthusiasten, zumindest diejenigen in schlechten Romanen, lassen nicht nach, bevor sie ohne Gewissensbisse morden können. Es handelt sich um eine derartige Meisterklasse, dass es sich nicht lohnt, die Mitgliedschaft anzustreben.

Das letzte Mörderbeispiel weist auf eine wichtige Wahrheit hin. Wenn man das Laster genießen und daraus einen interessanten Wesenszug entwickeln will, der die eigene Persönlichkeit betont, muss man vorsichtig sein. Man muss ein Gleichgewicht zwischen Tugend und Laster finden. Es ist dennoch unnötig zu denken, dass irgendeine Form von 50–50-Denkweise funktioniert. In diesem Falle ist das Laster schon so groß, dass sich die Polizei mehr für die Person interessiert als die eigenen Freunde. Und das wird niemand wollen. Die Polizei zählt nicht als Freund. Deswegen muss man eine gute Balance finden. Ich schlage als Menge des Lasters höchstens 10 Prozent vor. Damit meine ich eine Situation, in der jeder zehnte der Wesenszüge irgendwie verdorben, komisch, lasterhaft oder nach der allgemeinen Sittlichkeitsauffassung inakzeptabel ist. Und wie gesagt gibt es keinen Grund, sich richtig verbrecherische Wesenszüge anzueignen. Wenn zum Beispiel käuflicher Sex kriminalisiert wird, muss man gleich damit beginnen, sich wieder an Sex mit der eigenen Frau zu gewöhnen. Blöde Situation, aber Gesetz ist Gesetz und vom Parlament des eigenen Landes verabschiedet. Ganz und gar heilig ist das Gesetz nicht, aber es ist dennoch sinnvoll, sich daran zu halten.

Es ist zulässig, ein Zehntel seines Wesens für das Laster zu reservieren. Das ist gerade ausreichend, wenn man ein beliebtes und bewundertes Mitglied der eigenen Gemeinschaft sein will. Weniger Laster bedeutet, ein Nerd zu sein, und mehr ist schon gefährlich. Welche der eigenen Wesenszüge man zu einem Laster entwickelt, hängt von vielen verschiedenen Faktoren ab. Die Lebenssituation, das Alter, die Gesellschaft, der Beruf und die Hobbys beeinflussen es. Als Laster der Jugend eignet sich starkes Fluchen. Das finnische vittu, Fotze, ist ein schon etwas veraltetes, hässliches Wort, aber offensichtlich muss es noch immer kultiviert werden. Die aus Amerika entlehnten Flüche sind wirklich ekelhaft, solche wie mother fucker und asshole. Ihre Übersetzungen mutsinnussija und perseenreikä fügen sich sehr schlecht in die finnische Sprache ein, aber genau deshalb lassen sie sich gut verwenden. Man schlägt zwei Fliegen mit einer Klappe. Man vergewaltigt die finnische Sprache und demütigt den Zuhörer. Das nenne ich die Vorzüglichkeit des Lasters. Die Jungen können auch auf die Straße spucken, furzen und sich in hässliche Fetzen hüllen. All diese Beleidigungen betonen das eigene Ego und führen zu Bewunderung innerhalb der Bezugsgruppe. Die anderen leiden. Heutzutage hat man die Möglichkeit zu lernen, lauthals ins Mobiltelefon zu schreien, eine Gelegenheit, die man nicht ungenutzt verstreichen lassen darf. Die Laster der Jugendlichen sind klein und unschuldig, was auch natürlich ist, weil sie gerade erst ihr eigenes Selbst entwickeln.

3.4.4. Von Tugenden und Lastern der Berufe

In verschiedenen Berufen bieten sich viele Möglichkeiten zur Kultivierung von Lastern und somit zur Betonung des Glückes der eigenen Person. Ich behaupte, dass die Berufe ein wahrer Tummelplatz für richtig definierte und in passendem Maße kontrollierte, das Ego betonende Laster sind. Kunden erhalten oft die Gelegenheit, die hervorragende Ausübung der Laster als zahlende Zuschauer von Logenplätzen aus zu beobachten. Das Gleiche gilt natürlich auch für Verkäufer in kleinen Geschäften, aber kaum einer kauft heutzutage woanders ein als im Supermarkt. Dort sieht man nur das Kassenpersonal. Das ist oftmals noch so jung, dass es nur zu Widerwärtigkeiten in der Lage ist. Die Besten haben das schon ins Extreme entwickelt, aber viele lächeln noch nett. Die Taxifahrer sind in einer guten Position. Wenn sie wollten, könnten sie den Kunden beleidigen und beschimpfen, die falsche Route nehmen und ihn abzocken. Es ist schon seltsam, dass die finnischen Taxifahrer dem hervorragenden Beispiel ihrer ausländischen Kollegen (bisher) nicht gefolgt sind. Ich erinnere mich daran, dass ich in Warschau seinerzeit einen ehrlichen Taxifahrer traf. Ich nahm auf der Straße ein Taxi von der Akademie der Wissenschaften zum Flughafen. Der Mann fuhr schnell und gut. Er las das Taxameter ab, schaute in einer gedruckten Tabelle den neuen, höheren Preis nach und sagte ihn mir. Ich war angesichts solcher Tugendhaftigkeit zu Tränen gerührt und gab 100 Prozent Trinkgeld. Er verdiente es. Ich verstehe nicht, wie dieser ehrliche Mann seine Familie finanzierte. Seinerzeit betonten die Verkäufer von Alko, dem staatlichen Alkoholgeschäft, ihre Bedeutung mit Hinweisen auf verführerische Laster, aber jetzt ist auch Alko ein Supermarkt. Dort muss man alleine zurechtkommen. In der alten Zeit war ein hervorragender Verkäufer in der Lage, hinter dem Tresen stehend den Kunden wirklich zu blamieren.

Aber kommen wir zu den richtigen Berufen und ihrem guten Leben. Ich habe behauptet, dass das gute Leben glücklich ist. Und das gute Leben ist tugendhaft. Dann habe ich gesagt, dass die Tugend die Schärfung durch das Laster braucht, um verlockend zu sein. Eine Prise Laster ist immer angebracht, weil sie mit Sicherheit den Effekt der Tugend und auf diese Weise auch das Glücklichsein mehrt.

Die Lehrer und die Ärzte sind Meister auf diesem Gebiet. Lehrern bin ich nur als Kind in der Schule begegnet, so dass ich über sie nichts Neues sagen kann. Vielleicht treiben sie andere Possen als meine eigenen Lehrer. Aber die mächtige Berufsgruppe der Ärzte hat die kleinen Laster zur Kunstform entwickelt. Trotzdem sind ihre Mitglieder nicht so tief gesunken, die Laster zu übertreiben, obwohl es immer Ausnahmen gibt. Die englische Presse berichtet am 16.2.2006 über einen Krankenpfleger in Oxford, der den Patienten ein die Atmung lähmendes Mittel zu verabreichen pflegte. Dies tat er mit Dutzenden, von denen zwei starben. Im Krankenhaus wunderte man sich, warum die neu aufgenommenen Patienten so oft Atemprobleme bekamen. Und so flog Benjamin Green (25) auf. Der Polizei berichtete er, dass es für ihn schrecklich spannend sei, die Notlage des Patienten zu sehen und zu erleben und sich dann an seiner Pflege zu beteiligen. Er sei ein richtig hervorragender Heiler von Atemproblemen gewesen, sagten die Kollegen. Er erfuhr Wertschätzung und bekam einen großen Kick. Wieder zwei Fliegen mit einer Klappe geschlagen. Wie ich schon sagte, ist dies das unübertroffene Merkmal hervorragenden Lasters. Andererseits habe ich schon vor den verbrecherischen Lastern gewarnt, deren Kapazität, den Grad der Tugendhaftigkeit des Lebens zu heben, gering ist.

Ärzte und Krankenpfleger müssen einige echte Laster entwickeln. Ein krebskranker Freund von mir lag in Kotka im Sterben. Im Krankenhaus wurde ihm mitgeteilt, dass die Pflegemaßnahmen eingestellt würden und Pertti begriff, dass er jetzt abtreten müsse. Der verantwortliche Arzt übermittelte ihm mithilfe der Krankenschwester die Nachricht auf einem Zettelchen. Pertti war fuchsteufelswild über eine derartige Feigheit, einem sterbenden Patienten zu begegnen. Es handelt sich hier um ein Laster, das nicht zum guten Leben des Arztes beiträgt. Ich glaube nicht, dass irgendjemand Freude darüber empfindet, sich wie ein Feigling zu verhalten, oder dann handelt es sich um einen richtigen Meister. Wir bemerken, dass nur die Laster eines ganz bestimmten Berufes zum guten Leben beitragen. Chirurgen sind für ihre grob unhöflichen Aussagen bekannt, für solche wie „Sie sterben jetzt und man kann nichts tun, es lohnt sich nicht, Pflegemaßnahmen zu ergreifen, was heulen Sie denn jetzt herum", und anderes Lustige. Auch das rohe Verdrehen schmerzender Körperstellen gehört zum Repertoire. Ich bin sicher, dass dieses alles dem Chirurgen in der Gesamtheit des guten Lebens ein Mehr einbringt. Betriebsärzte sind, wie man hört, in der Lage, einen zu deprimieren.

Angenehm ist auch das gegenteilige Laster der Ärzte, das Verheimlichen der ernsten Natur der Krankheit oder der Röntgen- oder sonstiger Aufnahmen. Wenn man neben dem geliebten Menschen sitzt und zuhört, wie er getäuscht wird und wie man ihn belügt, fühlt man sich wie auf glühenden Kohlen. Man kann nichts sagen und man weiß auch nichts zu sagen. Dem Patienten wird erzählt, dass er mit Mitteln behandelt werde, die nicht helfen, dazu noch ein wenig palliatives Lächeln und der Patient schöpft wieder Hoffnung. Seltsam, dass er etwas schöpft, das es nicht gibt. Ich habe immer gedacht, dass ex nihilo nihil (aus dem Nichts entsteht nichts; also wo nichts ist, kann man auch nichts schöpfen), aber einem Arzt gelingt auch diese metaphysische Wundertat. Der Patient wird munter und ist beinahe an Ort und Stelle geheilt. Der Angehörige weiß, dass es keine Hoffnung gibt, denn er hat noch Ressourcen für Realismus.

Die Täuschung des Patienten ist ein Laster. Dennoch verschafft sie dem Arzt Befriedigung, dessen bin ich mir sicher. Der Arzt hat die Macht, die Sache so darzustellen, wie er will und auf diese Weise auf den Patienten einzuwirken. Macht fühlt sich immer gut an und im guten Leben hat der Mensch Macht. Es gibt kein gutes Leben ohne Macht, das sagte schon der weise Aristoteles. Gleichzeitig dient jene Macht einem guten Zweck. Der Patient freut sich und hat wieder die Kraft, sein Schicksal freudiger zu tragen. Der Arzt gebraucht seine Macht richtig, wenigstens aus der Perspektive des Utilitarismus. Niemand verliert etwas und der Patient gewinnt etwas. Er ist für kurze Zeit gut gelaunt. Aber vom Standpunkt der Tugendethik aus ist die Situation nicht so gut. Die Gerechtigkeit erfordert, dass jeder den ihm gehörenden Anteil bekommt. Und der Anteil des Patienten ist die ihn und seinen Zustand betreffende Information. Das ist sein Recht. Wie man ihm die Informationen überbringt, ist natürlich wichtig. Man darf niemanden überflüssig verletzen oder erschüttern. Aber Mitgefühl, das das Prinzip der Gerechtigkeit nicht respektiert, entspricht nicht der tugendhaften Pflicht. Die Suche des Arztes nach Macht und Wohlbefinden erhält eine Form, die dem Laster ziemlich nah ist.

Hier noch ein treffendes Beispiel: Ein Angehöriger sagt dem Arzt, dass eine überraschend an Krebs gestorbene Frau eigentlich niemals akzeptiert habe, dass sie bald sterben würde. Der Arzt entgegnet, pfiffig lächelnd, dass niemand daran glaube. Was ist an diesem Wortwechsel lasterhaft? Ich erkläre es: Der Angehörige glaubt, dass der geliebte Mensch einzigartig war und dieser Tod entsetzlich ist. Der Arzt trivialisiert die Situation, indem er konstatiert, dass die Sterbenden doch alle gleichermaßen Dummköpfe sind. Wenn der Arzt geantwortet hätte, ob es nicht gut gewesen sei, dass der Verstorbene den Tod nicht habe fürchten müssen, wäre die Situation tugendhaft gewesen. Der Patient wäre nicht mit den anderen in einen Topf geworfen worden; der Arzt hätte an der Trauer um dessen einzigartiges Schicksal Anteil genommen. Aber dieser Arzt wollte ätzen, wenn auch nur ein bisschen. Ich glaube nicht, dass den Ärzten beigebracht wird, die Angehörigen zu erniedrigen und zu verhöhnen. Das Laster muss man selbst lernen. Ich würde glauben, dass Macht dazu verleitet, andere zu demütigen.

Aristoteles sagt, dass jeder Tugend zwei Laster entsprechen. Hier ist ein Beispiel. Die Grobheit des Chirurgen und die Sanftheit des behandelnden Arztes sind beides Laster. Das Letztere ist das schlimmere Laster, wenn der Akteur damit keine Früchte für das eigene Ego ernten kann. Grobheit hingegen hebt das Ego und bekommt dafür einen Glorienschein.

Dies sind nur Beispiele. Wer diesen Beruf ausübt, hat eine große Macht über seine Kunden und deshalb ist sein gutes Leben so wichtig. Wir Kunden haben das Recht, denjenigen zu vertrauen, die uns pflegen. Ich habe auch echte Güte gesehen. Ich hätte niemals geglaubt, dass Pflegepersonal beim Tod eines Patienten weint, aber so ist es. Als ich selber Pflegepersonal ausbildete, erzählte mir ein erfahrener Kinderarzt, dass er zwischendurch ins Nebenzimmer gehen und weinen musste, als ihm ein Kind unter den Händen starb. Ich glaubte damals, dass das nur Gerede sei, aber wenn die Erfahrung wächst, muss man daran glauben. Wenn man dasitzt und zusieht, wie der geliebte Mensch langsam dahinstirbt, ist die Wahrnehmung stark geschärft. Jeder Gesichtsausdruck und jede Handbewegung der Pflegekraft bedeuten etwas. Wenn ich jetzt Pflegepersonal ausbilden würde, würde ich ihnen die Handbewegung beibringen für den Moment, in dem sie den Patienten berühren. Jene Handbewegung enthüllt alles. Meine Frau war im Addenbrooke‘s Krankenhaus in Cambridge ganz überwältigt von der Art und Weise, wie ein großer, gut aussehender (wie sie meinte) Krankenpfleger ihre Bettdecke richtete. Als ich die Station verließ, hing an der Informationstafel ein langer Bericht über die Auszeichnungen, die der Pfleger bekommen hatte. Ein paar Handbewegungen hatten die Herzensgüte besser enthüllt als die Urkunde an der Wand. Und es ging nur um einige Handbewegungen. Auch in den Institutionen des Gesundheitsversorgungsnetzes von Helsinki und Uusimaa, HUS, habe ich einige magische Berührungen gesehen. Ich bin sicher, dass die Hand viel mehr ausdrückt als die Augen. Die Hände lügen niemals. Gerade sie sind der Spiegel der Güte. Als Information für die Philosophiestudenten: In dieser Sache irrte sich Levinas. Die Hände sind entweder schlecht oder gut. Sie haben nur zwei Alternativen. Der Mensch ist ein Hund, aber auch einer mit Händen.

3.5. Nachrichten aus dem Paradies

3.5.1. Utopien und das Paradies

Wie sähe das gute Leben des perfekten Menschen im Paradies aus? Es scheint, als gehörten das Glück und das Paradies zusammen. Im Paradies ist der Mensch glücklich, wenn es anderswo nicht gelingt. Oben habe ich die seltsame Beziehung des Individuums zu Tugend und gutem Leben nach Sokrates betrachtet. Jetzt ist es an der Zeit, zur Betrachtung dessen überzugehen, wie das gute Leben mit anderen Menschen aussieht - auch mit Tieren, wie jemand sicherlich jetzt gleich anmerkt. Ich nehme an, dass die Umweltfragen geregelt sind. Probleme schaden dem guten Leben.

Adam und Eva führten im Paradies ein gutes und glückliches Leben. Seitdem haben die Menschen kein solches mehr geführt, sondern nur davon geträumt. Es wird oft behauptet, dass Marx nach dem Paradies strebte und auch für diejenigen, die dorthin gelangen wollten, Ratschläge verfasste. Das ist nicht wahr. Marx hat nicht viel über das dem Kapitalismus folgende Paradies gesagt. Platons Staat ist eine Utopie – ein Ort, den es nicht gibt –, aber diesen Ort als Paradies zu bezeichnen, lohnt sich nicht. Der Staat existiert für den Staat und sorgt im Namen der Gerechtigkeit für die Vorteile des Staates. Die Bürger dienen dem Staat und sind deshalb glücklich. Das ist ein lächerlicher Standpunkt, und ich halte es nicht für angebracht, länger darüber nachzudenken. Mit Totalitarismus ist eine politische Sichtweise gemeint, laut der der Staat der einzige bedingungslose Wert ist und alle anderen Werte nur als Instrumente fungieren. Alles zielt auf den Erfolg des Staates ab. Wenn dies das Paradies ist, lege ich keinen Wert darauf, in irgendeiner Weise daran beteiligt zu sein. Im 16. und 17. Jahrhundert verfassten Thomas Morus und Francis Bacon bekannte Utopien, aber auch darin gibt es aus der Perspektive des Individuums nicht viel Lobenswertes.

Ich will ein Paradies, in dem der Mensch ein gutes Leben führt und deshalb glücklich ist. Das Glück des Staates ist etwas ganz anderes. Also kehren wir zu Adam und Eva zurück. Sie haben im Paradies Mist gebaut und mussten gehen. Dort draußen gab es Wissen über Gut und Böse, Sittlichkeitsvorschriften, Arbeit und Mühen und anderes Elend. Die Kinder töteten einander und auch sonst war das Leben schon damals so wie heute. Die Politik der christlichen Werte und westlichen Staaten gehört nicht ins Paradies. Finnland ist nicht das Paradies, auch wenn man hier noch so zufrieden und glücklich wäre. Und wenn dies nicht das Paradies ist, sind wir nicht in der Lage, hier ein gutes Leben zu führen. Das Glück und das Glücklichsein müssen sich auf andere, weniger anspruchsvolle und wertvolle Faktoren stützen. Genuss bekommt man hier sehr wohl, und auch Lebensstandard gibt es im Angebot. Die Lebensqualität geht manchmal ein wenig verschütt, aber es lohnt sich, danach zu streben. Das Paradies und sein gutes Leben sind jedoch etwas anderes.

Das Paradies müsste man sich wenigstens vorstellen können, wenn man seine Realisierbarkeit ausklammert. Fantasien sind oft wichtiger als die Realität, denn der Mensch handelt mehr auf der Grundlage seiner Fantasien als um der Realität willen. Das wissen wir alle. Fantasie ist die wichtigste psychische Ressource des Menschen. Benutzen wir sie also.

Begeben wir uns also zum Paradies, in dem gutes Leben gelebt wird. Das Unglück des Paradieses liegt darin, dass dort gleich Widersprüche entstehen. Was auch immer als Regel oder Gesetz vorgeschlagen wird, immer ist jemand dagegen. Es kann kein eines Paradies geben, das für alle geeignet wäre. Das ist das Grundproblem der Lehre vom Paradies. Wenn ich beispielsweise klare Regeln möchte, wann mit dem Trinken aufzuhören und zur Arbeit zu gehen ist, möchtest du deinen Rhythmus selber wählen. Wenn du sexuelle Freiheit willst, will ich normale Sittlichkeit und Entsagung. Wenn du Sicherheit willst, mag ich Risiken. Wenn ich mit anderen in einer Kommune leben will, willst du möglichst viel Privatsphäre. Jede Regel generiert automatisch ihr Gegenteil. Und daraus entstehen Streitigkeiten. Und dann zwingt der Staat die Menschen, sich entweder einer Regel unterzuordnen, oder macht einen Kompromiss. Ersteres lässt die Verlierer vor Ressentiments grollend zurück, Letzteres macht alle unzufrieden. Keine von beiden Lösungen ist gut.

Für dieses Paradiesproblem gibt es nur eine Lösung. Man muss das Paradies so organisieren, dass sich die Auffassungen aller vom guten Leben realisieren. Aber gerade eben wurde gesagt, dass das unmöglich sei. Eine Lösung gibt es dennoch. Jede Auffassung vom guten Leben erhält ihren eigenen Raum, so dass eine Gemeinschaft aus vielen Gemeinschaften entsteht, die über multiple Werte verfügt. Jeder Mensch darf sich derjenigen Gruppe anschließen, die seiner eigenen Auffassung vom guten Leben am besten entspricht. Es entsteht eine Menge von Kleingemeinschaften. Diese Lösung wäre einfach und positiv, wenn nicht die Auffassung einiger Menschen mit diesem anarchistischen Ideal inkompatibel wäre.

Die Inkompatibilität tritt auf zwei Weisen zu Tage: Es gibt Schmarotzer und Helden (dies betrifft vermutlich nur Männer). Beide Typen zerstören den Traum vom Paradies des Anarchisten, vom Frieden und dem Ort, an dem sich das eigene gute Leben realisiert. Was die Ersteren, die Schmarotzer, angeht, wäre es vermutlich eine Übertreibung, vom guten Leben zu sprechen, aber die Helden betrifft diese Kritik nicht. Und wenn das Leben einer Gruppe nicht gut ist, gehört sie auf keinen Fall ins Paradies. So werden wir die Schmarotzer los.

3.5.2. Das Problem der Schmarotzer im Paradies

Es lohnt sich dennoch, einige Worte über Schmarotzer zu sagen. Wenn jemand etwas hat, entsteht gleich der Gedanke, etwas abbekommen zu wollen. Die Menschen, bei denen dieses Motiv stark ist, sind Schmarotzer. In der Tierwelt ist dieses Phänomen bekannt. Wenn die Möwen Beute haben, kommt die Raubmöwe und stiehlt etwas davon. Wenn ein Löwe eine Antilope erlegt hat, versuchen die Schakale, etwas davon abzubekommen. Beispiele gibt es unendlich viele. Wenn der Schmarotzer schwach ist, wartet er ab, bis er an der Reihe ist, und nimmt sich mit einer kleinen Verzögerung, was er will. Wenn der Schmarotzer stark ist, nimmt er es sich mit Gewalt und hört nicht auf Einwände. Es ist vollkommen vergeblich, sich auf Gerechtigkeit und darauf zu berufen, dass man nicht nehmen darf, was einem anderen gehört. Ein Schmarotzer lässt solche Gedanken weder bei sich noch bei anderen zu. Der Stamm der Massai in Westafrika ist der Ansicht, dass die Götter ihnen alle Kühe zu eigen gegeben haben und dass sie anderen deshalb Kühe wegnehmen dürften, wenn sie dazu in der Lage seien. Sie haben Kühe, aber nicht alle Kühe der Welt und das ärgert sie. Sie sind keine Diebe, weil sie für ihre Taten eine religiöse Begründung haben. Ein richtiger Dieb braucht keine Begründungen. Deshalb ist er ein Dieb und gleichzeitig auch ein Schmarotzer.

Die Tragik des menschlichen Lebens in der Gruppe ist die, dass Schmarotzer immer dann entstehen, wenn jemand für sich etwas sammelt, das zu teilen ist. Wenn es etwas zu nehmen gibt, nimmt man es. Das wiederum führt zu einer Spirale von Gewalt, wenn man versucht, das Eigene zu sichern und mit Waffen zu verteidigen. Wir erinnern uns, dass die Adligen und der Klerus der Ständegesellschaft Schmarotzer waren. Über die Natur des heutigen Besitzbürgers lohnt es sich zu sprechen, aber nicht in diesem Buch. Für Marx war der Bürger ein Schmarotzer.

Das, worüber man reden muss, ist das gute Leben des Schmarotzers. Ist es möglich, dass das Leben des Schmarotzers gut und glücklich ist? Irgendwie müsste man eine negative Antwort formulieren können, aber wie? Viele Schmarotzer schaffen Mythen, Religion, Geschichte und Traditionen, die das Handeln des Schmarotzers legitimieren. Das stellt kein Problem dar. Der Schmarotzer kann auf die von ihm selbst geschaffenen psychischen Krücken gestützt ein gutes Leben führen. Die Pfarrer und die Adligen kannten schon immer die Geheimnisse des Glücks und empfahlen sie anderen. Hier bräuchte man so harsche Ideologiekritik, dass man dazu keine Möglichkeit hat. Man muss also über echte Diebe sprechen.

Jemand ahnt, wo sich die teuren Schmuckstücke meiner verstorbenen Frau befinden könnten, bricht ein, verwüstet alles und stiehlt die Schmuckstücke. Sie gehören jetzt ihm, so denkt er vermutlich. Wenn sie ihm nicht gehören, warum hat er sie dann? Er handelt nach dieser Logik und lebt sein gutes Leben als bewundertes Mitglied der Diebesgemeinschaft – seltsam.

Es ist sicherlich eine der schwierigsten Fragen der Ethik, zu erklären, warum ein eindeutig schlechter Mensch nicht in der Lage sein sollte, ein gutes und glückliches Leben zu führen. Kant glaubte, dass ein Verbrecher Strafe wolle, und Platon behauptete, dass ein Verbrecher glücklich sei, wenn er seine Strafe bekäme. Der Marquis de Sade glaubt nicht daran, natürlich nicht. Erinnern wir uns wieder daran, dass wir nicht über Verbrechen, sondern über Bosheit sprechen, aber die Ideen Kants und Platons passen auch in diesem Zusammenhang. Das gleiche philosophische Problem nagt an allen Menschen, denn wir sind verbittert, voll Groll und rachsüchtig. Wenn jemand uns Böses antut, wollen wir uns gerade aus dem Grund rächen, dass der andere nicht die Gelegenheit haben sollte, aufgrund seiner Boshaftigkeit Genuss zu erfahren. Dies sind die von Steinbeck benannten Früchte des Zorns. Wir Unschuldigen und Tugendhaften ertragen einfach nicht den Gedanken, dass Boshaftigkeit nicht vergolten wird. Er verletzt unsere tiefsten Gefühle von Gerechtigkeit. Was lässt sich daraus schließen? Wir vertrauen nicht darauf, dass Boshaftigkeit zum Unglück des bösen Menschen und zur Zerstörung des guten Lebens führen könnte.

Nehmen wir ein Beispiel. Meine Frau betrügt mich mit meinem besten Freund. Ansonsten lebt sie ihr ganz normales Leben und ich habe keinen Anlass, irgendeinen Verdacht zu schöpfen. Sie sagt mir, dass sie die Frau nur eines Mannes sei und dass ihr nicht einmal der Gedanke käme, mich zu betrügen. Von den Menschen in unserem Umfeld wissen viele über die Sache Bescheid, sind aber zu diskret, um mir etwas davon zu sagen. Dann komme ich früher von einer Reise nach Hause. Ich habe meine Rückkehr nicht angekündigt, weil ich denke, dass dies eine schöne Überraschung sei.

Ich finde meine Frau und meinen Freund zu Hause vor. Der Mann verschwindet und meine Frau gesteht alles. Ich bin ein geschlagener und unglücklicher Mann. Ich müsste über die Sache lachen können und hoffen, dass der Sex der beiden genauso gut war wie meiner mit meiner Frau. Ich frage, ob sie viele Orgasmen hatte. Die andere Möglichkeit ist, dass ich wütend werde. Aber das ist nicht relevant. Die erste Reaktion bedeutet nichts. Was denke ich nach einer Woche? Plane ich Rache? Vielleicht liebe ich meine Frau so verzweifelt, dass ich ihr verzeihe. Ich habe gehört, dass Frauen manchmal in entsprechenden Situationen in eine Bar gehen und den ersten Mann aufreißen, der ihnen entgegenkommt, und mit ihm ins Bett gehen. So können die Frauen gleichziehen, wenn sie eine Nacht wegbleiben und am Morgen mit struppigem Haar nach Hause kommen.

Es ist wirklich schwer, das Glück eines Betrügers, Feindes und Halunken zu ertragen, besonders wenn es auf meine Kosten erreicht wurde. Die Rache lebt lange. Das ist ein gefährliches Gefühl. Die Rache beruht auf genau der Erkenntnis, dass ein schlechter Mensch genauso lebt wie ich auch, obwohl er schlecht ist. Mit Boshaftigkeit erreicht man genau das gleiche Glück wie mit Güte. Ist es nicht seltsam, dass Boshaftigkeit zum guten Leben führt? Wenn das Leben gut ist, wie kann es schlecht sein? Wenn das Schlechte doch gut ist? Aber dann ist vermutlich auch das Gute schlecht - oder sind die Dinge so? Können wir den Schmarotzer nicht loswerden? Unser Paradies ist in Gefahr.

Wir müssen zur Lehre des Sokrates zurückkehren, wenn wir angesichts dieses schrecklichen Problems unseren Seelenfrieden erhalten wollen. Das gute Leben gehört nur den Tugendhaften. Ein lasterhafter und schlechter Mensch ist niemals zufrieden und glücklich. Zum Laster gehört das ununterbrochene Streben danach, die Situation zu verlassen, in der man sich gerade zufällig befindet. Der Böse will das Eigentum des anderen, er will anderen Schaden zufügen und zerstören, was zu zerstören ist. Das ist ein Zeichen von

Unglück, denn der Böse gibt sich niemals damit zufrieden, was er hat.

Wenn der Tugendhafte den neuen BMW eines anderen sieht, freut er sich für den anderen. Diese Freude beschert ihm selber Glück. Freude ist ein gutes Gefühl, an dem wir alle teilhaben wollen. Man würde um keinen Preis darauf verzichten wollen. Man verlängert die Freudc, indem man dem Freund gratuliert und ihn bittet, mitfahren zu dürfen. Der Besitzer ist sicherlich bereit, seinen neuen Schatz zu präsentieren.

Der lasterhafte Mensch empfindet Neid. Sein Wesen neigt zu negativen Gefühlen. Neid ist ein negatives Gefühl, dass niemandem Freude beschert. Der Neider empfindet ein Gefühl, das er nicht fühlen will. Niemand will neidisch sein, denn Neid tut weh und verletzt das Ego. Der Neider will sein Gefühl loswerden. Anders gesagt, er will nicht in einer geistigen Verfassung sein, die vom Neid beherrscht wird. Denn definitionsgemäß bedeutet das Unglück. Es muss etwas getan werden. Der Neider sagt sich, dass der BMW das Auto unverschämter Emporkömmlinge sei und der Nachbar sich selber blamiert, indem er sich ein solches kauft. Diese Lüge und dieser Selbstbetrug mindern die Qual. Oder dann geht der Schlechte nachts hinaus und zerschrammt mit dem Schlüssel die Autotür. Das fühlt sich wirklich gut an.

Neid ist ein schlechtes Gefühl. Und weil es schlecht ist, ist es negativ. Die negative Einstellung bedeutet Qual und die Notwendigkeit, sie zu lindern, Unglück. Der Böse ist also unglücklich. Leider werden wir unser ethisches Problem nicht ganz so einfach los. Wenn man sich selber einredet, dass der Nachbar ein unverschämter Aufsteiger und ein von allen verabscheuter Mensch sei, ist man wieder glücklich. Wenn man das Auto zerschrammt, ist man noch glücklicher. Es ist schön, durch eine Spalte in der zugezogenen Gardine zu beobachten, wie sich der Nachbar morgens verhält, wenn er zur Arbeit muss und die Schramme in der Autotür prangt.

Das Glück des Menschen und der Gedanke des guten Lebens ist keine ethisch wertvolle Angelegenheit, denn es gibt keine Begründung, den Bösen das Glück und das gute Leben abzusprechen. Selbstbetrug und süße Rache sind die besten Garanten für das Glück. In ihrer Ausführung muss man sich natürlich üben, aber so ist das Leben. Ein großes Ego, großartige und unbegründete Selbstbilder, Selbstbetrug und Rache fördern das Glück mindestens genauso stark wie Tugenden. Mark Twain sagt, dass man nichts so sehr bedaure wie die eigenen guten Taten. Es lohnt sich auch, sich in völliger Gleichgültigkeit den Gefühlen und Meinungen anderer Menschen gegenüber zu üben. Das ist für einen Hund nicht leicht, aber es lohnt sich, es zu versuchen. Die anderen irren sich immer, sie wissen nichts, ihr Unglück ist verdient und sie werden niemals in der Lage sein, mich zu verstehen. Die Psychologen wissen, dass Psychopathen zu den glücklichsten Menschen gehören, aber die Psychologen sagen das nicht gerne öffentlich. Der gute Mensch trägt auch die Sorgen der anderen. Ein ehrlicher Mensch weiß, wie unvollständig und beschränkt er ist. Das ist unglücklich.

Ich habe Ratschläge für das Glück und das gute Leben gegeben. Der Leser möge seine eigenen Schlussfolgerungen ziehen. Ich zumindest bin ein unglücklicher Mensch, im Gegensatz zu 83 Prozent der Finnen. Sie sind bestimmt böse Menschen - oder zumindest sind sie zu hervorragendem Selbstbetrug in der Lage.

3.5.3. Kontrolle über das Leben und Seelenfrieden, oder wie man das Leben meistert

Selbstbeherrschung ist eine hübsche Tugend. An der finnischen Westküste sagt man zu jemandem, der die Beherrschung verloren hat, „Beherrsch dich! ", und es funktioniert. Selbstbeherrschung ist eine wichtige Tugend und eine begründete Forderung. Das Wüten und sonstiges Krachmachen müssen unter Kontrolle gehalten werden. Dabei hilft Selbstbeherrschung. Im Osten spricht man von Gesichtsverlust, was immer das dann auch bedeutet. Vielleicht das

Gleiche, wie sich selbst zu blamieren. Für einen Finnen ist es schwierig zu wissen, was ein Chinese sagen will. Und auch ein Chinese versteht wohl einen Bewohner der finnischen Westküste nicht besonders gut.

Wahrscheinlich steht der Gedanke an Selbstbeherrschung irgendwie im Hintergrund, wenn wir davon sprechen, das Leben zu kontrollieren. Wo dieses komische Wort herkommt, wann es erfunden wurde und wer es erfand, das weiß ich nicht. Ein seltsames Wort ist es, neu und seltsam, ein Wort, dessen Botschaft sich elegant und wichtig anfühlt. Irgendwie sollte das Leben des Menschen unter Kontrolle sein. Es ist meine Absicht, erst über die Kontrolle über das Leben und dann über den Seelenfrieden zu sprechen. Ich glaube, dass Seelenfrieden das größte Glück ist, das man im Leben erreichen kann. Und das ist zu viel gewünscht.

Kontrolle über das Leben hört sich ganz nach einer Erfindung der Soziologen an, weil das Wort so heiter und absurd ist. Wie sollte man das Leben kontrollieren können, zumindest kann das keine Privatperson. Ist die finnische Regierung in der Lage, das Leben zu kontrollieren? Wohl kaum, obwohl sie es versucht. Das Leben geht seinen eigenen Gang, ohne sich viel um den Menschen zu kümmern. Wenn jemand stirbt, ein anderer ins Gefängnis kommt, wie wirkt sich das auf das Leben aus? Alles geht weiter wie zuvor. Die Planeten ziehen ihre Bahnen. Die Vogelgrippe breitet sich aus. Die Sonne scheint. Aber irgendetwas müsste der Mensch tun, damit er nicht die Kontrolle verliert. Wir alle fürchten Überraschungen, Haltlosigkeit und Risiken. Obwohl man das Leben nicht kontrollieren kann, muss man versuchen, etwas zu tun. Auf keinen Fall lohnt es sich, überflüssige Risiken einzugehen, Gefahren zu vermehren und Unglück zu verschlimmern. Kontrolle über das Leben ist immer die Vorbereitung auf das Schlimmste. Man versucht, das Leben zu kontrollieren. Dieser Gedanke hat etwas Ironisches. Ironie ist genau das Gleiche wie im alten Paragraphen über Gotteslästerung. Den allmächtigen Schöpfer der Welt zu verspotten, ist der Erdenwurm nicht in der Lage. Er „spöttelt" lediglich.

Wie kontrolliert man das Leben, wenn die Kontrolle nur Täuschung ist? Die Mittel sind zahlreich. Dazu sind Gesetze da. Die Bewertung und Kontrolle von Risiken ist obligatorisch. Der Mensch muss sich sein Essen und Trinken einteilen. Für die Gesundheit muss man arbeiten. Zwischenmenschliche Beziehungen muss man pflegen. Die richtige Dosierung von Liebe ist essenziell. Gefühle muss es in genau dem passenden Ausmaß geben. Man muss zur Arbeit gehen und den Stress und anderen Druck unter Kontrolle halten. Geld muss in richtigem Maße ausgegeben werden. Die Wohnung muss sauber und auch sonst in Ordnung gehalten werden. Das Auto muss jährlich in die Inspektion. Entspannung und Urlaub darf man nicht vergessen. Da hat man dann für jeden Tag des Jahres genug zu tun. Der moderne Mensch in Finnland wird kaum Zeit für etwas anderes haben, als sein Leben zu kontrollieren. Die freudige Nachricht ist die, dass wenigstens nicht das Leben aller der Kontrolle und den Händen entglitten ist wie ein Kasten vormals heiler Bierflaschen.

Wenn man nicht jeden einzelnen Bereich der Kontrolle über das Leben einzeln untersuchen will, kann man versuchen, die Sache in einige Hauptpunkte zusammenzufassen. Ich glaube, dass die Kontrolle von Risiken ein Prüfstein für die Kontrolle über das Leben ist. Ein anderer ist der positivere Gedanke, dass es im Leben viel Gutes gibt und dass man sich darum kümmern muss. Risiken sind Gefahren, die dann eintreten, wenn man sie am wenigsten erwartet. Es gibt im Leben viel Negatives. Diese Sache muss man sich erst eingestehen und sich dann für die schlechten Zeiten und Schicksalsschläge wappnen. Aber es gibt auch Gutes im Leben. So seltsam das auch klingen mag, auch das Gute verlangt Kontrolle. Das Gute im Leben bekommt man für Geld, so dass Geld gut ist. Dies glauben nicht alle. Aber ich habe in diesem Buch auch schon zu viel über Geld gesprochen.

Aber was ist der Kern der Kontrolle über das Leben? Ein Wesenszug mag das Ideal der Mäßigung sein. Das Leben ist dann und nur dann unter Kontrolle, wenn es das Gute in gemäßigtem Ausmaß gibt. Andererseits darf es vom Bösen so wenig wie nur möglich geben. Das Gute wird also angemessen gemäßigt und das Böse minimiert. Die Maximierung des Guten ist ein fataler Fehler. Der Mensch tendiert dazu zu denken, dass es vom Guten nie genug gäbe, aber das trifft nicht zu. Zu viel des Guten ist ein Fluch. Berühmtheit, Reichtum, Luxus, Erfolg und Beliebtheit sind, in zu großen Portionen genossen, schlecht. Aber das Böse muss minimiert werden. Ich habe nie an die christlichen Nörgler geglaubt, die behaupten, dass das Böse eine Aufgabe in dieser Welt habe. Das Leiden veredelt. Was einen nicht umbringt, macht einen nur härter. Leide, leide und du bekommst die schönste der Kronen. All dies ist reiner Betrug. Leiden ist eine ausschließlich zerstörerische Kraft, der niemand begegnen will. Es gibt bessere Mittel, um den Menschen zu verbessern, als das Herbeiführen von Leiden. Aber es existiert noch ein drittes Merkmal der Kontrolle über das Leben und das ist die Harmonie.

Die Kontrolle über das Leben ist ein Bündel von Verfahren, die darauf abzielen, das Gute angemessen zu mäßigen, das Böse zu minimieren und nach einer Harmonie aller Elemente zu streben. Wenn die Kontrolle über das Leben gelingt, folgt der Seelenfrieden. Seelenfrieden ist der einzige dem Glücklichsein ähnelnde Zustand, den der Mensch anstreben sollte. Seelenfrieden ist ein Zustand, aus dem fortzustreben es keinen Grund gibt. Es ist Glück. Alles andere ist Täuschung und Betrug. Das andere verfliegt wie Dunst am Morgen.

Ich glaube, dass hier etwas Wesentliches über das Glücklichsein und das Erreichen dieses Zustandes gesagt ist. Dennoch bin ich wegen des Begriffs der Kontrolle über das Leben unsicher. Wie gesagt, fühlt es sich für mich wie ein unkontrollierbar dummes Wort an, das nicht hätte entstehen sollen. Die dadurch geweckten Assoziationen sind idiotisch. Dennoch ist klar, dass der Mensch sein Leben in die Hand nehmen muss. Kontrolle ist das falsche Wort. Der Staat regiert und kontrolliert uns und die Staatspräsidentin Tarja Halonen tut es auch. Kontrolle gehört in die Verwaltungswissenschaft und die Regierung. Sie ist ein Produkt der staatlich angeregten und bürokratischen Denkweise, einer solchen, die der Ausschuss der finnischen Akademie der Wissenschaften in der Hoffnung auf Nutzen und im Namen der Volksaufklärung mit Steuergeldern finanziert.

Der richtige Terminus ist die Inbesitznahme des eigenen Lebens. Der Gedanke ist, dass der Mensch ein eigenes Leben hat oder wenigstens haben könnte, wenn alles gut geht. Der Mensch besitzt sein eigenes Leben, es gehört ihm selbst und niemand anderem. Er trägt die Verantwortung für sein Leben allein, obwohl er sich auch von seinen Nächsten Hilfe erhofft. Der Mensch trägt Sorge für seine eigene Last, die sein eigenes Leben und letztlich sein eigenes Selbst ist. Etwas anderes hat der Mensch eigentlich nicht und auch das alles ist für einige Jahrzehnte geliehen. Dann muss man es für immer abgeben. Es lohnt sich, für das Eigene zu sorgen, solange man es hat. Man muss das Leben in Besitz nehmen und daraus das Eigene machen.

Man kann sein Leben natürlich auch verschwenden. Das mag genussvoll und angenehm sein, aber das haben wir eingangs schon diskutiert. Jeder entscheidet ganz allein. Es macht Spaß, ein ausschweifendes Leben zu führen und der Genuss lockt, das streite ich nicht ab. Aber dann muss man das Glücklichsein vergessen. Wenn wir von echtem Glück sprechen, sind die Kontrolle über das eigene Leben und die Inbesitznahme des eigenen Lebens die Schlüsselwörter, wenn wir nur erst in der Lage sind, die Beamtensprache und die entsprechende Haltung zu vergessen. Die Inbesitznahme des Lebens ist auch kein Begriff, der besonders der Mittelklasse zuzuordnen ist, obwohl die Kontrolle über das Leben es schon wäre. Das Leben der Mittelklasse ist ein analer Prozess, der das Leben seiner Mitglieder im gleichen Rhythmus beherrscht wie die Darmtätigkeit. Der Bürger nimmt viel Nahrung auf, verdaut andächtig und verzögert dann das Ausscheiden. Wenn es passt, wird der Schließmuskel entspannt und dann macht man es im geheimen. Die Kontrolle über das Leben ist am Ende reine Verstopfung. Nichts kommt mehr heraus, obwohl der Druck groß ist und die Not einen zerreißt. Wenn dann die Entladung kommt, entsteht kein Genuss, sondern es ist sehr schmerzlich. Das Gleiche setzt sich fort. Man muss das Leben wirklich auf bessere Art in Besitz nehmen als auf diese. Die Belohnung ist Seelenfrieden.

Das Leben zu verschwenden, ist Gegenstück und Reaktion auf die religiösen und mittelständischen Forderungen nach Kontrolle des Lebens. Das, was man nicht benutzen und besitzen darf, das eigene Leben, wird weggeworfen. Man weiß nicht, was man mit dem Leben anfangen sollte, und deshalb wird es weggeworfen oder zerstört. Alle Arten von Maßlosigkeit sind aus diesem Grunde traurig. Sie sind nicht das Ergebnis der eigenen, freien Wahl des Menschen. Deshalb lohnt es sich, diese Sache zu betrauern.

Wenn man das Leben nicht verschwendet und es auch nicht in seinen Därmen zurückhält wie eine Verstopfung, was müsste man tun? Wie nimmt man das Leben in Besitz? Im Grunde genommen hat dieses ganze Buch nur diese eine große Frage behandelt, beispielsweise als vom Genuss und seinem Verhältnis zum Schmerz gesprochen wurde. Es bleibt nur ein Thema übrig, die Harmonie und ihr Verhältnis zum Seelenfrieden.

3.5.4. Das große Prinzip der Harmonie

Harmonie bedeutet, dass die einzelnen Teile zusammenpassen, aufeinander einwirken und eine Gesamtheit schaffen, die über mehr Inhalt verfügt als die einzelnen Teile. Zusammenfassend stelle ich hier das Modell der Harmonie vor, beziehungsweise das Modell der kosmischen Harmonie. Der Gedanke von Harmonie verlangt in jedem Fall eine möglichst breite Perspektive. Nehmen wir eine harmonische Familie an, deren Mitglieder einander lieben und die auch sonst in idealer Weise harmonisch ist. Wenn um sie herum eine hasserfüllte und rohe Gesellschaft existiert, währt die Harmonie der Familie nicht lange. Der Sohn der Familie wird auf dem Weg zur Arbeit erschossen. Die Trauer dringt in die Familie ein und wenn sich die Störungen wiederholen und verstärken, bekommt das

Glück der Familie Risse. Niemand kann alles ertragen. Und auch wenn die Gesellschaft harmonisch wäre, nimmt einem die Natur die Lebensgrundlage und das Dach über dem Kopf. Streit und Groll entstehen aus der unerträglichen Erfahrung von Unglück. So ist die Harmonie nur vorübergehend und flüchtig, wenn sie nicht allumfassend ist. Das bedeutet, dass es nicht das Schicksal des Menschen ist, in einem Paradies zu leben, in dem der Seelenfrieden nicht zu zerstören ist. Aber das bedeutet nicht, dass man in der Philosophie den Gedanken von Harmonie und Glück aufgeben müsste. Es ist immer möglich, ein Ideal zu beschreiben, das nicht existiert. Das gibt wenigstens den guten Gedanken eine Richtung und hilft dabei, harte Zeiten zu überstehen.

Abbildung 2: *Harmonie*

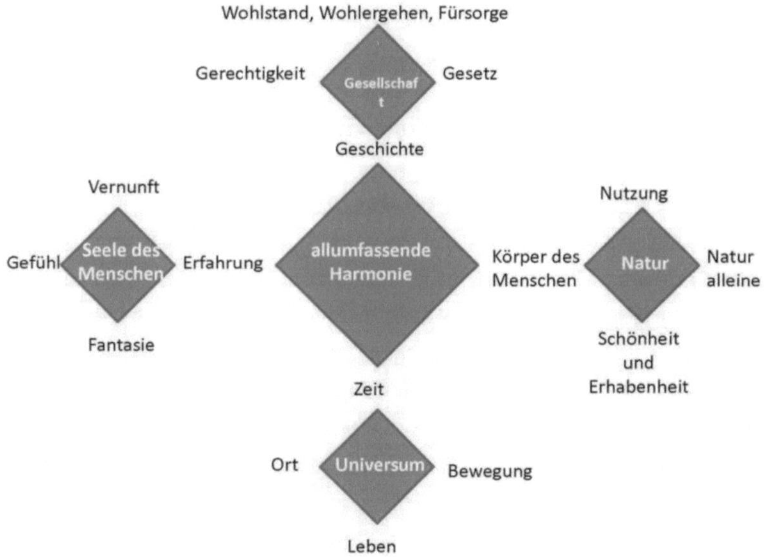

Jedes Ideal gehört demjenigen, der es entwirft. Im Folgenden erläutere ich meinen Vorschlag zum endgültigen Modell der Harmonie, der Welt der Glücklichen. Jeder mag seinen eigenen Vorschlag machen. Auf jeden Fall ist das Glück im Grunde Seelenfrieden und Zufriedenheit. Aber dann verlangt das Glücklichsein als Hintergrund Harmonie, aus der man sich nicht fort und in eine bessere Welt zu sehnen braucht. Eine harmonische Welt ist eine gute Welt.

Es ist nicht schwer, Abbildung 2 zu interpretieren. Der Mensch ist nicht der Mittelpunkt von allem, denn sein Glück und sein Befinden hängen von der Gesamtheit ab, der er angehört. Deren andere Teile sind die Gesellschaft oder die Gemeinschaft, denn der Mensch ist dennoch ein Hund, keine Katze. Der Mensch lebt in der Natur und ist selbst ein Teil der Natur. Das kann leicht in Vergessenheit geraten und es ist einfach, eine Gegenüberstellung von Mensch und Natur vorzunehmen. Es entsteht der Gedanke, dass der Mensch und seine Technik die Natur besiegen und als ihren Diener unterwerfen. Das geschieht nicht, denn der Mensch ist ein Wesen der Natur, das aus ihr geboren ist und in sie zurückkehrt. Eine Gegenüberstellung zerstört nur die Harmonie. Der Widerspruch ist künstlich und dennoch verdirbt er die Beziehung des Menschen zur Natur. Letzten Endes sind wir alle Teile des Universums, so schwer es dem Menschen auch fällt, sich das Universum auf eine vernünftige Weise vorzustellen. Man denkt, dass das Universum ein unendlich großer Tank oder Behälter sei, in den das Sonnensystem, die Erde und die Menschen gesetzt worden seien, um dort zu leben. Wir sind wie die Goldfische in einem großen Aquarium oder Vögel im Käfig. Laut der Physik ist das nicht wahr. Das Universum ist von seinen Ausmaßen und Kräften her so mächtig, dass die irdische Vorstellungskraft seine Natur und sein Wesen nicht erfasst. Auf jeden Fall muss man die Harmonie zum Universum in Beziehung setzen, denn die Harmonie betrifft alles und das gesamte Universum.

Beginnen wir am Anfang und denken über die Botschaft der Abbildung nach. Die Elemente des Menschen sind Erfahrung, Vernunft, Gefühl und Fantasie. Ich würde glauben, dass die große Frage der klassischen Philosophie immer deren Zusammenfügen gewesen ist. Wie ist das möglich? Einer hat die Erfahrung betont und gesagt, dass der Mensch eine leere Tafel ist, auf die die Erfahrung durch die Sinne vermittelt ihre Botschaft schreibt. Andere haben die Vernunft betont. Der Mensch verfügt über angeborenes Wissen und Können, das sich im Leben realisiert. Wir können etwas, weil uns die Fähigkeit dazu von Anfang an einprogrammiert ist. Sonst wären wir nicht einmal in der Lage, etwas zu erfahren, denn die Erfahrung muss immer auf eine Weise erkannt und interpretiert werden. An der Küste Australiens ertrinken jedes Jahr Mengen von Touristen, weil sie an gefährlichen Stellen ins Wasser gehen. Die von den Wellen angehobene Strömung von der Küste auf das Meer reißt die Touristen mit sich. Wenn kein Lebensretter zur Stelle ist, ist man mit einer Gefahrensituation und möglichem Ertrinken konfrontiert. Man muss die Wasseroberfläche lesen und darin die Anzeichen der Strömung erkennen können. Das erfordert Wissen und Fertigkeiten. Der Rationalist sagt, dass der Mensch über angeborene Fertigkeiten verfüge.

Die Romantiker betonen das Gefühl. Der Mensch ist seinen Gefühlen ausgeliefert, aber gleichzeitig die Summe seiner Gefühle. Die Gefühle sind voll von Widersprüchen und es ist sehr schwierig, sie zu zügeln. Dennoch ist ein harmonisches Gefühlsleben möglich. Die Gefühle sind auch das Menschlichste alles Menschlichen. Ein Mensch ohne Gefühle ist ein Ungeheuer, mit dem keiner etwas zu tun haben will. Liebe und Mitgefühl sind anziehend. Hass und Groll entfernen uns voneinander. Aber solange Gefühle da sind, gibt es die Möglichkeit, sich zu verstehen und zu kommunizieren. Einem wütenden Menschen gegenüber muss man sich anders verhalten als gegenüber einem liebenden Menschen und die Art und Weise des Verhaltens ist offensichtlich. Ein gefühlloser Mensch macht auf eine ganz andere Weise Angst als ein wütender. Der Gefühllose erweckt eher Schrecken als Angst. Gefühllosigkeit zeigt sich in den Augen einer Schlange.

Fantasie ist die typischste Eigenschaft des Menschen. Der Mensch lässt in seinem Gehirn Gedanken entstehen und kann die Wirklichkeit und die Welt der Fantasie nicht auseinanderhalten. Er erschafft sich selbst Geister und Götter und glaubt an deren wirkliche Existenz. Der Mensch imaginiert sich selbst, seine Welt und zudem noch eine jenseits der Erfahrung existierende Welt. Er macht sich selbst zum Mittelpunkt der Welt und sagt von sich, dass er das Ziel und der Zweck der Schöpfung sei. Der Mensch bildet sich ein, die Natur zu unterwerfen und ihre Geheimnisse zu ergründen. Der Mensch schafft sich in seiner Fantasie einen Feind und stattet ihn mit abscheulichen Eigenschaften aus. Dann beginnt er, etwas gegen sein eigenes Fantasiegebilde zu unternehmen und bildet sich ein, es zu besiegen. Oder der Mensch bildet sich ein, dass sein Liebstes wunderbarer sei als alles andere. Er liebt das von ihm selbst Geschaffene und kann nicht über dessen Grenzen hinaus sehen. Ein großer Teil der Zeit und des Lebens des Menschen vergeht mit seiner Fantasie. Darin liegen der Ursprung der Kunst und die Beschreibung ihrer Aufgabe. Die Kunst befreit die Fantasie endgültig und transportiert das von ihr Geschaffene in eine solche Welt, in der man es frei untersuchen und auch verändern kann. Die Kunst trägt die von der Fantasie geschaffene innere Wahrheit nach außen. Es ist schwierig, sich vorzustellen, wie wir in der Lage wären, ohne Kunst zu leben. Niemals wüssten wir, was sich andere Menschen vorstellen. Aus diesem Grund ist auch der schmutzigste Porno Kunst. Religion ist aus demselben Grund Kunst. Der verabscheuenswerte Tod Jesu ist Kunst. Und jede Art von Kunst ist gleich gut, denn jede Kunst trägt das von der Fantasie Geschaffene nach außen. Der Mensch hat niemals ohne Kunst gelebt. Die Urvölker sind glänzende Künstler. Deshalb entwickelt sich die Kunst auch nicht so, dass unsere Kunst in ihrer Fortschrittlichkeit besser wäre als die als primitiv bezeichnete Kunst der Urvölker. Kunst ist, was sie ist und man soll sie nicht bewerten und klassifizieren. Kunst muss man nur schätzen. Man muss sie erleben und sie erschaffen.

3.5.5. Die Teile der Harmonie der Welt

Der Mensch lebt immer als Mitglied einer Gemeinschaft. Dies habe ich schon viele Male gesagt. Die wesentlichen Bestandteile der Gesellschaft sind Wohlstand, Wohlergehen und Fürsorge, Gesetz, Rechtmäßigkeit und Geschichte. Der Mensch will gut leben und Erfolg in der Welt haben. Er gibt sich nicht mit dem zufrieden, was da ist, sondern will etwas Besseres und Wertvolleres. Wie oben bereits erläutert wurde, führt dies ins Unglück. Der Mensch strebt immer aus der Situation fort, in der er gegenwärtig ist. Das ist kein Glück. Das ist auch keine Harmonie. Die Antwort der Religionen auf diese Frage ist oftmals die Wendung nach innen, die Abkehr von der Welt und die Betonung des Jenseitigen gewesen. Der nach etwas strebende und sich mühende Mensch ist zum Unglücklichsein verurteilt und deshalb dürfte er nach nichts streben und nichts zu erreichen suchen. Er müsste seinen Blick nach innen auf seinen eigenen Geist richten und dort Frieden und Glück finden. Das ist für ein Individuum, das in einer Gesellschaft von sich Mühenden lebt, möglich. Die anderen arbeiten und einer denkt über seine eigenen Angelegenheiten nach. Wenn der Blick aller nach innen gewendet wäre, existierte das Menschengeschlecht bald gar nicht mehr. Es muss jemand Nahrung suchen und die Kartoffeln braten. Es muss jemand begehren und Sex wollen. Man muss die Welt bewohnbar machen. Jemand muss dieses tun und deswegen ist die Gesellschaft immer von unruhigen Menschen und solchen bevölkert, die etwas wollen. Das Streben nach Wohlstand, Wohlbefinden und Fürsorge sowie die Erfüllung der Lüste liegen im Kern der Gesellschaft und deshalb ist die Gesellschaft niemals harmonisch. Sie mag gut strukturiert und diszipliniert sein, aber das ist nicht das Gleiche wir Harmonie.

Platon stellte sich einen Staat vor, in dem jeder Mensch und jede Klasse von Menschen einen eigenen Platz als Teil des Ganzen hat. Die Menschen werden von Lust, Wut und Vernunft beherrscht, jeder ist in der Hand einer dieser Triebfedern. Die Verehrer der Lust sind Kaufleute und Bürger. Die Wütenden sind Krieger und die

Vernünftigen Philosophenkönige. Die Gesellschaft ist also gut strukturiert, wenn jeder seinen eigenen Platz hat. Wenn der Wütende Kaufmann ist oder der Verehrer der Lust Philosoph, ist die Gesellschaft falsch und schlecht strukturiert. Aber gut strukturiert ist noch nicht harmonisch. Platon verachtet die Arbeitenden und die von Lust Beseelten. Deshalb bleiben sie vom Staat ausgeschlossen, ohne Wertschätzung und die Möglichkeit, Einfluss zu nehmen. Das zerstört die Harmonie, an der alle beteiligt wären.

Platons Staat ist gerecht, sagt er. Das ist möglich. Da Gerechtigkeit bedeutet, dass jeder bekommt, was ihm zusteht, ist der Staat gerecht. Ohne Gerechtigkeit gibt es keine Harmonie, denn Widersprüche und Probleme sind immer präsent und man kann sie nicht auflösen. Das ist die Natur der Ungerechtigkeit. Gerechtigkeit müsste die Welt so strukturieren, dass für die Harmonie Platz ist. Deshalb irrt Platon und die Anhänger der Demokratie haben Recht. Die Demokratie mag eher wie Chaos als wie Harmonie aussehen, aber in ihr ist es trotzdem möglich, Streit und Unstimmigkeiten aufzulösen und über einen Kompromiss eine Einigung zu erzielen. Das ist kein besonders erhabenes Bild der Harmonie, aber es steht im Einklang mit dem Prinzip der Harmonie. Wenn ich gegen den Bau des Cirrus-Hochhauses (des höchsten Wohngebäudes Finnlands) in Helsinki-Vuosaari bin und Beschwerde einlege, verursache ich bei vielen Streit und Verärgerung. Aber in einer Demokratie kann man diese Streitigkeiten lösen. Das Ergebnis ist ein magerer Vergleich, der aber trotzdem besser ist als das Recht des Stärkeren und traditionelle Vorrechte. Der feudale Baron jagte seine Untergebenen in die kalte Nacht, wenn er wollte, und niemand konnte dagegen klagen.

Das Gesetz leimt die Teile der Gesellschaft aneinander und ohne Gesetz gibt es kein Recht. Das Gesetz ist dennoch etwas anderes als Gerechtigkeit. Ein Gesetz muss nicht gerecht sein, wenn es nur ein Gesetz ist. Es ist unmöglich zu beurteilen, ob progressive Besteuerung gerecht ist und wir müssen es nicht wissen. Es reicht aus, dass wir demokratisch ein Gesetz beschließen, das die progressive

Besteuerung regelt, und es für gerecht halten. Wir müssen auf jeden Fall nach den Gesetzen leben. Wenn die Gesetze offenkundig ungerecht oder auf andere Weise unbrauchbar sind, so hat man sich mit verschiedenen Mitteln dagegen erhoben, von der Revolution zu Protesten auf den Stufen des Parlamentsgebäudes, alleine oder in der Gruppe. Manchmal sieht das Gesetz vor, Demonstrationen zu zerschlagen, manchmal lässt es sie zu. In jedem Fall sind die Gesetze der Gesellschaft eine Voraussetzung für die Harmonie, besonders da man Gesetze ändern kann.

Die Gesellschaft ist ein Teil der Geschichte. Dies ist ganz offensichtlich. Jede Gesellschaft hat ihre eigene Geschichte. Geschichte bezeichnet eine Geschichte – im Sinne einer Erzählung –, so dass es das Beste ist, sich Geschichte als eine die Vergangenheit betreffende Erzählung und nicht als diese Vergangenheit selbst vorzustellen. Wenn wir von der Geschichte des finnischen Volkes sprechen, meinen wir oft die Ereignisse, die zu dem Finnland geführt haben, in dem wir jetzt leben, und die solche Finnen geschaffen haben, wie wir es jetzt sind. Aber das, was war, ist vergangen und verschwunden und keiner kann es sich mehr ansehen. Wir haben nur Erzählungen über die Vergangenheit, einige sind besser, andere schlechter. Die Historiker erzählen uns diese Geschichten. Es ist ihre Aufgabe, eine Geschichte zu erzählen, die eine Harmonie um sich herum schafft. Die falschen Geschichten sind zu verurteilen und ihre Erzähler werden gehasst und verachtet. Auf diese Weise zerstören sie die Harmonie. In diesem Sinne ist Geschichte ethisch und nicht rein politisch, wie manchmal behauptet wird. Die Gesellschaft braucht jemanden, der sie tröstet. Geschichte ist eine vereinende Kraft.

Als der langjährige finnische Staatspräsident Urho Kaleva Kekkonen starb, begann man, die finnische Geschichte neu zu schreiben. Die alte Macht war gefallen und mit ihr alle von ihr geschaffenen und gehegten Mythen. Die neue Macht forderte neue Erzählungen. Das Erzählen alter Geschichten in einer neuen Situation ist ein Vergehen gegen die Harmonie und deshalb falsch. Historiker dürfen den Holocaust, den von den Nazis begangenen Massenmord an Juden und anderen, nicht leugnen. Das Leugnen gefährdet die zerbrechliche Harmonie der Gesellschaft. Die Existenz des inselähnlichen Lagerwesens des Gulag aus Stalins Zeiten braucht man weder zu akzeptieren noch zu leugnen. Die Lager interessieren niemanden und eine Forderung danach, ihre Existenz einzugestehen, ist nicht zu sehen. Gulags existierten einfach und hörten dann auf zu existieren. Das Gleiche gilt für viele andere Gräueltaten der Geschichte. Es gibt viele von ihnen, aber sie zerstören die Harmonie der Gesellschaften nicht. Wenn es geschieht, ist es die Aufgabe der Historiker, den Glauben der Menschen an die Harmonie wiederherzustellen und das Glücklichsein der Gesellschaft zu garantieren. Ich glaube nicht, dass die Historiker selbst so denken, aber das ist ohne Bedeutung. Wichtig ist nur, dass sie Erzählungen über unsere Siege, die von uns erzielten Erfolge und die Vorzüglichkeit unserer schnell verfliegenden Zeit schreiben. Geschichte ist Therapie. Wer würde den Gedanken an die Kriege Finnlands ohne die Erzählungen über unsere Soldaten und die tapferen Frauen ertragen, die daran beteiligt waren? Bis vor einigen Jahren durften die Frauen nicht erwähnt werden. Auch Väinö Linna durfte die Frauen hassen. Jetzt ist der Anteil der Frauen am Krieg ein Teil der Geschichte. Väinö Linna war ein berühmter finnischer Schriftsteller, der den Krieg in seinem 1954 erschienenen Roman *Tuntematon sotilas* (dt. *Kreuze in Karelien* bzw. *Der unbekannte Soldat*) verarbeitete.

Der Mensch ist ein Teil der Natur. Der Mensch macht sich die Natur zunutze und glaubt, dass die Natur für ihn existiere. Diese Haltung entspricht nicht den Prinzipien der Harmonie, denn die Natur wird ausgebeutet und ihr wirkliches Wesen verleugnet. Der Mensch opfert wieder einmal die Harmonie der Ordnung willen. Der Mensch ordnet seine Welt so, dass er mit seinen Lüsten zuerst kommt und die Natur diesen Lüsten unterworfen wird. Das Ergebnis sind Verschmutzung, Dreck, Müll, Zerstörung und Tod. Schließlich ist diese Welt für den Menschen selbst unerträglich.

Aus ihr muss man fortstreben und das bedeutet Unglück. Ein extremes Beispiel ist Tschernobyl, dessen Umgebung komplett aufgegeben werden musste. Alle mussten die unbewohnbaren Gebiete verlassen. Nur das Kraftwerk selber blieb zurück und ist immer noch in Betrieb. Dies ist ein extremes Beispiel, beschreibt aber das Problem gut. Die biblische Vorstellung von der Natur, die dem Menschen zum Gebrauch gegeben wurde, ist fehlerhaft und muss abgelegt werden. Der Mensch muss sich die Natur natürlich zwangsläufig zunutze machen. Der Mensch hat seine Grundbedürfnisse. Er muss essen und trinken und überlebt nicht ohne das, was die Natur hervorbringt. Aber der Mensch kann der Natur auch etwas geben, versuchen, die Natur zu schützen und sich um ihre Vorteile kümmern. Wenn man fischen muss, um zu essen, wird kein Fisch getötet, der nicht gegessen wird. Aber dieser Gedanke kommt dem Menschen erst, wenn es wenig Fisch gibt und Knappheit droht. Vorher ist der Mensch ein sorgloser Nutzer der Nahrungsressourcen. Das Ausnutzen kann man schwerlich mit dem Gedanken von Harmonie vereinbaren. Denn Ausnutzen ist ein für alle Mal nichts anderes als Ausbeutung, Unterwerfung und Zerstörung.

Der Mensch versucht, seine Naturbeziehungen auf zwei verschiedene Weisen zu harmonisieren, die durch das Alleine-Lassen der Natur sowie das Erleben der Schönheit und des Erhabenen repräsentiert werden. Die Natur muss alleine gelassen werden und Ruhe vor dem Menschen haben. Das minimiert die Schäden und hält sie in engen Grenzen. Der Mensch nutzt das, was er nutzen muss. Der Rest der Natur wird in Ruhe gelassen. Ein einfaches Beispiel ist ein aus dem Nest gefallenes Vogeljunges, das nicht zurück auf den Baum gesetzt wird. Die Natur wird sich selbst überlassen. Der Mensch mischt sich nicht in das Leben der Natur ein, wenn es nicht im Namen der Sorge für den eigenen Vorteil zwingend nötig ist. Die Natur hat mit niemandem Mitleid, also hat der Mensch mit niemandem in der Natur Mitleid. Ein verletzter Elch darf sich für sich alleine und unbehelligt quälen, sofern der Mensch ihn nicht verwundet hat. Naturschutzgebiete werden für den Menschen komplett geschlossen.

Mich hat der Gedanke von der Natur, die komplett in Ruhe gelassen wird, immer angezogen. In Lappland gäbe es ein großes Gebiet, das niemals mehr jemand betreten dürfte. Nicht einmal Vertreter der Biowissenschaften oder andere Forscher dürften dorthin gelangen. Künstler würden dieses Gebiet niemals sehen. Es würde vollkommen in Ruhe gelassen und nach und nach würde es zu seiner ursprünglichen natürlichen Ausprägung und Form zurückkehren. Wir wüssten lediglich, dass dieses Gebiet existiert, sonst nichts. Im Allgemeinen behalten sich die Wissenschaftler die Möglichkeit vor, in ein solches Gebiet einzudringen, denn dort bekommt man wertvolle Informationen, die man sonst nirgends bekommt. Aber auch das ist Ausbeutung der Natur. Wofür werden diese Informationen gebraucht? Warum darf die Natur nicht für sich sein? Warum haben die Wissenschaftler Vorrechte? Warum könnte es keine Natur geben, über die wir nie Informationen irgendeiner Art erhalten würden? Eine solche Natur ist heilig, denn schon das Wissen über sie zerstört sie. Ihre Unberührtheit ist bedingungslos und endgültig.

Ich glaube trotzdem nicht, dass dies eine gute Art und Weise ist, die Naturbeziehung der Menschen zu harmonisieren. Es handelt sich vielmehr um ein Ordnungsprinzip. Wie würde sich die Harmonie in einer Situation realisieren, in der die Parteien nichts miteinander zu tun hätten? Die grundlegendste Art, das Verhältnis zwischen dem Menschen und der Natur zu harmonisieren, ist, die Natur als schön und erhaben zu erleben. Die ästhetische Erfahrung macht die Natur wieder zu etwas, das nicht nur der Ort des Menschen in der Welt, eine Gefahr, ein Lager für Zubehör oder jenseitige Einsamkeit ist. Die Natur wirkt in elementarerweise über das Gefühl und die Fantasie auf den Geist des Menschen ein. Die Natur ist schön, man genießt sie und sie wirkt die ganze Zeit im Geist des Menschen fort. Die Wirkung ist beseelend, erfrischend und kreativ. Sie verleiht Lebenskraft und setzt Energie frei. Die Natur ist erhaben. Die Erfahrung der Natur zwingt einen dazu, große Gefühle zu erfahren und sie lehrt den Menschen, wie großartig die Natur ist und wie bedeutungslos der Mensch angesichts der großartigen Natur ist. Die Natur wird nicht alleine gelassen, sondern sie wird als Grundlage der Erfahrung von Schönheit und Erhabenem wiederaufgebaut. Die Natur ist zum Inhalt des menschlichen Geistes geworden. Die Natur ist verschwunden, aber das Ergebnis ist Harmonie.

Der Preis für diesen Erfolg ist hoch, aber das Ergebnis bringt jedem Glück und Seelenfrieden, der in der Natur zur Ruhe kommt. Das reine Glück erfährt man in der Natur dann, wenn die Natur schön und erhaben ist. Dann fordert man nichts von der Natur. Die Natur ist nicht alleine, obwohl sie nicht genutzt wird. Aber diese Natur existiert nicht mehr. Sie ist jetzt ein Produkt der Fantasie des Menschen. Der Flug des Falken, die Bewegung des Hechts im Wasser, das Lied des Vogels und der Liebreiz der Blume sind alles Zeichen von Harmonie und schenken dem Menschen reines und selbstloses Glück.

Als Letztes kommt die wichtigste Sache im Leben des Menschen, das Verhältnis zum Universum. Man hat sich das Universum genau wie die Natur voller Wunder vorgestellt. Es gibt dort Himmel und Hölle, Engel und Götter, Kampf und Frieden, eigentlich alles, was zur Erfahrung des Menschen gehört. Leider gehört das alles ins Reich der Fantasie. Das Universum ist nur Zeit, Ort, Bewegung und Leben. Der Mensch ist in der Zeit, an einem Ort und in Bewegung. Er lebt einen Moment und verschwindet aus Zeit und Raum. An dieser Sache gibt es nichts zu beklagen, auch wenn sie uns Angst machte. Mit dem Universum muss man sich einigen, sonst ist es ein viel zu schrecklicher Ort, um ihn sich vorzustellen. Das Universum beinhaltet nämlich das Gegenteil des Lebens, den Tod, das Abbrechen der Bewegung und das Verschwinden von Ort und Zeit. Dies alles erfüllt den Menschen mit sinnlosem Schrecken. Um den zu überwinden, stellt der Mensch Fragen, auf die es keine Antwort gibt. Das Universum antwortet nicht. Es sagt uns nichts.

Darum muss man es vergessen. Wo liegt dann die Möglichkeit der Harmonie?

Der Mensch harmonisiert sein Verhältnis zum Universum dann, wenn er alles akzeptiert. Zu mehr sind wir nicht in der Lage. Man muss das Leben genauso akzeptieren wie auch den Tod. Alles gehört zusammen, die Zeit, der Ort, die Bewegung und das Leben, und der Mensch ist ein Teil dieser Gesamtheit, aber nur einen Augenblick lang und an einem Ort. Er bewegt sich und die Bewegung hört auf. All dieses gibt uns viel, eigentlich gibt es uns alles und wir nehmen demütig dankbar alles an, ohne Lust, Wünsche oder Fantasien. Auf dieser Ebene sind wir nur und wenn wir dazu in der Lage sind, haben wir die höchste Stufe der Harmonie erreicht.

3.5.6. Religion, Wissenschaft und die verschwundene Harmonie

Zwei Projekte schaden dieser großen Harmonie, die Religion und die Wissenschaft. Die Religion füllt das Universum mit Geistern, die mit viel Lärm und großem Aktionismus angeblich Harmonie herstellen. Die Geistlichen halten Messen ab und die Glocken erklingen. Die Illusionen trösten. Die Wissenschaft geht auf ihre eigene Weise vor. Das große Teleskop sammelt Bilder aus dem tiefen Weltraum. Die Bilder werden so koloriert und vergrößert, dass ihre Erhabenheit zwangsläufig ist. Sie lassen den Menschen verstummen und sich das Universum als Fortsetzung der Natur vorstellen, dem gegenüber wir uns so verhalten wie der Natur gegenüber. Aber das Universum ist eine Einheit, von der man kein Bild erstellen oder sich nicht einmal eine Vorstellung machen kann. Es ist nur, was es ist. Die Kosmologie scheint eine Naturwissenschaft zu sein wie die Physik, aber dennoch nicht in gleicher Weise. Die Kosmologie untersucht etwas, das nur einmal geschieht, etwas, auf das man in keiner Weise einwirken kann und das man sich nicht zunutze machen kann. Das Universum ist nicht für uns, auch wenn wir das noch so wollten. Es umfasst Bewegung, Zeit und Ort und alles vermischt sich auf eine seltsame Weise, die keiner unserer Erfahrungen entspricht. Wir leben im Universum, aber es entspricht keiner menschlichen Erfahrung. Es liegt *sui generis* außerhalb unserer Erfahrung. Trotzdem leben wir, solange wie wir leben und dann leben wir nicht. Aber im Universum ist Leben, das wissen wir.

Wenn Religion die schlechteste Art ist, kosmische Harmonie zu schaffen und die Wissenschaft die zweitschlechteste, was ist dann die beste? Es sind Philosophie und mystische Erfahrung vorgeschlagen worden, Verschmelzung mit dem Ganzen und dem Nirwana, aber nichts scheint zu funktionieren. Mein eigener Vorschlag ist, dass es das Beste ist, das Universum zu vergessen. Es ist nicht für uns. An einen Ort außerhalb des Universums kann man nicht wollen, weil alles in ihm selbst ist. Deshalb macht es uns auf jeden Fall glücklich, auch wenn wir ihm keine Beachtung schenken. Das Universum macht uns nur dann unglücklich, wenn wir uns in seine Geheimnisse vertiefen und uns Wissen aneignen wollen. Wissen darüber, was man nicht zu ändern in der Lage ist, ist unnütz und deshalb sollte man nicht danach streben.

Das Universum zu vergessen, ist natürlich unmöglich. Ich bilde mir nicht einmal ein, dass irgendjemand einen solchen Vorschlag ernst nehmen würde. Das ist reine Illusion. Aber der Preis dafür, diese Illusion aufzugeben, ist das Unglück, das demjenigen begegnet, der das haben will, was man auf keine Weise bekommen kann.

Der Mensch ist in der Lage, glücklich zu sein, aber nur zeitweise und in begrenztem Sinn. Was sonst war zu erwarten? Glücklichsein ist eine Leistung, zu der wir in bestimmten Situationen in der Lage sind. Dauerhaftes Glücklichsein ist ein unsinniger Gedanke. Der Mensch ist dennoch die ganze Zeit in Bewegung und bewegt sich von seiner unaufhörlichen Lust getrieben von einem Ort zum anderen. Der Mensch strebt und jeder, der strebt, ist unglücklich – genau deshalb strebt er. Die Wahrheit vom Glück ist der Seelenfrieden, den der Mensch in der Harmonie findet. Deshalb ist der Mensch niemals richtig und endgültig glücklich. Dennoch muss er vom Glück träumen. Auch das ist Glück.

Zum Autor

Timo Airaksinen charakterisiert seinen analytischen Ansatz als „sympathischen zynischen Realismus". Richtig verstanden, geht es ihm in erster Linie um Witz und Humor – und auch um Lachen.

1975 erhielt er einen Doktor von der Universität Turku und ist seit 1983 Professor für Philosophie an der Universität Helsinki. Er ist mit Heta Gylling verheiratet, die ebenfalls als Professor für Philosophie an der Universität Helsinki lehrt. Der Schwerpunkt seiner umfangreichen Publikation liegt auf den Gebieten der Ethik, Sozialphilosophie und Geschichte der Philosophie. Seine Forschung erstreckte sich über die ganze Welt, von der UdSSR nach Argentinien, Japan und den Vereinigen Staaten. Besonders starke Kontakte aber hat er mit Deutschland, insbesondere zu Hamburg. Trotz seiner intensiven akademischen Arbeit, die sich in zahlreichen Publikationen niederschlug, hielt er Hunderte von populärwissenschaftlichen Vorträgen. In Finnland ist er als sehr kontroverser Gesellschaftskritiker und als Verteidiger von Freiheitsrechten und sozialer Wohlfahrt bekannt.

Seine Bücher umfassen Arbeiten über gesellschaftliche Macht, Marquis de Sade, den amerikanischen Horrorgeschichtenschreiber H.P. Lovecraft und Philosophie der Technik, aber auch über Glück und Liebe. Sein besonderes Interesse, das sich über einen sehr langen Zeitraum erstreckt, gilt der Frage der Überwachung und dem Leben in einer überwachten Gesellschaft: Wir werden ständig von irgendwelchen obskuren Institutionen überwacht, doch wir wissen nicht, wer sie sind, aber sie wissen, wer wir sind. Diese beängstigende Asymmetrie führt leicht zu einer Paranoia und zu konspirativen Theorien. Eine Alternative dazu ist, dass wir uns nicht darum kümmern. Aus den Augen, aus dem Sinn! Wir sehen sie nicht, also beschließen wir, dass es diese Mächte nicht gibt, oder dass sie sich nicht um uns kümmern. Timo Airaksinens jüngstes Forschungsinteresse gilt den Wünschen und ihrer Stellung im Leben des Menschen. Ohne Zweifel: Wir sind Geschöpfe unserer Wünsche!

Ein Bestseller wurde in Finnland seine Trilogie über das Glück. Das erste Buch daraus ist das vorliegende: seine Lehre vom Glück. Es diskutiert das ewige Verlangen nach dem Glück und besonders die damit verbundenen närrischen Elemente. Glück hat seine eigene Ironie. Das zweite Buch dieser Trilogie handelt von Selbstkontrolle und Seelenfrieden. Airaksinen argumentiert, dass die einzige echte Form des Glücks der innere Frieden, *ataraxia*, ist, wie er von den Stoikern und Epikuräern empfohlen wurde. Der dritte Band der Trilogie konstatiert, dass all dies im Irrsinn endet: Wenn man sich auf der Welt umsieht, fällt es einem leicht zu sehen, dass die Menschen und die jeweilige Gesellschaft verrückt sind.

Glück ist eine merkwürdige Sache: Was soll man machen, wenn man glücklich sein will? Wenn man versucht, glücklich zu sein, endet man sehr wahrscheinlich im Unglück. Glück ist ein Nebenprodukt des „guten Lebens", so wie die Liebe. Je mehr man versucht, zu lieben und geliebt zu werden, umso verzweifelter wird man. Du findest nicht Liebe, Liebe findet dich! Die Buddhisten behaupten, dass wir zu viel wollen: Wir wollen glücklich sein, und das macht uns unglücklich. Die moderne Konsumgesellschaft verspricht uns einen leichten Weg zum Glück: Kaufe und befriedige deine Wünsche; dann wirst du glücklich sein. In unserer Gesellschaft stehen einem viele Wege offen, glücklich zu werden. Aber welchen soll man wählen? Vielleicht sollte man ins Kloster gehen und auf alle irdischen Ziele und Wünsche verzichten. Schön, dass 83 Prozent aller Finnen behaupten, dass sie glücklich sind.

der Politik im klassischen Sinn fast gänzlich hinter der modernen Bürokratie und deren zahllosen technischen Einzelverordnungen verschwindet, in der Technokratie an die Stelle von Demokratie tritt und in der brutale Machtpolitik, Fanatismus, Bigotterie und Feigheit, getarnt als Kampf für Frieden und Menschenrechte, eine unrühmliche Rolle in der Welt spielen. Und wic reagiert der Mensch darauf? Kennen Sie Czesław Miłosz' Ketman und die Rezeptur des Murti-Bing?

Leonidas Donskis (geb. 1962 in Klaipeda, Litauen) war 2009-2014 Mitglied des Europäischen Parlaments. Er lehrte und forschte in den USA, Großbritannien, Italien, Finnland, Litauen, Estland und Schweden. Die University of Bradford verlieh ihm eine Ehrendoktorwürde. Er ist Autor und Herausgeber zahlreicher wissenschaftlicher Publikationen, davon zwölf Bücher in englischer Sprache. Unter anderem veröffentlichte er *Modernity in Crisis: A Dialogue on the Culture of Belonging* (2011). *Troubled Identity and the Modern World* (2009), *Power and Imagination: Studies in Politics and Literature* (2008) und *Forms of Hatred: Troubled Imagination in Modern Philosophy and Literature* (2003). Drei seiner Bücher sind ins Deutsche übersetzt. In seinen Werken verbindet er in essayistischer Form Politikwissenschaft, Ideengeschichte und Philosophie.